# 中国人口较少民族文献信息资源建设调查研究

崔德志 ◎ 著

ZHONGGUO RENKOU JIAOSHAO MINZU
WENXIAN XINXI ZIYUAN JIANSHE
DIAOCHA YANJIU

中央民族大学出版社
China Minzu University Press

图书在版编目（CIP）数据

中国人口较少民族文献信息资源建设调查研究 / 崔德志著 . -- 北京：中央民族大学出版社，2025.5.
ISBN 978-7-5660-2464-0

Ⅰ.G253

中国国家版本馆 CIP 数据核字第 2025EG1361 号

## 中国人口较少民族文献信息资源建设调查研究

| 著　　　者 | 崔德志 |
| --- | --- |
| 责任编辑 | 黄修义 |
| 封面设计 | 舒刚卫 |
| 出版发行 | 中央民族大学出版社 |
| | 北京市海淀区中关村南大街 27 号　　邮编：100081 |
| | 电话：（010）68472815（发行部）　传真：（010）68933757（发行部） |
| | 　　　（010）68932218（总编室）　　　（010）68932447（办公室） |
| 经　销　者 | 全国各地新华书店 |
| 印　刷　厂 | 北京鑫宇图源印刷科技有限公司 |
| 开　　　本 | 787×1092　1/16　　印张：18.25 |
| 字　　　数 | 286 千字 |
| 版　　　次 | 2025 年 5 月第 1 版　2025 年 5 月第 1 次印刷 |
| 书　　　号 | ISBN 978-7-5660-2464-0 |
| 定　　　价 | 88.00 元 |

版权所有　翻印必究

# 目 录

第一章 绪论 ································································· 1

第二章 东北地区人口较少民族文献信息资源建设 ············ 6
  第一节 赫哲族文献信息资源建设 ································ 6
  第二节 鄂伦春族文献信息资源建设 ····························· 15
  第三节 鄂温克族文献信息资源建设 ····························· 24
  第四节 达斡尔族文献信息资源建设 ····························· 34

第三章 西北地区人口较少民族文献信息资源建设 ············ 43
  第一节 塔塔尔族文献信息资源建设 ····························· 43
  第二节 乌孜别克族文献信息资源建设 ·························· 49
  第三节 裕固族文献信息资源建设 ································ 54
  第四节 俄罗斯族文献信息资源建设 ····························· 64
  第五节 保安族文献信息资源建设 ································ 70
  第六节 塔吉克族文献信息资源建设 ····························· 79
  第七节 撒拉族文献信息资源建设 ································ 87
  第八节 柯尔克孜族文献信息资源建设 ·························· 98
  第九节 锡伯族文献信息资源建设 ································ 109
  第十节 土族文献信息资源建设 ··································· 122

第四章 西南地区人口较少民族文献信息资源建设 ············ 134
  第一节 珞巴族文献信息资源建设 ································ 134
  第二节 独龙族文献信息资源建设 ································ 141
  第三节 门巴族文献信息资源建设 ································ 153

第四节 德昂族文献信息资源建设 …………………… 160
第五节 基诺族文献信息资源建设 …………………… 170
第六节 怒族文献信息资源建设 ……………………… 180
第七节 普米族文献信息资源建设 …………………… 193
第八节 阿昌族文献信息资源建设 …………………… 206
第九节 布朗族文献信息资源建设 …………………… 217
第十节 景颇族文献信息资源建设 …………………… 230

## 第五章 中南东南地区人口较少民族文献信息资源建设 …… 244
第一节 高山族文献信息资源建设 …………………… 244
第二节 京族文献信息资源建设 ……………………… 256
第三节 毛南族文献信息资源建设 …………………… 264
第四节 仫佬族文献信息资源建设 …………………… 274

## 后　记 ……………………………………………………… 284

# 第一章 绪论

中国是一个统一的多民族国家。在漫长的历史进程中，56个民族经历长期交往交流交融，形成了多元一体的中华民族。在中华民族大家庭中，总人口在30万人以下的民族有28个，统称为人口较少民族，分别为珞巴族、高山族、赫哲族、塔塔尔族、独龙族、鄂伦春族、门巴族、乌孜别克族、裕固族、俄罗斯族、保安族、德昂族、基诺族、京族、怒族、鄂温克族、普米族、阿昌族、塔吉克族、布朗族、撒拉族、毛南族、景颇族、达斡尔族、柯尔克孜族、锡伯族、仫佬族、土族。

在中国的文明发展史上，包括人口较少民族在内的各民族共同创造和发展了源远流长、博大精深的中华文明。文献是文明的结晶，也是文明的载体。人类创造文献，积累文献，开发利用文献信息资源，不断推进文明的进程。卷帙浩繁的各民族文献典籍谱写了各民族文化互鉴交融的壮丽史诗，是各民族交往交流交融的历史见证。文献典籍中的民族团结进步思想内涵，不断丰富人民的精神世界、增强人民的精神力量，激励各族人民共同团结奋斗、共同繁荣发展。

开展文献信息资源建设是图书馆的主要业务之一，也是图书馆赖以存在的物质基础和保证。通过收集、整理各民族各类型文献信息资源，可为开展中华民族共同体历史、中华民族多元一体格局的研究提供丰富史料，有利于更好传承弘扬各民族优秀传统文化并实现创造性转化和创新性发展。通过开展阅读推广服务，丰富全社会历史文化滋养，可有效促进各民族交往交流交融、推进中华民族共同体建设。因此，加强各民族文献信息资源建设，为构筑中华民族共有精神家园提供有力支撑，对传承弘扬中华优秀传统文化、增强国家文化软实力、建设社会主义文化强国具有重要意义。

近年来，民族文献信息资源建设吸引了图书馆学界越来越多的关注，陆续出版了一批研究成果，如郭向东等的《西部少数民族文献资源建设研究》、陈海玉的《少数民族科技古籍文献遗存研究》、林艺的《民族文献提要2000—2009》等。单就人口较少民族文献信息资源建设开展相关研究的有孙秀斌等的《中国人口较少民族研究图书索引（第一辑）》、苏贵章等的《中国人口较少民族研究图书索引（第二辑）》、冯云的《中国人口较少民族口述文献收集与保护研究》等。

本书力求通过较为全面深入的调查和研究梳理，准确地了解人口较少民族文献信息资源建设的现状，进而为各民族文献信息资源的建设提供参考。调研基于构筑中华民族共有精神家园的视角，对反映铸牢中华民族共同体意识主题、体现各民族交往交流交融的文献信息资源作了重点挖掘和介绍，可为开展中华民族共同体历史、各民族交往交流交融史、中华民族多元一体格局的研究提供史料佐证。中国人口较少民族文献信息资源还应包括以中国人口较少民族整体为研究对象的图书、论文、报纸文献等各类文献信息资源情况。这方面的信息资源可以"人口较少"为检索词进行调查研究，但因篇幅所限，未作展开。

在调研人口较少民族相关图书情况时，主要调查了国家图书馆、民族文化宫图书馆（中国民族图书馆，以下简称民族图书馆）、中国社会科学院图书馆（以下简称社科院图书馆）、CALIS联合目录数据库，调研范围涉及国家图书馆、科学和专业图书馆、高等院校图书馆。在此基础上，又结合人口较少民族的主要分布特点，对人口较少民族主要分布地区的代表性图书馆（主要是省级公共图书馆）藏该民族的图书情况做了调查，以求最大限度地了解该民族的图书收藏情况。调研使用了诸多的文献检索工具和数据库，主要有：

1.高等教育文献保障系统（China Academic Library & Information System，以下简称CALIS）是教育部"九五""十五"和"三期""211工程"中投资建设的面向所有高校图书馆的公共服务基础设施，也是中国文献资源保障体系的重要组成部分，于1998年正式启动。CALIS构建的三级服务保障体系以4大全国中心、7个地区中心、31个省中心为骨干脉络，覆盖全国31个省（自治区、直辖市）和港澳地区，服务1800多家成员馆，是全球规模最大的高校图书馆联盟之一。[①]文献调查检索了CALIS联合目录数据库中的书目信息[②]和CALIS学位论文数据库[③]中的学位论文。截至2023年6月30日，CALIS联合目录数据库共有书目记录852万余条，规范记录184万余条，馆藏信息6000万余条。书目记录涵盖印刷型图书和连续出版物、古籍、部分非书资料和电子资源等多种文献类型。[④]CALIS学位论文数据库收集了国内高校学位论文、高校从2002年开始联合采购的PQDT（pro Quest Dissertations & Theses，数字化博硕士论文文献数据库）学位论文数据，以及NDLTD（Networked Digital Library of Theses and Dissertations）学位论文数据，涉及文、理、工、农、医等多个领域。[⑤]

2.国家科技图书文献中心（National Science and Technology Library，以下简称NSTL）是经国务院批准，科技部联合财政部等六部门于2000年6月12日成立的一个基于网络环境的科技文献信息资源服务体系，由中国科学院文献情报中心、中国科学技术信息研究所、机械工业信息研究院、冶金工业信息标准研究院、中国化工信息中心、中国农业科学院农业信息研究所、中国医学科学院医学信息研究所、中国标准化研究院国家标准馆和中国计量科学研究院文献馆九个文献信息机构组成。[⑥]文献调查检索了NSTL的会议论文和学位论文。其中，NSTL的中文学位论文收录了1984年至今中国高校、科研院所授予的硕士、博士学位论文220多万篇，每年增加论文近30万篇。[⑦]

3.全国图书馆参考咨询联盟（以下简称参考咨询联盟）是由广东省

---

① CALIS 概况 [EB/OL].[2024-03-19].http：//www.calis.edu.cn/pages/list.html?id=6e1b4169-ddf5-4c3a-841f-e74cea0579a0。

② CALIS联合目录公共检索系统访问网址：http：//opac.calis.edu.cn。

③ CALIS学位论文中心服务系统访问网址：http：//etd.calis.edu.cn。

④ 项目与服务 [EB/OL].[2024-03-19].http：//www.calis.edu.cn/pages/list.html?id=302cd21d-93ee-4544-b0dc-48eedee2e97b。

⑤ 项目与服务 [EB/OL].[2024-03-19].http：//www.calis.edu.cn/pages/list.html?id=a1fc25f8-544f-4777-b301-8d51c50a9057。

⑥ 机构简介 [EB/OL].[2024-03-20].https：//www.nstl.gov.cn/Portal/zzjg_jgjj.html。

⑦ 资源介绍 [EB/OL].[2024-03-20].https：//www.nstl.gov.cn/Portal/zyyfw_zyjs.html。

立中山图书馆牵头，360家成员馆（包括公共、教育、研究三大类型图书馆），1200多位参考咨询员共同参与建设的文献资源服务平台，拥有大规模的中文数字化资源库群：包括元数据总量7.6亿篇（册），其中中文图书660万册、中文期刊12000万篇、中文报纸19000万篇、中文学位论文680万篇、中文会议论文680万篇、外文期刊29000万篇、外文学位论文680万篇、外文会议论文2600万篇、开放学术资源4900万篇、国家标准与行业标准7万件、专利说明书86万件。[①] 文献调查检索了参考咨询联盟的学位论文和会议论文。

4.国家哲学社会科学学术期刊数据库（以下简称NSSD）是由全国哲学社会科学规划领导小组批准建设，中国社会科学院承建的国家级、开放型、公益性哲学社会科学信息平台，具体责任单位为中国社会科学院图书馆（调查与数据信息中心）。作为国家社会科学基金特别委托项目，于2012年3月正式启动，系统平台于2013年7月16日上线开通。目前收录精品学术期刊2200多种，论文超过2300万篇，其中国家社科基金重点资助期刊172种，中国社会科学院主管主办期刊89种，核心期刊600多种，回溯到创刊号期刊1350种，最早回溯到1920年。[②]

调研过程中，在调研人口较少民族期刊论文情况时还检索了"复印报刊资料全文数据库"、中国知网学术期刊库（以下简称知网学术期刊库）；在调研学位论文时还检索了国家图书馆藏博士论文与博士后研究报告数字化资源库（以下简称国图博士论文库）、中国知网学位论文库（以下简称知网学位论文库）；在调研会议论文时还检索了中国知网会议论文库（以下简称知网会议论文库）；在调研报纸文献时通过登录国家图书馆读者门户检索了方正阿帕比"中国报纸资源全文数据库"（以下简称"阿帕比报纸资源库"）[③]，还检索了方正阿帕比"中华数字书苑"（以下简称"中华数

---

① 指南——全国图书馆参考咨询联盟[EB/OL].[2024-03-20].http：//www.ucdrs.net/admin/union/service.jsp。

② 国家哲学社会科学学术期刊数据库[EB/OL].[2024-03-20].https：//www.nssd.cn/html/1/153/168/index.html?type=470。

③ 2020年7月5日检索时，国家图书馆已暂停更新方正阿帕比"中国报纸资源全文数据库"，最后更新日期为2016年1月8日。

字书苑")、中国知网《中国重要报纸全文数据库》(以下简称知网报纸全文数据库);在调研标准时检索了"全国标准信息公共服务平台"。

此次调研,时间周期长、涉及范围广、文献类型多样。通过调研,笔者深深地感受到中华文明的历史悠久、博大精深,感受到各民族对中华文明的历史贡献,感受到中华文化是各民族文化的集大成。囿于才疏学浅,加之精力有限,书稿历时4年方才完成,虽不尽如人意,但仍希望其能为图书馆开展民族文献信息资源建设提供参考,为学者开展中华民族共同体历史、中华民族多元一体格局的研究提供线索。希望以此抛砖引玉,吸引更多专家学者关注民族文献信息资源建设,推动中华优秀传统文化创造性转化、创新性发展,在新的历史起点上不断构筑中华民族共有精神家园,为铸牢中华民族共同体意识奠定坚实的精神和文化基础。

# 第二章 东北地区人口较少民族文献信息资源建设

## 第一节 赫哲族文献信息资源建设

"赫哲"之称始见于《清圣祖实录》卷八：康熙二年癸卯三月壬辰（1663年5月1日），清廷"命四姓库里哈等进贡貂皮，照赫哲等国例，在宁古塔收纳"[①]。1934年，凌纯声先生的《松花江下游的赫哲族》出版后，"赫哲"作为族称广为传播。赫哲族有本民族的语言，但无文字，赫哲语属阿尔泰语系满-通古斯语族满语支。

### 1.古籍

赫哲族古籍以讲唱类古籍为主，以北方渔猎文化为主要内容；以赫哲族内容为主的书籍类古籍很少，多分散于满、汉文史志和谱牒中；文书类古籍较多，多用满、汉文书写，全面记述了赫哲族社会、经济、文化、军事等历史状况。[②]

《中国少数民族古籍总目提要·赫哲族卷》收录赫哲族古籍条目1305

---

① 鄂善军.简论赫哲族的历史与族源[J].佳木斯大学社会科学学报，2018，36（01）：161.
② 国家民族事务委员会全国少数民族古籍整理研究室.中国少数民族古籍总目提要·赫哲族卷[M].北京：中国大百科全书出版社，2010.

条，其中书籍类19条、铭刻类15条、文书类676条、讲唱类411条，另附赫哲族相关史料184条。书籍类收史志15种、谱牒4种。铭刻类收官印10枚、其他雕刻5件。文书类又分政务类308种、职官类11种、司法类79种、军事类158种、经济类76种、历史类22种、其他22种。讲唱类分为神话故事、民间故事、歌谣三部分。附录部分的相关史料包括史志类42种、经济类6种、文化类63种、历史类73种。

一些学者也对赫哲族进行了研究，对其相关史料进行了挖掘整理。1929年4月，民族学家凌纯声深入中国东北松花江下游，自依兰至抚远一带实地考察赫哲族生活状况与社会情形，田野调查历时3个月，著就《松花江下游的赫哲族》。1990年，上海文艺出版社根据1934年国立中央研究院历史语言研究所刊印本进行了影印出版。1959年，内蒙古少数民族社会历史调查组、中国科学院内蒙古分院历史研究所开始从《大清历朝实录》中摘抄达斡尔、鄂温克、鄂伦春、赫哲等四个民族的史料，并按清实录的顺序编排整理，1962年，内蒙古人民出版社出版了《达斡尔、鄂温克、鄂伦春、赫哲史料摘抄 清实录》。还有王士媛等编、上海文艺出版社1986年6月出版的《赫哲族民间故事选》，张志权编著、黑龙江朝鲜民族出版社1997年5月出版的《赫哲族民歌、歌曲集》，黄任远主编、黑龙江人民出版社2012年12月出版的《黑龙江流域少数民族英雄叙事诗·赫哲族卷》等。此外，还有吕秀莲的《试论清代笔记、方志、宗谱对赫哲族历史研究的史料价值》等。

## 2.图书

赫哲族图书调查以检索国家图书馆、民族图书馆、社科院图书馆、CALIS、黑龙江省图书馆等5家单位藏书目录的方式进行。检索以"赫哲"为检索词，分别按题名、主题两种方式检索。核减各单位藏书目录中的少量重复记录后，截至2020年7月2日，各单位收藏赫哲族相关图书情况如下：按题名检索，国家图书馆134种、民族图书馆65种、社科院图书馆62种、CALIS 126种、黑龙江省图书馆112种；按主题检索，国家图书馆119种、民族图书馆66种、社科院图书馆62种、CALIS 87种、黑龙江省图书馆86种。5家单位共藏题名含"赫哲"的图书207种，距收齐赫哲族相关图书都还相去甚远。

题名含"赫哲"的图书中，5家单位同时收藏的有22种。其中，赫哲族社会历史调查及史料收集整理方面的有《赫哲族简史》编写组编的《赫哲族简史》，中国科学院民族研究所黑龙江少数民族社会历史调查组编的《黑龙江省抚远县街津口村赫哲族调查报告》《黑龙江省饶河县西林子乡四排村赫哲族情况》，刘忠波著《赫哲人》，内蒙古少数民族社会历史调查组、中国科学院内蒙古分院历史研究所编的《达斡尔、鄂温克、鄂伦春、赫哲史料摘抄 清实录》；传统文化研究方面的有都永浩等合著的《黑龙江赫哲族文化》，王英海等编著的《赫哲族传统图案集锦》，王世卿等合著的《赫哲鱼文化》，张敏杰著《赫哲族渔猎文化遗存》《渔家天锦：赫哲族鱼皮文化研究》，吕秀莲等合著的《赫哲族女性历史文化研究》，黄任远等合著的《赫哲族萨满文化遗存调查》；赫哲语研究方面的有安俊编著《赫哲语简志》，朝克著《赫哲语366句会话句》，尹铁超等合著的《那乃语与赫哲语语音、词汇共时比较研究》；传统习俗、文学艺术及其他方面的有乌·白辛著《赫哲人的婚礼》，黄任远编著《赫哲族风俗志》，黄任远著《赫哲绝唱：中国伊玛堪》《赫哲那乃阿伊努原始宗教研究》，季敏著《赫哲 鄂伦春 达斡尔族服饰艺术研究》，邢容等合著的《赫哲族民歌情感蕴涵》，孟修等合著的《江上船歌：街津口赫哲乡纪行》等。

调查发现赫哲族相关文献收集整理方面的著作有两部：范明智等编的《赫哲族文献辑要》和王冰著《馆藏赫哲族文献资料》。

### 3. 期刊论文

#### 3.1 NSSD

以"赫哲"为检索关键字，检索NSSD 1920—2020年的论文，截至2020年7月3日，共检出论文768篇。论文数量居前3位的研究领域是历史地理177篇、经济管理161篇、文化科学150篇。从作者的工作单位上看，发文数量居前3位的是佳木斯大学97篇、黑龙江省社会科学院25篇、哈尔滨师范大学21篇；3家单位均在黑龙江省，与赫哲族的人口分布呈明显正相关。发表赫哲族相关论文数量居前3位的学者是黄任远19篇、刘敏10篇、崔小良8篇。刊发赫哲族相关论文数量居前的期刊是《佳木斯大学社会科学学报》121篇、《艺术科技》56篇、《满语研究》35篇。

又分别以"文献""史料""图书""古籍""信息资源"为检索词,以"题名"为检索入口,在上述检索结果中二次检索,共检出论文8篇。其中,赫哲族文献信息资源建设方面的有4篇:庄善洁的《赫哲族民族研究文献资源数字化建设》、程守民的《三江地区赫哲族文献特色数据库建设》、赵春艳的《赫哲族特色文献数字化建设初探》、马饶的《基层公共图书馆赫哲族非物质文化遗产数据库建设 —— 以饶河县图书馆为例》。赫哲族史料整理研究方面的有3篇:谢亮生的《〈按属考查日记〉中的赫哲族史料》、陈曲等的《最早依玛堪文字文本的史料价值分析 —— 以〈松花江下游的赫哲族〉的赫哲故事文本为例》、张虹萍等的《〈香叟莫日根〉的环境史史料价值研究》。另外一篇是李博等的《赫哲族与俄罗斯境内那乃族民族文化文献研究综述》。

### 3.2 中国知网

以"赫哲"为检索词、"主题"为检索入口,按"精确"方式检索知网学术期刊库,截至2020年7月3日,共检出论文2413篇,仅2020年以来就有40篇。从2012年到2019年,每年都超过100篇,其中2019年124篇、2018年161篇、2017年138篇。而且早在1958年黄林就发表《渔猎能手 —— 赫哲人》,1959年王炳煜发表《三江平原的赫哲族》。

又分别以"文献""史料"为检索词,以"篇名"为检索入口,在上述检索结果中二次检索,共检出论文18篇。其中,以"文献"为检索词检出12篇,除已在NSSD中检出的4篇外,又检出初征等的《黑龙江少数民族传统音乐文献的保护与传承》、李洪伟等的《"互联网+"环境下高校地方文献特藏库建设的现状与思考 —— 以佳木斯大学图书馆地方文献特藏库建设为例》、田海林等的《黑龙江省"四少民族"文献信息资源建设调研》、王颖的《加强地方文献建设为地方服务研究》、赵春艳等的《三江流域地方文献资源的开发与利用》、刘伟华的《拓展地方文献工作 参与非物质文化遗产保护 —— 以黑龙江省图书馆为例》、刘春学的《清代赫哲族部分文献及研究成果综述》、黄晓丽等的《试论档案文献资料在发展少数民族经济中的作用》等8篇论文。以"史料"为检索词，除已在NSSD中检出的3篇论文外，又检出陈云奔等的《建国后街津口赫哲族学校教育发展史略——对两位校长口述史料的研究》、赵正明等的《一部富有史料价值的赫哲谱书——〈依尔根觉罗氏家谱〉简介》、中国第一历史档案馆的《顺治十七年招抚赫哲等部族之人史料》等3篇论文。

### 3.3 复印报刊资料

以"赫哲"为检索词、"主题词"为检索入口，检索复印报刊资料全文数据库，截至2020年7月3日，共检出1995—2020年的论文10篇，其中8篇实际上与赫哲族无关，实际检出2篇：《复印报刊资料：民族问题研究》2001年第11期李秀华等的《赫哲人的宗教信仰与生活习俗》，《复印报刊资料：语言文字学》2004年06期何日莫奇等的《赫哲语使用现状的调查与分析》。

## 4.学位论文

### 4.1 CALIS

以"赫哲"为检索词检索CALIS学位论文系统，截至2020年7月4日，共检出学位论文136篇，其中硕士论文110篇、博士论文26篇，全部为汉文文献。2010年的学位论文数量最多，有25篇；1990年最早，有1篇；2013年最新，有18篇。2013年的学位论文中，有朱秋菊的《清末民初赫哲族文化变迁研究》、梁松的《赫哲族从渔猎走向多元的经济发展研究》、苑敏的《赫哲族鱼皮服饰与制作工艺研究》、杨承雪的《当前赫哲族精神文化的保护与传承研究》、张雨微的《民族文化政策视角下赫哲族的文化传承研究》、钱星的《街津口赫哲族学校民族语言课程的演变与反思》、于鑫淼的《赫哲绝唱"伊玛堪"在"乌日贡"中的创新》、王宏伟的《流淌的旋律》、才小男的《"伊玛堪"的叙事研究》、戴昌乐的《清代三姓副都统衙门职能研究》、张阳的《近年来黑龙江省的古筝发展研究（1986年—2012年）》、纪悦生的《论文化阐释与翻译》等12篇硕士论文，陈曲的《中国满通古斯语族诸民族动物报恩故事研究》、刘卓雯的《乡土意识变迁与乡土书写》等2篇博士论文，其他3篇硕士论文和1篇博士论文实际上与赫哲族无关。

**4.2 NSTL**

以"赫哲"为检索词检索"NSTL学位论文数据库",截至2020年7月4日,共检出学位论文92篇,其中硕士论文71篇、博士论文21篇。学位授予单位来自47所高校,其中中央民族大学14篇、山东大学7篇、黑龙江大学6篇,数量居前三位。检出论文中,最新的是2018年吕思瀚的哈尔滨师范大学工业设计工程专业硕士论文《少数民族纪录片〈赫哲人眼中的伊玛堪〉创作阐述》。

**4.3 参考咨询联盟**

以"赫哲"为检索词、"全部字段"为检索入口,通过"精确"方式检索"参考咨询联盟"的学位论文,截至2020年7月4日,共检出210篇,其中硕士论文186篇、博士论文24篇。论文数量居前3位的学位授予单位是哈尔滨师范大学（37篇）、中央民族大学（29篇）、东北师范大学（13篇）。检出最新的学位论文是2019年的10篇论文,其中硕士论文《韩汉经济新闻中的隐喻对比研究》因导师权赫哲的名字中有"赫哲"而被检出,其内容与赫哲族并无关系。2019年的其他9篇学位论文中,硕士论文有8篇,即孙健的《谈毕业创作〈赫哲物语〉系列作品》、温闻的《赫哲族"伊玛堪"和欧洲三大英雄史诗中的信仰民俗比较研究》、李姝昱的《赫哲族传统服饰元素在文化创意产品设计中的应用》、李根的《赫哲族民歌〈山水醉了咱赫哲人〉音乐特征及演唱体会》、姜岩的《赫哲族传统体育项目在小学体育教学中的应用研究》、卢琰的《民族文化在儿童绘本〈赫哲族民间故事〉创作中的应用》、刘越的《关联理论指导下的展会口译实践报告——以赫哲族服饰展口译实践为例》、董昊林的《少数民族题材纪录片〈灵动的鱼皮衣〉叙事分析》;博士论文有1篇,即王丽伟的《近代东北民族民间音乐研究》。

**4.4 国家图书馆**

以"赫哲"为检索词检索"国图博士论文库",截至2020年7月4日,检出赫哲族相关博士论文2篇:一篇是2005年东北师范大学郝庆云的《17至20世纪赫哲与那乃社会文化变迁比较研究》,另一篇是2014年中国音乐学院刘雪英的《跨界民族赫哲–那乃族"伊玛堪"与"宁玛"研究》。

### 4.5 中国知网

以"赫哲"为检索词、"主题"为检索入口,按"精确"方式检索"知网学位论文库",截至2020年7月4日,共检出学位论文314篇,其中硕士论文263篇、博士论文51篇。又以"赫哲"为检索词、"题名"为检索入口,在检索结果中二次检索,检出学位论文91篇,其中硕士论文83篇、博士论文8篇。检出的论文被引率很高,91篇论文中有70篇被引过,被引次数居前3位的均为博士论文,依次是崔玉范的《赫哲族传统文化与民族文化旅游可持续发展研究——以同江市民族文化旅游为例》被引43次、何玉芳的《赫哲族、那乃族文化变迁比较研究》被引38次、郝庆云的《17至20世纪赫哲与那乃社会文化变迁比较研究》被引35次。

## 5. 会议论文

### 5.1 NSTL

以"赫哲"为检索词检索"NSTL会议论文数据库",截至2020年7月4日,共检出会议论文29篇。经复核,实际与赫哲族相关的仅7篇:《中国首届人类语言学国际学术研讨会论文集》收1篇,即何学娟的《濒危状态的赫哲语》;《第六届民族文化产业发展论坛论文集》收1篇,即赵坤宇的《发展特色旅游引导赫哲文化走向世界》;《民族语文国际学术研讨会论文集》收1篇,即赵阿平等的《满语、赫哲语濒危原因比较研究》;《中国民间文学与民族历史记忆学术研讨会论文集》收1篇,即郭崇林的《民间叙事中的历史记忆——以〈赫哲民族迁徙歌〉为例》;《黑龙江省文物博物馆学会第五届年会论文集》收3篇,即林笑薇的《论满-通古斯民族的信仰崇拜》、杨永琴的《关于北方民族信奉的萨满教——以赫哲族与满族为例》、魏立群等的《略论我国桦树皮文化的抢救》。

### 5.2 参考咨询联盟

以"赫哲"为检索词、"全部字段"为检索入口,检索"参考咨询联盟"中的会议论文,截至2020年7月4日,共检出论文112篇,核减6条重复记录后,实际检出106篇。又以"赫哲"为检索词、"标题"为检索入口进行检索,检出会议论文73篇,核减3条重复记录后,实际检出70篇。

检出论文中，赫哲族文献信息资源建设方面的有4篇：薛丽的《基层公共图书馆赫哲族非物质文化遗产口述文献实践探析》、马饶的《基层公共图书馆　赫哲族非物质文化遗产数据库建设——以饶河县图书馆为例》、吕秀莲的《试论清代笔记、方志、宗谱对赫哲族历史研究的史料价值》、王海民的《依托赫哲文化　建设特色馆藏》。

### 5.3 中国知网

以"赫哲"为检索词、"主题"为检索入口，检索"知网会议论文库"，截至2020年7月4日，共检出会议论文89篇。这些论文的总参考数是207、总被引数是29、总下载数是5192，篇均参考数是2.33、篇均被引数是0.33、篇均下载数是58.34、下载被引比为179.03。[①] 又以"赫哲"为检索词、"篇名"为检索入口再次检索，截至2020年7月4日，共检出会议论文44篇，核减1条错误记录[②]后，实际检出43篇。这43篇论文中被引用过的有9篇，其中被引3次的有1篇，即吕秀莲的《试论清代笔记、方志、宗谱对赫哲族历史研究的史料价值》；被引1次的有8篇，即王海的《赫哲族传统文化的传承与保护》、徐敬龙的《赫哲族渔猎生活与民族神话、传说的融生》、张敏杰的《赫哲族鱼皮纹饰研究》、初征的《从〈欢乐的哈鱼岗〉看赫哲族民歌的变化演唱》、张鸿雁的《对赫哲族民间舞蹈〈天鹅舞〉的再认识》、赵阿平等的《满语、赫哲语使用变化过程及濒危原因》、黄任远的《自然神话与自然崇拜——对赫哲族神话的思考之二》、何俊芳的《赫哲语的濒危状况及其成因》。在赫哲族文献信息资源建设方面，检出论文与在"参考咨询联盟"的检索结果相同。

## 6. 报纸文献

以"赫哲"为检索词，通过登录国家图书馆读者门户检索"阿帕比

---

① 计量可视化分析—已选文献—中国知网[EB/OL].[2020-07-04].https://kns.cnki.net/KVisual/ArticleAnalysis/index?t=1594096253484。

② 检出的《试论清代笔记、方志、宗谱对赫哲族历史研究的价值》为错误记录，实际是《试论清代笔记、方志、宗谱对赫哲族历史研究的史料价值》，合并为一条记录后，《试论清代笔记、方志、宗谱对赫哲族历史研究的史料价值》被引次数增加1次，即为被引3次。

报纸资源库",截至最后更新日期,共检出新闻918条,检出标题含"赫哲"的新闻39条、内容含"赫哲"的新闻910条、赫哲族相关图片23幅。标题含"赫哲"的新闻中,《中国文化报》8条最多,《黑龙江日报》《东亚经贸新闻》《武汉晨报》各3条居其次,《哈尔滨日报》有2条,其他20种报纸各1条。根据标题含"赫哲"的新闻,整理出3条信息:(1)2013年6月4日,"锦绣天成 —— 黎族树皮服饰与赫哲族鱼皮服饰展"在黑龙江省民族博物馆开展,由黑龙江省民族博物馆和海南省民族博物馆共同主办,共展出200余件黎族树皮服饰和赫哲族鱼皮服饰。①(2)2013年10月14—20日,"佳木斯赫哲文化周"在民族文化宫举办,由国家民族事务委员会主办,民族文化宫、黑龙江省民族事务委员会(今黑龙江省民族宗教事务委员会)和佳木斯市人民政府承办。此次活动以展览为主要形式,分为"神秘赫哲""赫哲故里"和"佳木斯名片"3个部分,通过200余件实物和近千幅图片,展示扶持人口较少民族发展工作新成果,展示赫哲族优秀传统文化和民族风情。②(3)2013年12月16日,黑龙江省首届赫哲族说唱艺术展演比赛在佳木斯市举行,由黑龙江省艺术研究所、黑龙江省非物质文化遗产保护中心和佳木斯市文化广电新闻出版局共同主办。经角逐,同江市群众艺术馆选送的《萨满神歌》和佳木斯市郊区文化馆选送的嫁令阔《赫哲生活比蜜甜》获表演一等奖。③

以"赫哲"为检索词、"主题"为检索入口,检索"知网报纸全文数据库",截至2020年7月5日,共检出赫哲族相关文献497篇,其中学术性文献49篇。刊发学术性文献数量居前3位的报纸是《中国民族报》11篇,《佳木斯日报》《中国社会科学报》各8篇。学术性文献中被引用过的有8篇,其中孙亚强的《记录赫哲族伊玛堪说唱的真相》被引2次;祝静的《总书记为这些非遗项目点赞》、黄澄的《赫哲族的民居文化》、邱洪斌的《携手人口较少民族奔小康 铸牢中华民族共同体意识》、尚大超的《各界人士凝聚智慧,助力赫哲族全面建成小康社会》、肖殿昌的《赫哲传统信仰:万物有灵与萨满教》、祁庆富的《凌纯声和〈松花江下游的赫

---

① 叶勇.海南黎族树皮装龙江赫哲族鱼皮装冰城首度联展[N].哈尔滨日报,2013-06-05(6).
② 张硕.千幅图片展赫哲族风情[N].北京晨报,2013-10-18(C04).
③ 张建友.黑龙江举办赫哲族说唱艺术展演[N]中国文化报,2013-12-19(2).

哲族〉》、陶鑫良的《我国民间文学艺术保护立法模式探析》等7篇被引1次。《中国社会科学报》刊发的8篇文章中，有周喜峰的《清前期对黑龙江流域各民族的恩赏笼络政策》。

### 7. 标准

以"赫哲"为检索词检索"全国标准信息公共服务平台"，截至2020年6月1日，共检出赫哲族相关标准1项，即黑龙江省地方标准《DB23/T 1758-2016 赫哲族鱼皮服饰》。该标准为现行标准，主管部门为黑龙江省质量技术监督局，国际标准分类号（ICS）61.040、中国标准分类号（CCS）Y75，2016年5月16日发布，自2016年6月16日起实施。

## 第二节 鄂伦春族文献信息资源建设

鄂伦春族历史悠久，无本民族文字，使用鄂伦春语。鄂伦春语属阿尔泰语系满-通古斯语族通古斯语支。内蒙古自治区呼伦贝尔市鄂伦春自治旗是中国唯一的鄂伦春族自治旗。

### 1. 古籍

有文字记载的鄂伦春族古籍并不多见，多为清朝中央政府在管理鄂伦春族事务中形成的公文档案。相较而言，鄂伦春族口传传统文化资料更加丰富多彩。

《中国少数民族古籍总目提要·鄂伦春族卷》收录鄂伦春族古籍条目1544条，其中文书类534条、讲唱类1010条。① 文书类又分8小类，收政

---

① 《中国少数民族古籍总目提要·鄂伦春族卷》凡例记述："本书收录鄂伦春族古籍条目1547条，其中，文书类536条、讲唱类1011条。"经反复核对，实收鄂伦春族古籍条目1544条，其中文书类534条、讲唱类1010条。

务类247条、职官类77条、司法类42条、军事类33条、经济类39条、文化类14条、教育类44条、历史类38条。鄂伦春族古籍整理研究方面的成果还有《清代鄂伦春族满汉文档案汇编》，辑录档案311件，其中满文档案259件、满汉合璧档案24件、汉文档案28件。此外，还有《达斡尔、鄂温克、鄂伦春、赫哲史料摘抄 清实录》等。

## 2.图书

以"鄂伦春"为检索词，检索内蒙古自治区图书馆统一检索平台，检出该馆藏鄂伦春族相关图书74种，但只可浏览部分图书的书目信息。鉴于此，鄂伦春族图书调查以检索国家图书馆、民族图书馆、社科院图书馆、CALIS、内蒙古大学图书馆、黑龙江省图书馆等6家单位藏书目录的方式进行。检索以"鄂伦春"为检索词，分别按题名、主题两种方式检索。核减各单位藏书目录中的重复和错误记录后，截至2020年7月6日，各单位收藏鄂伦春族相关图书情况如下：按题名检索，国家图书馆92种、民族图书馆101种、社科院图书馆57种、CALIS 188种、内蒙古大学图书馆79种、黑龙江省图书馆126种；按主题检索，国家图书馆仅14种、民族图书馆88种、社科院图书馆27种、CALIS 129种、内蒙古大学图书馆106种、黑龙江省图书馆93种。6家单位共藏题名含"鄂伦春"的图书282种，距收齐鄂伦春族相关图书都还相去甚远。

根据题名方式的检索结果，CALIS所藏鄂伦春相关图书包括汉文图书184种、蒙古文图书2种、日文图书2种。所藏蒙古文图书即《鄂伦春自治旗概况》《鄂伦春简史》的蒙古文版本。题名含"鄂伦春"的图书中，6家单位同时收藏的有8种，其中鄂伦春族社会历史调查方面的图书有6种：内蒙古少数民族社会历史调查组1959年3月编写的《布特哈旗鄂伦春民族乡情况》，1959年4月编写的《逊克县鄂伦春民族乡情况》；内蒙古少数民族社会历史调查组、内蒙古历史研究所1963年编写的《鄂伦春自治旗甘奎、托扎敏努图克和黑龙江省呼玛县十八站鄂伦春族社会历史补充调查报告》《鄂伦春自治旗木奎高鲁、爱辉县新生村和逊克县新鄂村补充调查报告》；秋浦著的《鄂伦春社会的发展》，以及1981年内蒙古人民出版社出版的《鄂伦春自治旗概况》。另外2种被6家单位同时收藏的图书是王为华著的《鄂伦春原生态文化研究》和刘晓春著的《鄂伦春人文经济》。

### 3. 期刊论文

#### 3.1 NSSD

以"鄂伦春"为检索关键字，检索NSSD 1920—2020年的论文，截至2020年7月7日，共检出论文420篇。论文数量居前3位的研究领域是经济管理99篇、社会学95篇、历史地理78篇。从作者的工作单位上看，发文数量居前3位的是中央民族大学、哈尔滨师范大学各15篇，中国社会科学院13篇。发表鄂伦春族相关论文数量居前的学者是：方征4篇，朝克、刘桂腾、孙一丹、赵复兴等4人各3篇。刊发鄂伦春族相关论文数量居前3位的期刊是《满语研究》31篇，《内蒙古社会科学》《黑河学刊》各28篇。

#### 3.2 中国知网

以"鄂伦春"为检索词、"主题"为检索入口，按"精确"方式检索知网学术期刊库，截至2020年7月7日，共检出论文1926篇，其中2020年已有37篇。知网中最早的鄂伦春族相关期刊论文是：1958年乌兰巴干在《民族团结》上发表的《鄂伦春姑娘》，以及罗泽珣在《生物学通报》上发表的《介绍几种鄂伦春族采集偶蹄目兽类的方法》。

以"鄂伦春"为检索词、"篇名"为检索入口，按"精确"方式检索，共检出论文1148篇。其中，被引次数居前3位的是：李咏兰等5人的《达斡尔族、鄂温克族、鄂伦春族13项形态特征的研究》被引78次，朱钦等8人的《鄂伦春族成人的体型》被引75次，朱钦等8人的《鄂伦春族体质现状及其与60年前资料的比较》被引67次。又以"文献"为检索词、"篇名"为检索入口，在检出的1148篇论文中二次检索，共检出论文6篇：咏梅等的《达斡尔族、鄂温克族和鄂伦春族历史文献综述》、王红箫的《王肯搜集整理的鄂伦春文献概述》、莫德的《鄂伦春族文献研究述论》《达斡尔、鄂温克、鄂伦春"三少"民族文献数据库建设实践探讨——以呼伦贝尔学院图书馆"三少"民族文献数据库为例》、王延等的《鄂伦春族族源的文献探析》、魏黎的《省档案馆馆藏〈清代黑龙江通省满汉文舆图图说〉、〈清代黑龙江地方鄂伦春族满文户籍档案文献〉入选〈中国档案文献遗产名录〉》。

**3.3 复印报刊资料**

以"鄂伦春"为检索词、"主题词"为检索入口，检索复印报刊资料全文数据库，截至2020年7月7日，共检出1995—2020年的论文22篇，其中6篇实际与鄂伦春族无关，最终检出16篇。《复印报刊资料：语言文字学》收3篇：2014年第10期杨群等的《鄂伦春语基本颜色词的分类》，2017年第4期德红英的《城镇达斡尔族、鄂温克族、鄂伦春族语言生活的发展趋向》，2018年第3期丛珊等的《鄂伦春语的元音格局及其高元音的声学分析》。《复印报刊资料：民族研究》收6篇：1995年第5期赵光远的《鄂伦春人的萨满观》、傅朗云的《黑龙江上游的鄂伦春族》，1995年第7期赵复兴的《鄂伦春族文学简论》，1996年第5期郭淑云的《鄂伦春族萨满教特点刍议》，1998年第9期刘晓春的《试论经济因素与民族因素的互动关系》，1999年第6期孙松滨的《发展鄂伦春族教育事业的几点措施》。《复印报刊资料：民族问题研究》收5篇：2005年第7期沙晋的《黑龙江省鄂伦春族经济和社会发展调查》，2005年第11期李顺宝等的《黑龙江省鄂伦春族社会事业发展情况调研报告》，2008年第11期李文祥的《民族福利建设中的制度风险及其规避》，2009年第8期相华等的《鄂伦春族农村经济发展情况调研报告》，2010年第10期相华的《鄂伦春族文化发展中的困惑与思考》。其他2篇即《复印报刊资料：中国古代、近代文学研究》2006年第3期田青的《"满盖"的意象与鄂伦春民间故事的文化氛围》，《复印报刊资料：中国现代、当代文学研究》1996年第4期刘迁的《达斡尔、鄂温克、鄂伦春族文学的发展与成就》。

## 4.学位论文

**4.1 CALIS**

以"鄂伦春"为检索词检索CALIS学位论文系统，截至2020年7月8日，共检出学位论文145篇，其中硕士论文109篇、博士论文36篇，全部为汉文文献。2010年的学位论文数量最多，有23篇；1992年的最早，有1篇；2013年最新，有14篇。2013年的14篇学位论文中，有刘景春的《鄂伦春自治旗经济发展问题研究》、杨凯棋的《鄂伦春族特色文化创意产品设计研究》、中央民族大学张阳的《鄂伦春族画家白英油画创作研究》、张春辉的《文化传播视角下的三少民族文化变迁与转型》、哈尔滨师范大学张阳的《近年来黑龙江省的古筝发展研究（1986—2012年）》、贾忠的《晋陕移民文化背景下的内蒙古河套地区创作歌曲》、纪悦生的《论文化阐释与翻译》等7篇硕士论文，以及宫海荣的《鄂伦春语亲属称谓研究》、王学勤的《晚清民初布特哈八旗研究》、黄彦震的《清代中期索伦部与满族关系研究》、陈曲的《中国满通古斯语族诸民族动物报恩故事研究》、刘卓雯的《乡土意识变迁与乡土书写》等5篇博士论文，其他2篇硕士论文实与鄂伦春族无关。

### 4.2 NSTL

以"鄂伦春"为检索词检索"NSTL学位论文数据库"，截至2020年7月8日，共检出学位论文113篇，其中硕士论文92篇、博士论文21篇，全部为汉文印本资源，其中109篇收藏在中国科学技术信息研究所、2篇收藏在中国农科院农业信息研究所、2篇收藏在中国科学院文献情报中心。学位授予单位来自48所高校及科研院所，其中中央民族大学21篇、内蒙古大学12篇、内蒙古师范大学9篇，数量居前3位。检出论文中，最新的是2018年的4篇硕士论文，分别是：内蒙古大学申荣嘉的《论手风琴重奏的合和之美——以张新化三首草原风格重奏作品为例》、孙静的《鄂伦春族文学民族形象建构问题分析》、哈尔滨商业大学郭秀红的《内蒙古鄂伦春自治旗精准扶贫的困境及对策研究》，广西大学魏珺琛的《内蒙古东乌旗达亚纳钨钼矿床岩石地球化学特征及流体包裹体研究》。

### 4.3 参考咨询联盟

以"鄂伦春"为检索词、"全部字段"为检索入口，通过"精确"方式检索"参考咨询联盟"的学位论文，截至2020年7月8日，共检出346篇。论文数量居前3位的学位授予单位是中央民族大学（43篇）、内蒙古师范大学（33篇）、吉林大学（30篇）。又以"鄂伦春"为检索词、"标题"为检索入口，通过"精确"方式检索，共检出143篇。论文数量居前

3位的学位授予单位是中央民族大学（25篇）、哈尔滨师范大学（15篇）、内蒙古师范大学（14篇）。根据"标题"方式的检索结果，2019年有硕士论文9篇，学位授予单位为5所高校。其中，内蒙古师范大学有4篇，即李一娜的《鄂伦春族传统纹样视觉语言研究》、李颖的《鄂伦春民歌在小学音乐课堂的探索与实践——以鄂伦春实验小学为例》、沈炎的《鄂伦春族纪实影像中的生态伦理思想研究》、奇宇的《鄂伦春族神话故事题材小学低段儿童绘本创作研究》；黑龙江大学有2篇，即苑小雪的《清末民初鄂伦春研究》、赵岩的《文化类著作〈鄂伦春原生态文化研究〉（第五章）汉英翻译实践报告》；另外3篇是吉林大学刘承先的《内蒙古鄂伦春自治旗八岔沟铅锌矿地质、地球化学特征及成因》，浙江理工大学邹羽佳的《鄂伦春民族文化语言在其文创品牌中的应用研究——以"那耶"品牌为例》，云南大学贤璐的《鄂伦春族美术作品对我绘画创作的影响》。

**4.4 国家图书馆**

以"鄂伦春"为检索词、"标题"为检索入口，检索"国图博士论文库"，截至2020年7月8日，检出鄂伦春族相关博士论文2篇：2007年中央民族大学白洁的《鄂伦春族传统游戏的教育人类学研究》，2008年北京林业大学张慧平的《鄂伦春族传统生态意识研究——民族森林文化的现代解读》。

**4.5 中国知网**

以"鄂伦春"为检索词、"主题"为检索入口，按"精确"方式检索"知网学位论文库"，截至2020年7月8日，共检出学位论文145篇，其中硕士论文130篇、博士论文15篇。又以"鄂伦春"为检索词、"题名"为检索入口，在检索结果中二次检索，检出学位论文116篇，其中硕士论文105篇、博士论文11篇。这116篇学位论文中，被引次数居前的是：白洁的《鄂伦春族传统游戏的教育人类学研究》被引31次，张元卉的《人口较少民族文化传承的教育人类学研究——以鄂伦春族文化传承研究为个案》被引21次，王世超的《少数民族旅游地居民地方依恋与旅游开发研究——以大兴安岭鄂伦春民族为例》被引20次。

## 5.会议论文

### 5.1 NSTL

以"鄂伦春"为检索词检索"NSTL会议论文数据库",截至2020年7月9日,共检出会议论文42篇,全部为汉文印本资源,收录于33种会议录中。其中,收录鄂伦春族相关论文数量最多的会议录是《全国民族地区高等院校经济学联席会第四届年会论文集》,收6篇:林新的《鄂伦春自治旗经济发展现状调查》、刘毅的《鄂伦春民族村庄变迁调研报告——以内蒙古鄂伦春自治旗乌一讷猎民村为例》、马博的《嬗变与反思:鄂伦春民族村庄变迁分析——以鄂伦春自治旗乌鲁布铁镇猎民村为例》、李兴媛的《农业制度创新的路径选择——以内蒙古自治区鄂伦春自治旗齐奇岭村为例》、李慧娟的《鄂伦春族人口发展调研报告——以鄂伦春自治旗乌一讷猎民村为例》、王曦的《齐奇岭村发展传统种植业的突破性选择——合作制》;其后依次是《黑龙江省文物博物馆学会第五届年会论文集》4篇,《第九届中国语音学学术会议论文集》2篇,其他30种会议录各1篇。

### 5.2 参考咨询联盟

以"鄂伦春"为检索词、"全部字段"为检索入口,检索"参考咨询联盟"中的会议论文,截至2020年7月9日,共检出论文166篇。又以"鄂伦春"为检索词、"标题"为检索入口,核减1条重复记录后,实际检出论文79篇。根据第二次的检索结果,收录鄂伦春族相关论文数量最多的会议录仍是《全国民族地区高等院校经济学联席会第四届年会论文集》,但只收5篇,比在NSTL中少1篇;其次是《中国解剖学会2010年年会论文集》,收4篇:邵帅等5人的《鄂伦春族成人身体围度特征分析》,温有锋等4人的《黑龙江省鄂伦春族8项人类群体遗传学特征研究》,朱超等3人的《满族、鄂伦春族5项不对称行为特征的研究》,刘学峰等4人的《鄂伦春族成人头面部形态特征研究》;最后是"传承中华文明 弘扬孝道文化"论坛暨黑龙江省中华炎黄文化研究会第七届学术会议录《龙江春秋——黑水文化论集之六》3篇:王为华的《与天地山林融为一体的居住文化:鄂伦春"仙人柱"的启示》《记录人类童年时代的心灵发展轨迹：鄂伦春萨满文化研究》《鄂伦春族原生态文化在现代化进程中的传承与保护》。

**5.3 中国知网**

以"鄂伦春"为检索词、"主题"为检索入口，检索"知网会议论文库"，截至2020年7月9日，共检出会议论文62篇。这些论文的总参考数是124、总被引数是31、总下载数是4032，篇均参考数是2、篇均被引数是0.5、篇均下载数是65.03、下载被引比为130.06。① 又以"鄂伦春"为检索词、"篇名"为检索入口再次检索，检出会议论文35篇，其中有8篇被引用过：吴亚芝的《鄂伦春族兽皮服饰艺术》被引4次，李兵等的《鄂伦春语白银纳方言双音节词重音的实验语音学分析》、呼和等的《鄂伦春语词首音节短元音声学分析》被引3次，董宪民等的《对内蒙古自治区蒙古、达斡尔、鄂温克、鄂伦春四个少数民族成年人的体质调查与研究》被引2次，方征的《鄂伦春族狩猎文化与村民健康研究》、王华的《新中国少数民族题材纪录片的类型与发展思考——从〈鄂伦春族〉谈起》、王纪的《鄂伦春族玩具剪纸田野考辩》《鄂伦春妇女的桦树皮剪纸与花样本子》被引1次。

## 6. 报纸文献

以"鄂伦春"为检索词，通过登录国家图书馆读者门户检索"阿帕比报纸资源库"，截至最后更新日期，共检出新闻3246条，检出标题含"鄂伦春"的新闻275条、内容含"鄂伦春"的新闻3243条、鄂伦春族相关图片237幅。标题含"鄂伦春"的新闻中，《大兴安岭日报》110条最多，《内蒙古日报》102条居其次，《北方新报》17条排第三。根据标题含"鄂伦春"的新闻，整理出4条信息：（1）2009年4月1日，黑龙江省大兴安岭地区鄂伦春民族文化保护挖掘和利用工作座谈会在加格达奇召开。② （2）2011年

---

① 计量可视化分析 — 已选文献 — 中国知网[EB/OL].[2020-07-09]. https://kns.cnki.net/KVisual/ArticleAnalysis/index?t=1594702752751.

② 关立民.全区鄂伦春民族文化保护挖掘和利用工作座谈会在加召开[N].大兴安岭日报，2009-04-03（1）.

8月22日，黑龙江省大兴安岭地区鄂伦春族研究会第五届会员代表大会召开，选举产生第五届理事会。[①]（3）2014年7月31日，内蒙古自治区十二届人大常委会第十一次会议决定，批准《鄂伦春自治旗鄂伦春民族民间传统文化保护条例》，由鄂伦春自治旗人大常委员会公布实施。[②]（4）2014年10月24—25日，以"鲜卑根祖源·勇敢鄂伦春"为主题的鄂伦春族文化展示活动在民族文化宫举行。此次活动以大型民族舞台剧《勇敢的鄂伦春》展演为主要内容，同时举行了鄂伦春族原生态非物质文化展示和旅游宣传活动。[③]

以"鄂伦春"为检索词、"主题"为检索入口，检索"知网报纸全文数据库"，截至2020年7月10日，共检出鄂伦春族相关文献590篇，其中学术性文献56篇。刊发学术性文献数量居前3位的报纸是《中国民族报》20篇、《中国社会科学报》《内蒙古日报》（汉文版）各6篇。学术性文献中有10篇被引用过，《中国民族报》2017年7月14日第5版金洁的《结合新的时代条件　传承和弘扬中华优秀传统文化》、2019年3月1日第6版德红英的《坚定文化自信　促进优秀民族文化创新发展》被引次数最多，分别被引2次。

## 7.标准

以"鄂伦春"为检索词检索"全国标准信息公共服务平台"，截至2020年6月1日，共检出鄂伦春族相关标准3项，其中国家标准1项、地方标准2项，均为现行标准。国家标准《GB/T 24878-2010　鄂伦春马》，国际标准分类号（ICS）65.020.30、中国标准分类号（CCS）B43，由中华人民共和国农业部提出、全国畜牧业标准化技术委员会（SAC/TC274）归口。2010年6月30日，该标准由中华人民共和国国家质量监督检验检

---

[①] 张雷.地区鄂伦春族研究会第五届会员代表大会召开[N].大兴安岭日报，2011-08-231A01）.

[②] 内蒙古自治区人民代表大会常务委员会 关于批准《鄂伦春自治旗鄂伦春民族 民间传统文化保护条例》的决议[N]内蒙古日报，2014-08-01（3）.

[③] 乌仁.鄂伦春族文化展示活动在京举行[N]中国民族报，2014-10-31（10）.

疫总局、中国国家标准化管理委员会联合发布，自2011年1月1日起实施。中国农业大学马研究中心、鄂伦春自治旗农牧业局、中国马业协会为标准的主要起草单位；吴常信、赵春江、赵家富、韩国才、鲍海港、韩文鹏等6人为标准的主要起草人。该标准规定了鄂伦春马的主要品种特征和等级评定方法，适用于鄂伦春马的品种鉴定和等级评定。

内蒙古自治区地方标准《DB15/T 561-2013 鄂伦春民族服饰》，主管部门为内蒙古自治区质量技术监督局，国际标准分类号（ICS）61.040、中国标准分类号（CCS）Y75，2013年7月25日发布，自2013年9月25日起实施。黑龙江省地方标准《DB23/T 2420-2019 鄂伦春族服饰（皮质）》，主管部门为黑龙江省市场监督管理局，国际标准分类号（ICS）61.040、中国标准分类号（CCS）Y75，2019年7月23日发布，自2019年8月22日起实施。

## 第三节　鄂温克族文献信息资源建设

鄂温克族历史悠久。鄂温克语属阿尔泰语系满-通古斯语族通古斯语支，有海拉尔、陈巴尔虎和敖鲁古雅三种方言，无本民族文字。由于长期与蒙古、达斡尔、鄂伦春、汉等民族交错杂居，鄂温克族的双语或多语现象比较突出，牧区的鄂温克族通用蒙古语，农业区和靠山区的鄂温克族通用汉语。①

### 1.古籍

《中国少数民族古籍总目提要·鄂温克族卷》首次比较系统地介绍了鄂温克族古籍的总体情况，收录鄂温克族古籍条目1780条②，其中书籍

---

① 《中国少数民族》修订编辑委员会.中国少数民族[M].北京：民族出版社，2009：114.
② 《中国少数民族古籍总目提要·鄂温克族卷》凡例记述："本书收录鄂温克族古籍条目2143条。"经反复核对，实收鄂温克族古籍条目1780条。

类6条、铭刻类9条、文书类736条、讲唱类651条，另附鄂温克族史料378条。

书籍类收清末鄂温克人的家谱6份，其中4份家谱用蒙古文记载。铭刻类内容涉及海兰察、穆图善、英兴阿、涂端廷等4位鄂温克族历史人物的碑铭13通。文书类又分宗教类15种、政务类242种、职官类107种、军事类183种、司法类59种、经济类76种、教育类10种、风俗习惯类9种、历史类35种。讲唱类据其体裁分为民间故事244首、民间歌舞114首、禁忌语253种、谚语40条。附录部分的史料据其内容分为政务122种、法律13种、军事82种、经济23种、文化风俗3种、历史135种。

此外，鄂温克族古籍方面的研究成果还有此前提到的《达斡尔、鄂温克、鄂伦春、赫哲史料摘抄 清实录》，以及内蒙古文化出版社1993年出版的《鄂温克族历史资料集》等。

## 2.图书

以"鄂温克"为检索词，检索内蒙古图书馆统一检索平台，检出该馆藏鄂温克族相关图书91种，但只可浏览部分图书的书目信息。鉴于此，鄂温克族图书调查以检索国家图书馆、民族图书馆、社科院图书馆、CALIS、内蒙古大学图书馆、黑龙江省图书馆等6家单位藏书目录的方式进行。检索以"鄂温克"为检索词，分别按题名、主题两种方式检索。核减各单位藏书目录中的重复和错误记录后，截至2020年7月11日，各单位收藏鄂温克族相关图书情况如下：按题名检索，国家图书馆178种、民族图书馆103种、社科院图书馆101种、CALIS 180种、内蒙古大学图书馆75种、黑龙江省图书馆76种，其中国家图书馆藏蒙古文鄂温克族相关图书14种、CALIS藏蒙古文鄂温克族相关图书20种；按主题检索，国家图书馆164种、民族图书馆94种、社科院图书馆101种、CALIS 84种、内蒙古大学图书馆90种、黑龙江省图书馆70种。6家单位共藏题名含"鄂温克"的图书310种，距收齐鄂温克族相关图书都还有很大差距。

题名含"鄂温克"的图书中，6家单位同时收藏的有12种，根据出版时间的先后，依次是：1962年2月，秋浦等著、中华书局出版的《鄂温克人的原始社会形态》；1983年10月，吕光天著、民族出版社出版的《鄂温克族》；1986年9月，胡增益等著、民族出版社出版的《鄂温克语简志》；1986年11月，《国家民委民族问题五种丛书》内蒙古自治区编辑组编、内蒙古人民出版社出版的《鄂温克族社会历史调查》；1996年4月，吴守贵编、内蒙古文化出版社出版的《鄂温克族人物志》；1997年6月，鄂温克族自治旗志编纂委员会编、中国城市出版社出版的《鄂温克族自治旗志》；2006年5月，汪立珍著、中央民族大学出版社出版的《鄂温克族神话研究》；2007年5月，内蒙古自治区鄂温克族研究会等编、民族出版社出版的《鄂温克地名考》；2008年9月，孙兆文等编、社会科学文献出版社出版的《腾飞的鄂温克》；2008年12月，吴守贵著、民族出版社出版的《鄂温克族社会历史》；2009年6月，《鄂温克族简史》编写组、《鄂温克族简史》修订本编写组编写，民族出版社出版的《鄂温克族简史》；2013年12月，赵延花等著、人民出版社出版的《鄂温克族文学研究》。

调查发现鄂温克族资料性图书10种，大多为内部出版物：内蒙古少数民族社会历史调查组等1961年3月编写的《内蒙古自治区鄂温克族资料汇编1958—1960》；内蒙古少数民族社会历史调查组等编的《达斡尔、鄂温克、鄂伦春、赫哲史料摘抄 清实录》，内蒙古人民出版社1962年11月出版；涂格敦·林娜等选编的《鄂温克族资料选编》，内蒙古人民出版社1988年5月出版；呼伦贝尔盟展览办公室1988年5月编的《鄂温克族民俗及文化艺术展览资料选编》；政协鄂温克族自治旗文史资料研究委员会1988年6月编的《鄂温克族自治旗文史资料·第一辑》；巴德玛等编辑整理的《鄂温克族历史资料集》，内蒙古文化出版社1993年7月出版；哈森其其格等1998年1月编辑整理的《鄂温克族历史资料集·第三辑》；中共鄂温克族自治旗委组织部等编辑的《中国共产党内蒙古自治区鄂温克族自治旗组织史资料（1945—1988）》2010年12月第2版；乌热尔图等编的《俄罗斯鄂温克族图片资料集》，内蒙古文化出版社2014年11月出版；齐全主编的《鄂温克族自治旗文史资料.3》，中央民族大学出版社2017年12月出版。

## 3.期刊论文

### 3.1 NSSD

以"鄂温克"为检索关键字，检索NSSD 1920—2020年的论文，截至2020年7月12日，共检出论文342篇。论文数量居前3位的研究领域是经济管理80篇、语言文字78篇、社会学76篇。从作者的工作单位上看，发文数量居前3位的是中国社会科学院17篇、黑龙江大学14篇、中央民族大学12篇。发表鄂温克族相关论文数量居前的学者是：唐戈6篇居首，朝克、阿拉腾各4篇并居第二，其后有卡丽娜、那晓波各3篇居第三。刊发鄂温克族相关论文数量居前的期刊是《满语研究》50篇、《民族语文》23篇、《内蒙古社会科学》20篇。

又分别以"文献""史料""图书""古籍""信息资源"为检索词，以"题名"为检索入口，在上述检索结果中二次检索，检出论文1篇：李有明等4人2019年在《边疆经济与文化》发表的《基于文献计量分析的鄂温克民族文化研究文献综述》。

### 3.2 中国知网

以"鄂温克"为检索词、"主题"为检索入口，按"精确"方式检索知网学术期刊库，截至2020年7月12日，共检出论文1641篇，其中2020年发表24篇。又以"鄂温克"为检索词、"篇名"为检索入口，按"精确"方式检索，共检出论文792篇。其中，被引次数最多的是朱钦等6人的《鄂温克族成人的Heath-Carter法体型研究》，被引80次；其后是李咏兰等5人的《达斡尔族、鄂温克族、鄂伦春族13项形态特征的研究》，被引78次。

又分别以"文献""史料"为检索词、"篇名"为检索入口，在检出的792篇论文中二次检索，共检出论文3篇：《达斡尔族、鄂温克族和鄂伦春族历史文献综述》《达斡尔、鄂温克、鄂伦春"三少"民族文献数据库建设实践探讨——以呼伦贝尔学院图书馆"三少"民族文献数据库为例》《基于文献计量分析的鄂温克民族文化研究文献综述》。

### 3.3 复印报刊资料

以"鄂温克"为检索词、"主题词"为检索入口，检索复印报刊资料全文数据库，截至2020年7月12日，共检出1995—2020年的论文10篇，其中2篇实际与鄂温克族无关，实际检出8篇。《复印报刊资料：语言文字学》3篇：2001年12期朝克的《关于通古斯诸语和爱斯基摩语共有名词》、2002年01期黄行的《鄂温克语形态类型的对比分析》、2017年04期德红英的《城镇达斡尔族、鄂温克族、鄂伦春族语言生活的发展趋向》。《复印报刊资料：明清史》2篇：2007年04期魏巧燕等的《清代鄂温克族户口档案述略》、2009年04期麻秀荣等的《清代鄂温克族对外交换的发展及其影响》。另外3篇是：《复印报刊资料：中国现代、当代文学研究》1996年04期刘迁的《达斡尔、鄂温克、鄂伦春族文学的发展与成就》；《复印报刊资料：民族问题研究》2006年04期谢元媛的《敖鲁古雅鄂温克猎民生态移民后的状况调查——边缘少数族群的发展道路探索》；《复印报刊资料：文化研究》2011年11期谢元媛的《文明责任与文化选择——对敖鲁古雅鄂温克生态移民事件的一种思考》。

### 4.学位论文

#### 4.1 CALIS

以"鄂温克"为检索词检索CALIS学位论文系统，截至2020年7月13日，共检出学位论文174篇，其中硕士论文138篇、博士论文36篇，全部为汉文文献。2011年、2010年和2012年的论文数量在各年度中居前3位，具体数量分别是29篇、27篇和24篇。从论文的学科分布上看，论文数量居前3位的学科及其占比情况是：文学占11.21%、法学占7.88%、中国语言文学占7.27%。2013年的15篇论文中有硕士论文11篇、博士论文4篇。

#### 4.2 NSTL

以"鄂温克"为检索词检索"NSTL学位论文数据库"，截至2020年7月13日，共检出学位论文231篇，其中硕士论文171篇、博士论文60篇。因检出的无效论文数量较多，遂以"鄂温克族"为检索词再次检索，检出学位论文159篇，其中硕士论文134篇、博士论文25篇，全部为汉文印本资源，158篇收藏在中国科学技术信息研究所、1篇收藏在中国农科院农业信息研究所。学位授予单位来自47所高校和科研单位，数量居前3

位的是：中央民族大学31篇，内蒙古师范大学21篇，内蒙古大学16篇。系统中最新的论文是2018年的2篇博士论文和8篇硕士论文。博士论文是：内蒙古大学朝克赛的《多元与共识——锡尼河哈木尼干人及其民族关系研究》，北京林业大学叶生星的《基于防风固沙功能的呼伦贝尔草原利用红线研究》。硕士论文是：哈尔滨师范大学陈佳琦的《敖鲁古雅使鹿鄂温克族驯鹿文化的教育功能研究》、丁小倩的《鄂温克族服饰配件在现代服装设计中的运用研究》、杨澜的《对外汉语之饮食文化教学探讨——以中国东北与俄国远东少数民族饮食文化比较为例》，黑龙江大学昕伟的《鄂温克旗伊敏河镇特色乡镇建设规划探究》、王玉皎的《清代东北少数民族对汉文化认同研究》，内蒙古大学时萌的《扶持人口较少民族经济社会发展研究——以内蒙古阿荣旗音河乡为例》，西北师范大学卢博的《呼伦贝尔地区鄂温克族桦树皮器物研究》，浙江师范大学刘颖的《论乌热尔图的森林书写》。

**4.3 参考咨询联盟**

以"鄂温克"为检索词、"全部字段"为检索入口，通过"精确"方式检索"参考咨询联盟"的学位论文，截至2020年7月13日，共检出402篇，其中硕士论文355篇、博士论文47篇。又以"鄂温克"为检索词、"标题"为检索入口，通过"精确"方式检索，共检出164篇，其中硕士论文152篇、博士论文12篇。根据"标题"方式的检索结果，论文数量居前3位的学位授予单位是中央民族大学（31篇）、内蒙古师范大学（28篇）、内蒙古大学（16篇）。检出最新的学位论文是2019年的12篇硕士论文：内蒙古师范大学闫萍的《驯鹿鄂温克民族文化影像传播研究》、阿娜日的《鄂温克旗牧民合作社扶持政策研究》、邓莉的《使鹿鄂温克人媒介接触情况调查》、达力玛的《鄂温克旗巴彦胡硕嘎查牧区乡村旅游提升发展研究》，中国音乐学院王东雨的《谈敖鲁古雅鄂温克民歌》，中央民族大学阿莉曼的《鄂温克族叙事民歌〈母鹿之歌〉的音乐特征与传承研究》，华侨大学姜山的《鄂温克族使鹿部社会交往方式的变迁与调适》，延边大学李晓彤的《完善〈鄂温克族自治旗民族教育条例〉的构想》，内蒙古大学那英的《陈巴尔虎旗通古斯鄂温克人媒介使用情况调查研究》，内蒙古民族大学佟明琦的《呼伦贝尔地区鄂温克族居民血压与血脂流行病学现状调查研究》，内蒙古农业大学白彬彬的《马克思主义文化观视野下的内蒙古鄂温克民族文化产业发展研究》，苏州大学宋莹的《种族延续视角下使鹿鄂温克人的婚姻策略研究》。

### 4.4 国家图书馆

以"鄂温克"为检索词、"标题"为检索入口，检索"国图博士论文库"，截至2020年7月13日，检出鄂温克族相关博士论文5篇：汪立珍的《鄂温克族神话研究》、斯仁巴图的《鄂温克语和蒙古语语音及名词语法范畴比较研究》、卡丽娜的《驯鹿鄂温克人文化研究》、谢元媛的《敖鲁古雅鄂温克生态移民——一个规划现代化的个案》、王卫平的《社会变迁中的使鹿鄂温克族》。

### 4.5 中国知网

以"鄂温克"为检索词、"主题"为检索入口，按"精确"方式检索"知网学位论文库"，截至2020年7月13日，共检出学位论文165篇，其中硕士论文149篇、博士论文16篇。又以"鄂温克"为检索词、"题名"为检索入口进行检索，检出学位论文119篇，其中硕士论文107篇、博士论文12篇。119篇论文中，被引次数居前3位的是：卡丽娜的《驯鹿鄂温克人文化研究》被引28次，张凤喜的《论人口较少民族的文化现代化选择——以鄂温克民族的文化变迁为视角》被引25次，刘及东的《基于气候产草量模型与遥感产草量模型的草地退化研究——以内蒙古鄂温克族自治旗为例》被引16次。

## 5. 会议论文

### 5.1 NSTL

以"鄂温克"为检索词检索"NSTL会议论文数据库"，截至2020年7月14日，共检出会议论文91篇，全部为汉文印本资源，收录于70种会议录中：《2003年内蒙古自治区自然科学学术年会论文集》6篇，《黑龙江省文物博物馆学会第五届年会论文集》4篇，《2011年第二十八届中国气象学会年会论文集》《第二届中国苜蓿发展大会暨牧草种子、机械、产品展示会论文集》各3篇，《第九届中国语音学学术会议论文集》等9种会议录各2篇,《第十次全国民族地区图书馆学术研讨会论文集》等57种会议录各1篇。

**5.2 参考咨询联盟**

以"鄂温克"为检索词、"全部字段"为检索入口,检索"参考咨询联盟"中的会议论文,截至2020年7月14日,共检出论文177篇。《服装历史文化技艺与发展——中国博物馆协会第六届会员代表大会暨服装博物馆专业委员会学术会议论文集》《黑龙江省文物博物馆学会第五届年会论文集》《纪念改革开放30周年黑龙江省民族工作研讨会论文集》等3种会议录各4篇,数量居首,且《黑龙江省文物博物馆学会第五届年会论文集》的收文数量也与在NSTL中的检索结果一致。收文数量紧随其后的是《2003年内蒙古自治区自然科学学术年会论文集》《龙江春秋——黑水文化论集之三》《第二届中国苜蓿发展大会暨牧草种子、机械、产品展示会论文集》,各收录3篇。

又以"文献"为检索词,在上述检索结果中二次检索,检出鄂温克族文献整理研究方面的会议论文1篇,即伊敏的《呼伦贝尔地方文献概述》。

**5.3 中国知网**

以"鄂温克"为检索词、"主题"为检索入口,检索"知网会议论文库",截至2020年7月14日,共检出会议论文48篇。检出论文的总参考数是89、总被引数是15、总下载数是2992,篇均参考数是1.85、篇均被引数是0.31、篇均下载数是62.33、下载被引比为199.47。[①] 检出的论文中有9篇被引用过:乌日格喜乐图等的《基于实验的鄂温克语元音初探》、吕光天的《论原始社会形态研究在民族学中的地位和作用》各被引3次,被引次数最多;董宪民等的《对内蒙古自治区蒙古、达斡尔、鄂温克、鄂伦春四个少数民族成年人的体质调查与研究》被引2次;《论〈敖鲁古雅〉演绎敖鲁古雅风情》《我国驯鹿养殖现状与发展策略的研究》《另一种视角看待中国北方少小民族生存问题——顾桃访谈录》《关于通古斯族系兴起的若干问题》《对内蒙古自治区蒙古、达斡尔、鄂温克、鄂伦春四个少

---

① 计量可视化分析—已选文献—中国知网[EB/OL].[2020-07-14].https://kns.cnki.net/KVisual/ArticleAnalysis/index?t=1595083370949。

数民族成年人的体质调查与研究》《河南城市汉族成人Heath-Carter法体型研究》《陕西西安汉族成人Heath-Carter法体型研究》等6篇论文分别被引1次。

### 6.报纸文献

以"鄂温克"为检索词，通过登录国家图书馆读者门户检索"阿帕比报纸资源库"，截至数据最后更新日期，共检出新闻1623条，检出标题含"鄂温克"的新闻112条、内容含"鄂温克"的新闻1601条、鄂温克族相关图片85幅。标题含"鄂温克"的新闻中，《内蒙古日报》的报道占绝大多数，有86条；其后依次是《北方新报》6条，《大兴安岭日报》3条，《北方周末报》等4种报纸各2条，其他9种报纸各1条。根据标题含"鄂温克"的新闻，整理出4条信息：（1）2009年4月10日，中国首家少数民族自治旗村镇银行——鄂温克族自治旗包商村镇银行正式开业。① （2）2010年9月21日，鄂温克族自治旗中央财政支持现代农业肉羊发展项目启动仪式在锡尼河镇巴彦胡硕嘎查举行。② （3）2011年11月初，鄂温克旗电视台的《跟我学鄂温克语》栏目正式开播。③ （4）2013年5月30日，国家级幸福工程项目资金发放仪式（二期）在内蒙古自治区扎兰屯市萨马街鄂温克民族乡举行，20户贫困母亲得到项目资金扶助。④

以"鄂温克"为检索词、"主题"为检索入口，检索"知网报纸全文数据库"，截至2020年7月15日，共检出鄂温克族相关文献305篇，其中学术性文献59篇。刊发学术性文献数量居前3位的报纸是《中国民族报》14篇、《文艺报》9篇、《内蒙古日报》（汉文版）8篇。学术性文献的总参考数是0、总被引数是23、总下载数是2940，篇均参考数是0、篇均被引

---

① 江新辉，李新军.鄂温克旗包商村镇银行开业[N].内蒙古日报，2009-04-12（1）.
② 吴青兰.鄂温克肉羊发展项目启动[N].内蒙古日报，2010-09-26（1）.
③ 吴青兰，宫花.鄂温克旗开播"跟我学鄂温克语"栏目[N].内蒙古日报，2011-11-22（3）.
④ 姜峰.鄂温克民族乡20户贫困母亲获幸福工程扶助[N].新农村商报，2013-06-05（C10）.

数是0.39、篇均下载数是49.83、下载被引比为127.83。[①] 学术性文献中被引用过的有8篇：康慨的《从额尔古纳河右岸到大洋彼岸——迟子建之鄂温克史诗小说英译本出版，读书报专访翻译家徐穆实》被引次数最多，有13次；德红英的《坚定文化自信 促进优秀民族文化创新发展》、金洁的《结合新的时代条件 传承和弘扬中华优秀传统文化》、唐戈的《文化调适：驯鹿鄂温克人从猎人到牧鹿人的角色转换》各被引2次；彭晓玲的《离开萨满的日子》、刘大先的《人口较少少数民族文学的大意义》、乌斯琴的《鄂温克族的瑟宾节》、关荣波的《布特哈总管衙门对鄂伦春族的管理及影响（上）》被引1次。其中，关荣波的《布特哈总管衙门对鄂伦春族的管理及影响》虽以研究布特哈总管衙门对鄂伦春族的管理及影响为重点，但文中引述的史料对研究鄂温克族同等重要。

## 7.标准

以"鄂温克"为检索词检索"全国标准信息公共服务平台"，截至2020年6月1日，共检出鄂温克族相关标准1项，为现行内蒙古自治区地方标准。该标准分为《DB15/T 562.1-2013 鄂温克民族服饰 第1部分 鄂温克使鹿部服饰》《DB15/T 562.2-2013 鄂温克民族服饰 第2部分 索伦鄂温克服饰》《DB15/T 562.3-2013 鄂温克民族服饰 第3部分 通古斯鄂温克服饰》3个部分，主管部门为内蒙古自治区质量技术监督局，国际标准分类号（ICS）61.040、中国标准分类号（CCS）Y75，3个部分均于2013年7月25日发布，自2013年9月25日起实施。

---

[①] 计量可视化分析—已选文献—中国知网[EB/OL].[2020-07-15].https://kns.cnki.net/KVisual/ArticleAnalysis/index?t=1595118230781。

## 第四节　达斡尔族文献信息资源建设

达斡尔族是一个历史悠久、勤劳勇敢、聪明智慧的民族。达斡尔语属阿尔泰语系蒙古语族契丹语支，分为布特哈、齐齐哈尔、海拉尔、新疆4种方言。① 达斡尔族原有的文字（契丹文字）早已失传。历史上，达斡尔族曾先后借用满文字母、拉丁字母、斯拉夫字母和现代汉语拼音作为记音符号拼写达斡尔语，其中清代创制的"达呼尔文"借助满文字母拼写达斡尔语。②

### 1.古籍

《中国少数民族古籍总目提要·达斡尔族卷》比较系统地介绍了达斡尔族古籍的总体情况，收录达斡尔族古籍条目1575条，其中书籍类17条、铭刻类7条、文书类565条、讲唱类986条。书籍类收清代满文古籍1册，民国汉文古籍9册，满文、汉文族谱6种，汉文族谱1种。铭刻类收清代碑刻7通，其中满文、汉文碑刻6通，汉文碑刻1通。文书类分8小类，收政务类256种、职官类82种、军事类56种、司法类65种、经济类56种、文化教育类41种、医疗卫生类5种、宗教风俗类4种。讲唱类分为三部分，包括民间故事324首、民间歌舞272首、谚语390条。

达斡尔族古籍方面的研究成果还有《达斡尔、鄂温克、鄂伦春、赫哲史料摘抄 清实录》，以及孟志东编著、内蒙古文化出版社2007年7月出版的《中国达斡尔族古籍汇要》等。

---

① 国家民族事务委员会全国少数民族古籍整理研究室.中国少数民族古籍总目提要·达斡尔族卷[M].北京：中国大百科全书出版社，2009.

② 《中国少数民族》修订编辑委员会.中国少数民族[M].北京：民族出版社，2009：96-98.

## 2. 图书

以"达斡尔"为检索词,检索内蒙古图书馆统一检索平台,检出该馆藏达斡尔族相关图书87种,但只可浏览部分图书的书目信息。鉴于此,达斡尔族图书调查以检索国家图书馆、民族图书馆、社科院图书馆、CALIS、内蒙古大学图书馆、黑龙江省图书馆等6家单位藏书目录的方式进行。检索以"达斡尔"为检索词,分别按题名、主题两种方式检索。核减各单位藏书目录中的少量重复或错误记录后,截至2020年7月16日,各单位收藏达斡尔族相关图书情况如下:按题名检索,国家图书馆37种、民族图书馆126种、社科院图书馆24种、CALIS 182种、内蒙古大学图书馆88种、黑龙江省图书馆115种。按主题检索,国家图书馆仅1种,为内蒙古大学出版社2003年出版的那顺达来所著《汉达词典》;社科院图书馆11种,其中9种为民族出版社出版的《达斡尔资料集》1—9集;民族图书馆120种、CALIS 110种、内蒙古大学图书馆109种、黑龙江省图书馆91种。CALIS系统中,创作斡尔族相关图书数量较多的作者是:毅松12册,孟志东9册,何文钧7册。

上述6家单位共藏题名含"达斡尔"的图书293种,但被同时收藏的仅3种:一是《达斡尔、鄂温克、鄂伦春、赫哲史料摘抄 清实录》,二是丁石庆的《达斡尔语言与社会文化》,三是《达斡尔资料集·第一集》。其中《达斡尔资料集·第一集》所辑全部资料来源于国内外所能得到的各类藏书,民间传说,官方文献汇编,学者的专论、记述、转译等,公开或非公开发表的刊物与书籍中的有关达斡尔族的各项事业的报道、记述。[①]目前所见,《达斡尔资料集》已出版至第十二集。

## 3. 期刊论文

### 3.1 NSSD

以"达斡尔"为检索关键字,检索NSSD 1920—2020年的论文,截

---

① 《达斡尔资料集》编委会.达斡尔资料集 第一集[M].北京:民族出版社,1996.

至2020年7月17日，共检出论文332篇。论文数量居前3位的研究领域是语言文字90篇、社会学76篇、历史地理73篇。从作者的工作单位上看，发文数量居前3位的是中央民族大学15篇、中国社会科学院14篇、内蒙古社会科学院11篇。发表达斡尔族相关论文数量最多的学者是丁石庆，有7篇，吴刚、孟盛彬、金鑫、毅松各3篇并居第二。刊发达斡尔族相关论文数量居前的期刊是《民族语文》37篇、《满语研究》26篇、《内蒙古社会科学》19篇。2020年发表的7篇论文是：金鑫的《清代满语文在达斡尔社会的传播进程探析》，刘绪才的《21世纪以来达斡尔族小说创作中的萨满书写：两个维度》，王学勤等的《布特哈地区行政建置与沿革述略》，杜金莹的《走近梁思永与昂昂溪文化——探访昂昂溪遗址博物馆》，马金柱的《清代黑龙江索伦、达斡尔人留京问题刍论》，孤思客（词）、包明德（曲）、朱开辕（曲）的《啊，我的达斡尔》，柴乐根的《达斡尔语及蒙古语复数附加成分比较研究》。

### 3.2 中国知网

以"达斡尔"为检索词、"主题"为检索入口，按"精确"方式检索知网学术期刊库，截至2020年7月17日，共检出论文1281篇，其中2020年已有12篇。又以"达斡尔"为检索词、"篇名"为检索入口，按"精确"方式检索，共检出论文1112篇。达斡尔族相关期刊论文被引率较高，多达695篇的论文被引用过，有72篇论文被引10次及以上。其中，郑连斌等8人的《达斡尔族成人体型研究》被引87次居首，李咏兰等5人的《达斡尔族、鄂温克族、鄂伦春族13项形态特征的研究》被引78次居其次，朱钦等6人的《达斡尔族成人的体格、体型及半个多世纪来的变化》被引71次排第三。被引次数较多的200篇论文的总参考数是515、总被引数是2322、总下载数是55503，篇均参考数是2.58、篇均被引数是11.61、篇均下载数是277.52、下载被引比为23.9。[①]

再以"文献"为检索词、"篇名"为检索入口，在检出的1112篇论文中进行二次检索，共检出论文4篇。其中，《达斡尔族、鄂温克族和鄂伦

---

① 计量可视化分析—已选文献—中国知网[EB/OL].[2020-07-17].https：//kns.cnki.net/KVisual/ArticleAnalysis/index?t=1595344860481。

春族历史文献综述》和《达斡尔、鄂温克、鄂伦春"三少"民族文献数据库建设实践探讨——以呼伦贝尔学院图书馆"三少"民族文献数据库为例》已多次提及。另外两篇是杨丽艳的《在达斡尔族历史文化研究中可资利用的文献资料述略》和屠玉婷的《达斡尔族音乐文献综述》。

### 3.3 复印报刊资料

以"达斡尔"为检索词、"主题词"为检索入口，检索复印报刊资料全文数据库，截至2020年7月17日，共检出1995—2020年的论文23篇，其中13篇以达斡尔族为主要研究内容，另外10篇是达斡尔族作者发表的其他方面的论文。13篇以达斡尔族为主要研究内容的论文中，《复印报刊资料：民族研究》收6篇：1995年07期欧南·乌珠尔的《关于达斡尔族族称与族源问题》，1995年09期阿尔泰的《达斡尔族民俗中的伦理思想》，1996年08期丁石庆的《达斡尔族早期社会制度的语言透视》，1996年09期袁志广的《达斡尔族成婚习俗文化内涵探析》，1997年01期何文钧等的《试论达斡尔民族的心理素质》，1997年07期毅松的《达斡尔族传统体育及其特点》。《复印报刊资料：语言文字学》收2篇：2016年09期郭玲丽的《达斡尔语的空间范畴》，2017年04期德红英的《城镇达斡尔族、鄂温克族、鄂伦春族语言生活的发展趋向》。《复印报刊资料：中国古代、近代文学研究》收2篇：2016年04期吴刚的《"长坂坡赵云救主"中的赵云形象在达斡尔族、锡伯族说唱中的变化》，1997年11期塔娜的《中华文坛之奇葩——评清代达斡尔族诗人敖拉·昌兴的诗》。《复印报刊资料：舞台艺术》收2篇：2006年03期李晓燕的《齐齐哈尔与塔城达斡尔族民歌同异》，2003年03期吴维等的《达斡尔族"罕肯拜"舞的源流》。《复印报刊资料：中国现代、当代文学研究》收1篇：1996年04期刘迁的《达斡尔、鄂温克、鄂伦春族文学的发展与成就》。

## 4.学位论文

### 4.1 CALIS

以"达斡尔"为检索词检索CALIS学位论文系统，截至2020年7月18日，共检出学位论文78篇，其中硕士论文58篇、博士论文20篇，全部为汉文文献。检出的论文完成于1998—2013年间，数量居前3位的年度是2012年（13篇）、2011年（12篇）、2010年（11篇）。2013年的10篇论文中，博士论文有3篇：王学勤的《晚清民初布特哈八旗研究》、黄彦震的《清代中期索伦部与满族关系研究》、宫海荣的《鄂伦春语亲属称谓研究》。其中，《鄂伦春语亲属称谓研究》之所以被列为达斡尔族相关学位论文，是因为该文以达斡尔族、汉族与鄂伦春族的民族交往史为例，分析了鄂伦春语亲属称谓系统历史演变的成因。2013年的硕士学位论文有7篇：李文娟的《论新时期达斡尔族长篇历史小说的民族文化表达》、赵菁华的《达斡尔族萨满歌曲"雅德根伊若"研究》、敖东明的《达斡尔族聚集地区经济发展研究》、山田洋平的《达斡尔语四种方言中的辅音k与x的对应的演变》、张晓红的《舞之灵——达斡尔族鲁日格勒舞的传承研究》、张阳的《近年来黑龙江省的古筝发展研究（1986—2012年）》、贾忠的《晋陕移民文化背景下的内蒙古河套地区创作歌曲》。

**4.2 NSTL**

以"达斡尔"为检索词检索"NSTL学位论文数据库"，截至2020年7月18日，共检出学位论文72篇，其中硕士论文53篇、博士论文18篇、博士后论文1篇，全部为汉文印本资源，均收藏在中国科学技术信息研究所。学位授予单位来自26所高校，其中内蒙古大学16篇居首，中央民族大学14篇居其次，内蒙古师范大学9篇排第三。

**4.3 参考咨询联盟**

以"达斡尔"为检索词、"全部字段"为检索入口，通过"精确"方式检索"参考咨询联盟"的学位论文，截至2020年7月18日，共检出305篇。论文数量居前3位的学位授予单位是中央民族大学（50篇）、内蒙古大学（35篇）、内蒙古师范大学（33篇）。又以"达斡尔"为检索词、"标题"为检索入口，通过"精确"方式检索，共检出154篇。其中，2019年有11篇，全部是硕士论文，学位授予单位来自10所高校：内蒙古大学有2篇，即萨如拉的《达斡尔语方言辅音比较研究》、张倩的《达斡尔族风格歌曲〈纳文江边的思恋〉演唱探索》；其他9所高校各1篇，即中央民族大学黄超的《达斡尔族生物多样性相关传统知识研究》、北京第二外国语学院王树国的《地域文化活化视角下少数民族旅游景观设计研究——以达斡尔族为例》、内蒙古师范大学常海齐的《达斡尔民族影像的文化符号研究》、东北师范大学白曦的《梅里斯达斡尔族哈库麦勒舞蹈文化解读与保护传承现状研究》、延边大学王雨竹的《达斡尔族斡包祭的文化研究》、哈尔滨工业大学徐阳的《达斡尔族文化旅游开发适宜性评价研究——以齐齐哈尔梅里斯区为例》、山东大学高瑜的《达斡尔族女作家萨娜小说研究》、西北民族大学董自然的《民族团结进步示范区创建经验研究——以齐齐哈尔市梅里斯达斡尔族区为例》、西北师范大学丁振宇的《达斡尔地区中职学校曲棍球体验游戏的开发研究》。

**4.4 国家图书馆**

以"达斡尔"为检索词、"标题"为检索入口，检索"国图博士论文库"，截至2020年7月18日，检出达斡尔族相关博士论文3篇：内蒙古大学其布尔哈斯的《达斡尔语与蒙古语同源词词义比较研究》，中央民族大学雷蕾的《莫旗达斡尔族村落母语保持现状调查研究》、李圆圆的《新时期达斡尔族作家文学创作的生态解读》。

**4.5 中国知网**

以"达斡尔"为检索词、"主题"为检索入口，按"精确"方式检索"知网学位论文库"，截至2020年7月18日，共检出学位论文163篇，其中硕士论文148篇、博士论文15篇。又以"达斡尔"为检索词、"题名"为检索入口进行检索，检出学位论文135篇，其中硕士论文126篇、博士论文9篇。135篇学位论文的总参考数是4873、总被引数是474、总下载数是49660，篇均参考数是36.1、篇均被引数是3.51、篇均下载数是367.85、下载被引比是104.77。[①] 被引次数居前3位的论文是：孙东方的《文化变迁与双语教育演变》被引28次，李秀明的《梅里斯达斡尔族传统音乐传承及学校教学的实践研究》被引21次，孟兰兰的《达斡尔族社会变迁与幼儿家庭教育——内蒙古莫力达瓦达斡尔族自治旗滕克乡后霍日里屯教育人类学田野调查》被引20次。

---

① 计量可视化分析—已选文献—中国知网[EB/OL].[2020-07-18].https://kns.cnki.net/KVisual/ArticleAnalysis/index?t=1595481071284。

## 5.会议论文

### 5.1 NSTL

以"达斡尔"为检索词检索"NSTL会议论文数据库",截至2020年7月19日,共检出会议论文25篇,全部为汉文印本资源,收录于22种会议录中。其中,《2015第四届语言学及应用语言学研究生论坛论文集》《中国营养学会妇幼营养第七次全国学术会议论文集》《黑龙江省文物博物馆学会第五届年会论文集》各2篇,其他19种论文集各1篇。所收论文发表于2004—2018年间,其中2010年有4篇,2007年、2008年、2015年各有3篇,2004年、2006年、2009年各有2篇,其他年份各1篇。

### 5.2 参考咨询联盟

以"达斡尔"为检索词、"全部字段"为检索入口,检索"参考咨询联盟"中的会议论文,截至2020年7月19日,共检出论文102篇。又以"达斡尔"为检索词、"标题"为检索入口,检出论文26篇。与NSTL不同,在以"标题"方式的检索结果中,《第四届中国少数民族音乐学术研讨会》《全国民族地区高等院校经济学联席会第四届年会》《纪念改革开放30周年黑龙江省民族工作研讨会》各2篇,收录论文数量最多,其他论文集各1篇。最早发表的是《民族学研究第六辑》1985年收录的莫日根迪的《达斡尔族的习惯法》。

### 5.3 中国知网

以"达斡尔"为检索词、"主题"为检索入口,检索"知网会议论文库",截至2020年7月19日,共检出会议论文39篇。这39篇论文的总参考数是59、总被引数是12、总下载数是1785,篇均参考数是1.51、篇均被引数是0.31、篇均下载数是45.77、下载被引比为148.75。[①] 又以"达斡尔"为检索词、"篇名"为检索入口进行检索,检出会议论文21篇,核减2条重复记录和1篇非会议论文后,实际检出18篇,其中有3篇被引用过。其布尔哈斯等的《达斡尔语词首音节短元音声学分析》被引4次;董宪民

---

[①] 计量可视化分析—已选文献—中国知网[EB/OL].[2020-07-19].https://kns.cnki.net/KVisual/ArticleAnalysis/index?t=1595517355318。

等的《对内蒙古自治区蒙古、达斡尔、鄂温克、鄂伦春四个少数民族成年人的体质调查与研究》被引2次；杨优臣的《达斡尔族抗日斗争述评》被引1次。

### 6.报纸文献

以"达斡尔"为检索词，通过登录国家图书馆读者门户检索"阿帕比报纸资源库"，截至最后更新日期，共检出新闻823条，检出标题含"达斡尔"的新闻33条、内容含"达斡尔"的新闻821条、达斡尔族相关图片19幅。标题含"达斡尔"的新闻中，《内蒙古日报》20条最多，《北京娱乐信报》4条居其次，《北方周末报》2条排第三，《黑龙江日报》等7种报纸各有1条。根据标题含"达斡尔"的新闻，整理出3条信息：（1）2010年6月11—20日，内蒙古自治区莫力达瓦达斡尔族自治旗乌兰牧骑在台文化交流团在台湾演出。[①]（2）2011年10月11—15日，首届"祖国各地达斡尔人"摄影展在内蒙古展览馆举办，由内蒙古自治区民族事务委员会、自治区文化厅、内蒙古日报社、内蒙古文联、自治区摄影家协会和自治区达斡尔学会联合主办。展览展示了当代中国100位老、中、青达斡尔族先进模范人物的风采以及达斡尔族多彩的民族文化和达斡尔族聚居区秀美的山川风光。[②]（3）2014年6月1日，来自全国32个学会的达斡尔族同胞在黑龙江省黑河市爱辉区，共同参加"库木勒"节，纪念达斡尔族南迁360周年。[③]

以"达斡尔"为检索词、"主题"为检索入口，检索"知网报纸全文数据库"，截至2020年7月20日，共检出达斡尔族相关文献282篇，其中学术性文献35篇。刊发学术性文献数量居前3位的报纸是《中国民族报》14篇、《内蒙古日报》（汉文版）5篇，《中国社会科学报》《齐齐哈尔日报》各3篇。学术性文献中有7篇被引用过，其中德红英的《坚定文化自信　促进优秀民族文化创新发展——以达斡尔族、鄂温克族、鄂伦春族

---

① 张学军.《神奇达斡尔》宝岛展风情[N].北京娱乐信报，2010-07-06（20）.
② 许晓岚."祖国各地达斡尔人"摄影展开展[N].内蒙古日报，2011-10-12（2）.
③ 李民峰.古今达斡尔沧桑变迁[N]黑龙江日报，2014-06-03（5）.

为例》、金洁的《结合新的时代条件 传承和弘扬中华优秀传统文化——达斡尔族、鄂温克族、鄂伦春族传统文化的当代价值学术研讨会综述》各被引2次居首，刘大先的《人口较少少数民族文学的大意义——写在"达斡尔族、鄂温克族、鄂伦春族文学论坛"暨"文学作品选集"首发之际》、毅松的《达斡尔族传统文化变迁（下）》、德红英的《追寻遥远的记忆——达斡尔族木轮车与集市贸易》、郭玲丽的《采用动态模式拯救达斡尔语》、景爱的《达斡尔族源新论》各被引1次。

### 7.标准

以"达斡尔"为检索词检索"全国标准信息公共服务平台"，截至2020年6月1日，共检出达斡尔族相关标准1项，即内蒙古自治区地方标准《DB15/T 560–2013 达斡尔民族服饰》。该标准为现行标准，主管部门为内蒙古自治区质量技术监督局，国际标准分类号（ICS）61.040、中国标准分类号（CCS）Y75，2013年7月25日发布，自2013年9月25日起实施。

# 第三章 西北地区人口较少民族文献信息资源建设

## 第一节 塔塔尔族文献信息资源建设

塔塔尔族历史悠久。塔塔尔语属阿尔泰语系突厥语族西匈语支克普恰克语组。[①] "塔塔尔族历史上曾先后使用过突厥文、回鹘文和以阿拉伯字母为基础的塔塔尔文。从20世纪中叶开始，塔塔尔族对原有的老塔塔尔文进行了改革。现代塔塔尔文语音由10个元音音位、24个辅音音位组成。由于塔塔尔族长期与哈萨克族、维吾尔族交错杂居，往来频繁，联系密切，因而这两个民族的语言文字已成为塔塔尔族人通用的语言文字。居住在阿勒泰、塔城、奇台等地的塔塔尔族多使用哈萨克语言文字，乌鲁木齐、伊宁等城市的塔塔尔族则多使用维吾尔语言文字。"[②]

### 1.古籍

流传至今的塔塔尔族古籍甚少，《中国少数民族古籍总目提要·塔塔尔族卷》比较系统地介绍了塔塔尔族古籍的总体情况，共收录新疆维吾尔

---

① 陈宗振，伊里千.塔塔尔语简志[M].北京：民族出版社，1986：2.
② 《中国少数民族》修订编辑委员会.中国少数民族[M].北京：民族出版社，2009：318-319.

自治区伊犁哈萨克自治州、塔城地区、阿勒泰地区、乌鲁木齐市等地的塔塔尔族古籍条目269条，其中书籍类22条、讲唱类247条。① 书籍类又分为文学、历史两小类。其中，文学小类收诗歌条目17条，包括塔塔尔文诗集12册、留念册5册；另收塔塔尔文话剧剧本3册。历史小类收塔塔尔文史籍2册，即《新史记》和《东方五史》各1册。② 讲唱类分为神话传说和歌谣两小类，收神话传说条目13条、歌谣条目234条。歌谣小类又包括情歌类条目173条、劝导歌条目24条、其他条目37条。

### 2.图书

塔塔尔族图书调查以检索国家图书馆、民族图书馆、社科院图书馆、CALIS、新疆大学图书馆等5家单位藏书目录的方式进行。检索以"塔塔尔"为检索词，分别按题名、主题两种方式检索，核减各馆藏书目录中的少量重复或错误记录后，截至2020年7月21日，各馆收藏塔塔尔族相关图书情况如下：按题名检索，国家图书馆44种、民族图书馆14种、社科院图书馆16种、CALIS 35种、新疆大学图书馆10种。按主题检索，国家图书馆34种、民族图书馆12种、社科院图书馆15种、CALIS 18种、新疆大学图书馆8种。5家单位共藏题名含"塔塔尔"的图书58种，其中维吾尔文图书5种，蒙古文图书4种，塔塔尔文、朝鲜文、哈萨克文图书各1种。题名含"塔塔尔"的图书中，5家单位同时收藏的仅有2种，即民族出版社1986年出版的《塔塔尔语简志》、2008年出版的《塔塔尔族简史》。

### 3.期刊论文

#### 3.1 NSSD
以"塔塔尔"为检索关键字，检索NSSD 1920—2020年的论文，截

---

① 国家民族事务委员会全国少数民族古籍整理研究室.中国少数民族古籍总目提要·乌孜别克族卷、塔塔尔族卷、俄罗斯卷[M].北京：中国大百科全书出版社，2011：271.

② 国家民族事务委员会全国少数民族古籍整理研究室.中国少数民族古籍总目提要·乌孜别克族卷、塔塔尔族卷、俄罗斯卷[M].北京：中国大百科全书出版社，2011：285.

至2020年7月22日,共检出论文27篇,发表在21种期刊。其中,《民族语文》《新疆社会科学》各3篇,《西北民族研究》《内蒙古社会科学》各2篇,其他17种期刊各1篇。从论文的研究领域来看,语言文字、音乐舞蹈研究领域的论文数量居前。具体来看,语言文字方面的有8篇,如1998年陈保亚的《再论核心关系词的有阶分布》、2001年张敬仪等的《关于"塔塔尔"一词的多种解释》、2014年古丽米拉·阿不来提等的《论塔塔尔语言文化的保护与传承——大泉塔塔尔乡黑沟村塔塔尔族语言使用现状调查》、2015年薛剑莉等的《塔塔尔族双语现状与母语传承研究》等。音乐舞蹈方面的有4篇:1995年杜亚雄的《歌海奇葩》、2004年曲笛的《论塔塔尔族民间音乐的纯正性及相关问题》、2008年周菁葆的《塔塔尔族与俄罗斯族音乐舞蹈》、2012年汪艳霞的《塔塔尔族民歌特色探析》。

### 3.2 中国知网

以"塔塔尔"为检索词、"主题"为检索入口,按"精确"方式检索知网学术期刊库,截至2020年7月22日,共检出论文985篇,其中汉文文献243篇、外文文献742篇。又以"塔塔尔"为检索词、"篇名"为检索入口,按"精确"方式检索,共检出论文628篇,其中汉文文献105篇、外文文献523篇。汉文文献中,有58篇被引用过,其中7篇被引超过10次:崔静等的《新疆塔塔尔族体质特征调查》被引63次,熊坤新等的《塔塔尔族伦理思想概论》被引16次,李建新的《新疆塔塔尔族调查研究——现状、问题与思考》被引14次,周泓的《我国塔塔尔族历史来源略述》被引13次,周菁葆的《塔塔尔族与俄罗斯族音乐舞蹈》被引12次,袁疆斌等的《新疆塔塔尔族肤纹学》、黄学诗的《内蒙古阿左旗乌兰塔塔尔地区渐新世地层剖面及动物群初步观察》被引11次。

### 3.3 复印报刊资料

以"塔塔尔"为检索词、"任意值"为检索入口,检索复印报刊资料全文数据库,查准率极低。遂以"塔塔尔族"为检索词、"任意值"为检索入口重新检索,截至2020年7月22日,仅检出1篇,即《复印报刊资料:民族研究》1995年03期的《新疆塔塔尔族历史来源》,记述了塔塔尔族迁往新疆的历史。

## 4.学位论文

### 4.1 CALIS

以"塔塔尔族"为检索词检索CALIS学位论文系统，截至2020年7月23日，共检出学位论文19篇，其中硕士论文17篇、博士论文2篇。其中，博士论文《基于可持续发展的人口较少民族地区扶贫开发政策研究》，对包括塔塔尔族在内的中国人口较少民族地区的贫困机理进行了研究；分析了人口较少民族地区贫困原因、扶贫路径规划、扶贫开发模式、扶贫制度安排、扶贫政策建议，对人口较少民族地区扶贫开发实践进行了探索。①

### 4.2 NSTL

以"塔塔尔族"为检索词检索"NSTL学位论文数据库"，截至2020年7月23日，共检出学位论文18篇，其中硕士论文17篇、博士论文1篇，全部为汉文印本资源，均收藏在中国科学技术信息研究所。学位授予单位来自11所高校，其中新疆师范大学6篇居首，中央民族大学、新疆医科大学各2篇居其次，另有中国人民大学等8所高校各1篇。检出的博士论文即《基于可持续发展的人口较少民族地区扶贫开发政策研究》。硕士论文中音乐舞蹈专业的居多，有新疆师范大学袁媛的《新疆塔塔尔族撒班节之仪式音乐调查研究》、董娟的《新疆塔塔尔族民歌传承对比研究——以大泉乡和塔城市为个案》，还有中央民族大学张傲子玄的《我心中的"以情带舞，以舞传情"》等。

### 4.3 参考咨询联盟

以"塔塔尔"为检索词、"全部字段"为检索入口，通过"精确"方式检索"参考咨询联盟"中的学位论文，截至2020年7月23日，共检出学位论文62篇，其中博士论文6篇、硕士论文55篇、学士论文1篇。又以"塔塔尔"为检索词、"标题"为检索入口，通过"精确"方式检索，共检出学位论文13篇，全部为硕士论文。学位授予单位为8所高校，其中新疆师范大学5篇，新疆艺术学院2篇，新疆大学、青海民族大学、西北师范

---

① 韩彦东.基于可持续发展的人口较少民族地区扶贫开发政策研究[D].北京：中国人民大学，2008.

大学、西北民族大学、上海大学、温州大学等6所高校各1篇。

13篇标题含"塔塔尔"的学位论文中，仍以音乐舞蹈专业的论文居多，对比在NSTL的检索结果，新检出新疆艺术学院路明的《新疆塔塔尔族撒班节仪式舞蹈调查研究》、新疆师范大学许军的《新疆塔塔尔族舞蹈的当代变迁》、温州大学汪艳霞的《塔塔尔族民歌及其传承研究》等3篇。其他专业的论文有：新疆师范大学王金枝的《新疆塔塔尔族原始崇拜研究》、王佳唯的《新疆大泉乡塔塔尔语濒危现象调查》，新疆大学缪雪峰的《塔塔尔族萨班节的文化解读》，新疆艺术学院张大伟的《新疆少数民族头冠研究——以哈萨克、柯尔克孜、塔塔尔族为例》，青海民族大学于启立的《新疆奇台县塔塔尔族本土教育的民族志研究》，西北民族大学祖木拉提·达吾来提的《节日聚会与族群认同建构：以新疆塔塔尔族"萨班节"为例》，上海大学李福玉的《大泉湖：涵化背景下塔塔尔族群认同》。

#### 4.4 中国知网

以"塔塔尔"为检索词、"主题"为检索入口，按"精确"方式检索"知网学位论文库"，截至2020年7月23日，共检出学位论文40篇，其中硕士论文38篇、博士论文2篇。又以"塔塔尔"为检索词、"题名"为检索入口进行检索，检出学位论文10篇，全部为硕士论文，均已在其他数据库中检出。

调研中曾以"塔塔尔"为检索词、"标题"为检索入口，检索"国图博士论文库"，截至2020年7月23日，未检出相关论文。

### 5. 会议论文

以"塔塔尔族"为检索词检索"NSTL会议论文数据库"，截至2020年7月24日，检出会议论文1篇，即《第十一次全国民族地区图书馆学术研讨会论文集》中的《浅谈塔塔尔族部分教科书文献》。该文重点介绍了民国时期新疆塔塔尔族有识之士编写的《物理·地理》《塔塔尔识字课本》《乐谱本》等3本教科书。这三本书体现了本土群体的语言文学、历史地理特点以及塔塔尔族与兄弟民族亲密相处的和谐关系。① 又以"塔塔尔"为检索词、"标题"为检索入口，检索"参考咨询联盟"中的会议论文，截至2020年7月24日，检索结果与在NSTL的检索结果一致。

以"塔塔尔"为检索词、"主题"为检索入口，检索"知网会议论文库"，截至2020年7月24日，共检出会议论文2篇：一篇是崔静等3人的《新疆六个民族青年的体型及体质特征研究》，另一篇是徐国昌等5人的《塔吉克族、塔塔尔族成人关节活动度的人类学研究》。

### 6.报纸文献

以"塔塔尔"为检索词，通过登录国家图书馆读者门户检索"阿帕比报纸资源库"，截至数据最后更新日期，共检出新闻内容含"塔塔尔"的167条，新闻标题含"塔塔尔"的0条，检出塔塔尔族相关图片3幅。

以"塔塔尔"为检索词、"主题"为检索入口，检索"知网报纸全文数据库"，截至2020年7月25日，共检出塔塔尔族相关文献69篇，其中学术性文献5篇。学术性文献中有3篇发表在《中国社会科学报》：张春海的《重视教育的塔塔尔族 已告濒危的塔塔尔语》、陈宗振的《制定"拼音方案"势在必行——破解处于濒危状态的五种突厥语族语言无文字的状况》、史维国的《"一带一路"带动跨境濒危语言研究》；另外两篇学术性文献分别是：振聋在《伊犁日报》汉文版发表的《让我们举杯为新疆喝彩》，周泓在《民主与法制时报》发表的《鞑靼人从蒙古跋涉到西域》。

---

① 哈地拉·伊力旦.浅谈塔塔尔族部分教科书文献[C].第十一次全国民族地区图书馆学术研讨会论文集，2010：91-93.

## 第二节　乌孜别克族文献信息资源建设

乌孜别克族历史悠久，文化丰富多彩，有自己的语言、文字。14世纪，乌孜别克语在察合台语的基础上开始形成，乌孜别克书面文学也随之发展，一批用乌孜别克文创作的文学作品问世。乌孜别克语属阿尔泰语系突厥语族西匈语支，分葛逻禄、钦察、乌古斯等三大方言。历史上，乌孜别克人曾使用过突厥文、回鹘文、阿拉伯文、波斯文、察合台文等多种文字。[①]

### 1.古籍

《中国少数民族古籍总目提要·乌孜别克族卷》首次系统介绍了乌孜别克族古籍总体情况，反映了乌孜别克族古籍的概貌。全书共收录新疆维吾尔自治区乌孜别克族古籍条目732条，其中书籍类249条、讲唱类483条。书籍类又分五小类，包括宗教类57条、哲学类23条、语言文字类6条、文学类155条、其他类8条。讲唱类也分五小类，包括长诗7首、传说5篇、故事88首、歌谣117首、谚语266条。

乌孜别克族古籍整理研究方面的成果还有：喀什维吾尔文出版社1988年用察合台语维吾尔文整理出版的乌孜别克族察合台文古籍文献《福尔凯提作品选》，新疆乌孜别克语言文学学会1991年汉文译本《福尔凯提诗选》，新疆人民出版社2004年用维吾尔文整理出版的乌孜别克族察合台文、波斯文合璧古籍文献《花园微风》，新疆人民出版社1980年维吾尔文版《乌孜别克族谚语选》、1983年维吾尔文版《乌孜别克族民间故事》、1984年维吾尔文版《乌孜别克民间长诗选》、1987年维吾尔文版乌孜别克族民间长诗《阿拉帕米什》、1991年维吾尔文版乌孜别克族民间故事《布

---

[①] 国家民族事务委员会全国少数民族古籍整理研究室.中国少数民族古籍总目提要·乌孜别克族卷、塔塔尔族卷、俄罗斯族卷[M].北京：中国大百科全书出版社，2011：9.

里布里戈亚》等。

## 2.图书

乌孜别克族图书调查以检索国家图书馆、民族图书馆、社科院图书馆、CALIS、新疆大学图书馆等5家单位藏书目录的方式进行。检索以"乌孜别克"为检索词，分别按题名、主题两种方式检索。核减各单位藏书目录中的少量重复或错误记录后，截至2020年7月26日，各单位收藏乌孜别克族相关图书情况如下：按题名检索，国家图书馆40种、民族图书馆16种、社科院图书馆18种、CALIS 30种、新疆大学图书馆6种。按主题检索，国家图书馆2种、民族图书馆11种、社科院图书馆12种、CALIS 16种、新疆大学图书馆2种。5家单位共藏题名含"乌孜别克"的图书50种，其中维吾尔文图书4种、朝鲜文图书1种，同时收藏的仅有1种，即赵小刚著《乌孜别克族社会经济文化研究》。

## 3.期刊论文

### 3.1 NSSD

以"乌孜别克"为检索关键字，检索NSSD 1920—2020年的论文，截至2020年7月26日，共检出论文83篇。论文数量居前3位的研究领域是社会学26篇、经济管理23篇、历史地理16篇。从作者的工作单位上看，发文数量居前的是中央民族大学、新疆大学各5篇并列第一，其次是新疆社会科学院2篇，其他单位均为1篇。发表乌孜别克族相关论文数量最多的学者是熊坤新，有2篇，其他均为1篇。熊坤新的两篇乌孜别克族相关论文全部发表在《新疆师范大学学报（哲学社会科学版）》，一篇是《乌孜别克族伦理思想概论》，另一篇是《国内乌孜别克族研究概述》。刊发乌孜别克族相关论文数量居前3位的期刊是《民族语文》9篇、《新疆社会科学》8篇、《中央民族大学学报（哲学社会科学版）》7篇。

### 3.2 中国知网

以"乌孜别克"为检索词、"主题"为检索入口，按"精确"方式检索知网学术期刊库，截至2020年7月26日，共检出论文291篇，但查准率不高。遂又以"乌孜别克"为检索词、"篇名"为检索入口，按"精确"方式检索，共检出论文58篇。这58篇论文的总参考数是226、总被引数是325、总下载数是7887，篇均参考数是3.9、篇均被引数是5.6、篇均下载数是135.98、下载被引比为24.27。其中，被引超过10次的有：郑连斌等5人的《乌孜别克族体质特征研究》被引110次，郑连斌等4人的《乌孜别克成人皮褶厚度的年龄变化》被引35次，陆舜华等5人的《乌孜别克族成人的体型特点》被引28次，张咏的《牧民定居与文化转型——新疆木垒县乌孜别克民族乡定居工程的考察报告》被引25次，熊坤新、吕劭男的《乌孜别克族伦理思想概论》被引13次，栗淑媛、郑连斌的《乌孜别克族成人围度值的年龄变化》被引13次，刘仕国的《牧区乌孜别克族生活方式的变迁——对新疆木垒县大南沟乌孜别克乡的民族社会学调查》被引11次。

### 3.3 复印报刊资料

以"乌孜别克"为检索词、"主题词"为检索入口，检索复印报刊资料全文数据库，截至2020年7月26日，共检出1995—2020年的有效论文1篇，即《复印报刊资料：民族问题研究》2007年05期张咏的《牧民定居与文化转型——新疆木垒县乌孜别克民族乡定居工程的考察报告》，原文发表在《青海民族研究》2007年第1期。

## 4. 学位论文

### 4.1 CALIS

以"乌孜别克"为检索词检索CALIS学位论文系统，截至2020年7月27日，共检出学位论文33篇，其中硕士论文22篇、博士论文11篇，全部为汉文文献。检出的论文完成于2003—2013年间，数量居前3位的年度是2010年6篇，2009年5篇，2003年、2008年、2011年各4篇。系统中最新的论文是2013年的3篇硕士论文：阿布利克木·依明的《大前庭水管综合征的听力学及影像学相关研究分析》、热孜完古·玉思音的《18世纪文献〈花儿与百灵〉（Gül ve Bulbul）的文学特点研究》、古丽克孜·吾甫阿吉的《文化多样性下的本土文化栏目〈魅力喀什〉研究》。但这3篇论文的研究重点都不在乌孜别克族上，第一篇的相关性略强。

### 4.2 NSTL

以"乌孜别克"为检索词检索"NSTL学位论文数据库"，截至2020年7月27日，共检出学位论文35篇，其中硕士论文26篇、博士论文9篇，全部为汉文印本资源，其中34篇收藏在中国科学技术信息研究所、1篇收藏在中国农科院农业信息研究所。学位授予单位来自13所高校，其中中央民族大学11篇、新疆师范大学6篇、新疆医科大学3篇，数量居前3位。

又以"乌孜别克"为检索词、"题名"为检索入口进行检索，共检出学位论文3篇，其中硕士论文1篇、博士论文2篇。硕士论文即新疆师范大学刘烨的《新疆乌孜别克族民间信仰研究》，博士论文分别是中央民族大学解志伟的《新疆木垒县乌孜别克族游牧社会文化变迁研究》、兰州大学唐淑娴的《新疆乌孜别克族的文化适应研究》。

### 4.3 参考咨询联盟

以"乌孜别克"为检索词、"全部字段"为检索入口，通过"精确"方式检索"参考咨询联盟"的学位论文，截至2020年7月27日，共检出64篇。论文数量居前3位的学位授予单位是中央民族大学（16篇）、新疆大学（10篇）、新疆师范大学（8篇）。又以"乌孜别克"为检索词、"标题"为检索入口，通过"精确"方式检索，共检出4篇。除已在NSTL检出的3篇外，又新检出1篇，即阿达来提的博士论文《中国乌孜别克族语言使用现状研究》。

### 4.4 中国知网

以"乌孜别克"为检索词、"主题"为检索入口，按"精确"方式检索"知网学位论文库"，截至2020年7月27日，共检出学位论文24篇，其中硕士论文18篇、博士论文6篇。又以"乌孜别克"为检索词、"题名"为检索入口进行检索，检出学位论文4篇，其中硕士论文1篇、博士论文3篇，与在"参考咨询联盟"的检索结果一致。

调研曾以"乌孜别克"为检索词、"标题"为检索入口，检索"国图博士论文库"，截至2020年7月27日，未检出相关论文。

## 5. 会议论文

### 5.1 NSTL

以"乌孜别克"为检索词检索"NSTL会议论文数据库",截至2020年7月28日,共检出会议论文4篇,其中有效论文3篇,分别收录于3种会议录中,均收藏在中国科学技术信息研究所。有效论文的具体情况如下:莫新彦等的《新疆少数民族文字地图的编制与探讨》,收录于《中国测绘学会第八次全国会员代表大会暨2005年综合性学术年会论文集》;Azim Malikov的《伊斯兰教在乌孜别克部族的故事》,2010年收录于《国际人类学与民族学联合会第十六届世界大会——游牧民族法律文化研究专题会论文集》;房钊的《民族地区适应性规划的探讨——以丝绸之路上的莎车老城为例》,2015年收录于《第4届金经昌中国青年规划师创新论坛论文集》。

### 5.2 参考咨询联盟

以"乌孜别克"为检索词、"全部字段"为检索入口,检索"参考咨询联盟"中的会议论文。截至2020年7月28日,检出论文20篇,但多数论文与乌孜别克族无关或者关系不大。又以"乌孜别克"为检索词、"标题"为检索入口,检出论文1篇,即在NSTL中已检出的《伊斯兰教在乌孜别克部族的故事》。

### 5.3 中国知网

以"乌孜别克"为检索词、"主题"为检索入口,检索"知网会议论文库",截至2020年7月28日,共检出会议论文4篇:郭大烈的《民族文化类型及其与现代化的调适》,1989年收录于《民族学研究第十辑——中国民族学会第四届学术讨论会论文集》;魏永理等的《中国近代西北地区少数民族经济发展述略》,1995年收录于《近代中国(第五辑)》;赵常庆的《"颜色革命"中的民族因素》,2005年收录于《中国世界民族学会第八届会员代表大会暨全国学术讨论会论文集(下)》;谷传华等的《大学生应对方式的民族差异》2005年收录于《第十届全国心理学学术大会论文摘要集》。其他论文与乌孜别克族关系不大。

### 6.报纸文献

以"乌孜别克"为检索词,通过登录国家图书馆读者门户检索"阿帕比报纸资源库",截至最后更新日期,共检出新闻138条,检出标题含"乌孜别克"的新闻1条、乌孜别克族相关图片2幅。标题含"乌孜别克"的文献为《乌孜别克斯坦录并一日》,错将"乌兹别克斯坦"记作"乌孜别克斯坦"。根据检索结果,整理出1条信息:2014年11月21日,漳州·木垒景区对接签约仪式暨旅游推介会在漳举行,会上互签了景区对接框架协议。[1] 调研发现资料性、学术性较强的文献有《清前期我国各民族间的文化交流》[2]《蒙古族的西进与新疆的民族迁徙》[3]《新疆多民族聚居格局的稳定与发展》[4] 等。

以"乌孜别克"为检索词、"主题"为检索入口,检索"知网报纸全文数据库",截至2020年7月28日,共检出乌孜别克族相关文献92篇,其中学术性文献6篇,如《中国社会科学报》刊发的张春海的《乌孜别克语"芳踪"已难觅》、解志伟的《乌孜别克族的嵌入式发展过程》、陈宗振的《制定"拼音方案"势在必行》等。

## 第三节 裕固族文献信息资源建设

裕固族具有悠久的历史和古老的文化。裕固族使用三种语言:居住在肃南裕固族自治县东部的裕固族使用东部裕固语,又称恩格尔语,属阿尔泰语系蒙古语族;居住在肃南裕固族自治县西部的裕固族使用西部裕固语,又称尧乎尔语,属阿尔泰语系突厥语族;黄泥堡裕固族长期以来使用

---

[1] 李润.漳州·木垒景区对接签约仪式暨旅游推介会在漳举行[N].闽南日报,2014-11-22(2).

[2] 赵云田.清前期我国各民族间的文化交流[N].中国文化报,2013-11-18(7).

[3] 蒙古族的西进与新疆的民族迁徙[N].克拉玛依日报,2014-10-14(A12).

[4] 新疆多民族聚居格局的稳定与发展[N].克拉玛依日报,2014-10-21(A10).

汉语。① 裕固族无本民族文字，历史上曾使用过突厥文、回鹘文等文字。②

## 1. 古籍

有文字记载的裕固族古籍存世很少，口传古籍相对较为丰富。《中国少数民族古籍总目提要·裕固族卷》以收录裕固族地区流传的口传古籍为主，共收录裕固族古籍条目224条，分为铭刻、文书、讲唱3大类。其中，铭刻类收录汉文与回鹘文铭刻条目2条，文书类收录汉文文书条目5条，讲唱类收录条目217条。

文书类条目中有4条与顾嘉堪布有关，分别是《肃属各界祭顾嘉堪布文》《顾嘉堪布对肃属七县佛教会人士遗言》《顾嘉堪布对藏民之遗嘱》《顾嘉堪布传——祁连山藏民教育之创办者》。顾嘉堪布为民国时期裕固族、藏族宗教领袖，祁连山地区爱国宗教人士，也是当地现代学校教育的创办者，深受当地民众爱戴，其父为今甘肃省肃南裕固族自治县祁丰区藏族，母亲为该县大河区裕固族。③ 讲唱类分为传说故事和史诗歌谣两部分。其中，传说故事共139首、史诗歌谣共78条（首）。

此外，调研还发现有裕固族古籍整理研究方面的成果《裕固族文化形态与古籍文存》。该书分上、下两篇，上篇即"裕固族文化形态"，下篇为"裕固族古籍文存"。其中，下篇收民国时期文献《顾嘉堪布传》和《祁连山北麓调查报告》共2种，收民间口碑文献11种。④

## 2. 图书

裕固族图书调查以检索国家图书馆、民族图书馆、社科图书馆、

---

① 《中国少数民族》修订编辑委员会.中国少数民族[M].北京：民族出版社，2009：210.
② 国家民族事务委员会全国少数民族古籍整理研究室.中国少数民族古籍总目提要·东乡族卷、裕固族卷、保安族卷[M].北京：中国大百科全书出版社，2009：119.
③ 国家民族事务委员会全国少数民族古籍整理研究室.中国少数民族古籍总目提要·东乡族卷、裕固族卷、保安族卷[M].北京：中国大百科全书出版社，2006：137-138.
④ 贺卫光.裕固族文化形态与古籍文存[M].兰州：甘肃人民出版社，2002.

CALIS、甘肃省图书馆等5家单位藏书目录的方式进行。检索以"裕固"为检索词,分别按题名、主题两种方式检索,核减各单位藏书目录中的少量重复或错误记录后,截至2020年7月29日,各单位收藏裕固族相关图书情况如下:按题名检索,国家图书馆124种、民族图书馆43种、社科院图书馆58种、CALIS 112种、甘肃省图书馆97种;按主题检索,国家图书馆99种、民族图书馆48种、社科院图书馆60种、CALIS 68种、甘肃省图书馆87种。CALIS系统中,创作裕固族相关图书数量较多的作者是:钟进文9册,贺卫光6册,安维武5册。国家图书馆藏裕固族相关图书中有蒙古文图书4种、维吾尔文图书1种,其余为汉文图书;CALIS系统藏裕固族相关图书中有蒙古文图书6种、日文图书2种,其余为汉文图书。

上述5家单位共藏题名含"裕固"的图书188种,其中同时收藏的有16种。同时收藏的图书中,民族出版社出版的有9种:1984年5月出版的《裕固族民间文学作品选》,2000年8月出版的《裕固族民俗文化研究》,2002年4月出版的《中国裕固族研究集成》,2008年12月出版的《裕固族简史》,2009年11月出版的《裕固族民族过程研究》,2009年1月出版的《肃南裕固族自治县概况》,2010年11月出版的《肃南裕固族自治县标准地名录》,2010年12月出版的《文化传播与人口较少民族文化变迁:裕固族30年来文化变迁的民族志阐释》,2011年10月出版的《多民族关系中的裕固族及其当代社会研究》。甘肃民族出版社出版的有2种:1984年8月出版的《肃南裕固族自治县概况》,1994年6月出版的《肃南裕固族自治县志》。另外5种是:甘肃人民出版社1983年9月出版的《裕固族简史》,甘肃文化出版社2013年3月出版的《谱系:裕固族二十一代世袭大头目》,中央民族大学出版社2008年10月出版的《国外裕固族研究文集》,中国社会科学出版社2015年10月出版的《土、哈萨克、东乡、撒拉、保安与裕固族经济史》,中国科学院民族研究所甘肃少数民族社会历史调查组1963编写的《裕固族专题调查报告汇集》。

## 3. 期刊论文

### 3.1 NSSD

以"裕固"为检索关键字，检索NSSD 1920—2020年的论文，截至2020年7月29日，共检出论文100篇。论文数量居前3位的研究领域是语言文字61篇、社会学16篇、经济管理15篇，语言文字领域的研究占比超过60%。从作者的工作单位上看，发文数量居前的是中国社会科学院6篇，中央民族大学、北京师范大学、西北第二民族学院（今北方民族大学）各2篇，其他单位均为1篇。发表裕固族相关论文数量居前的学者是：陈宗振4篇居首，巴战龙、赵杰、钟进文各2篇并居第二。刊发裕固族相关论文数量居前3位的期刊为《民族语文》34篇、《西北民族研究》8篇、《西北民族大学学报（哲学社会科学版）》7篇。2020年有1篇论文发表，题为《西部裕固语谐音词的构成及特点》。又分别以"文献""史料""图书"为检索词，以"题名"为检索入口，在上述检索结果中二次检索，检出论文1篇，即吴汉、李永宏的《东部裕固语研究文献综述》。

### 3.2 中国知网

以"裕固"为检索词、"主题"为检索入口，按"精确"方式检索知网学术期刊库，截至2020年7月29日，共检出论文1524篇，其中2020年已发表47篇。又以"裕固"为检索词、"篇名"为检索入口，按"精确"方式检索，共检出论文967篇。裕固族相关期刊论文被引率较高，967篇论文中有646篇被引用过，占66.80%；有108篇论文被引10次及以上。被引次数较多的200篇论文的总参考数是791、总被引数是2463、总下载数是68870，篇均参考数是3.96、篇均被引数是12.32、篇均下载数是344.35、下载被引比为27.96。[①] 其中，王远新的《论裕固族的语言态度》被引108次居首，杜亚雄的《裕固族西部民歌与有关民歌之比较研究》被引51次居其次，贺卫光的《论边缘文化与复合型文化——以裕固族及其文化的形成为例》被引47次排第三。

---

① 计量可视化分析—已选文献—中国知网[EB/OL].[2020-07-29].https://kns.cnki.net/KVisual/ArticleAnalysis/index?t=1596375535303。

又以"文献"为检索词、"篇名"为检索入口，在检出的967篇论文中二次检索，共检出论文9篇，其中《东部裕固语研究文献综述》已在NSSD中检出，其他8篇论文是：巴战龙的《近五年裕固族教育研究进展述评——以期刊报纸文献为例》、贾学锋等的《1978年以来国内裕固族婚姻研究文献综述》、贾学锋的《异域与本土——国内外有关裕固族萨满教的几篇典型文献述评》、罗银新的《近四年裕固族教育研究进展述评——以期刊论文文献为例》、谢粉兰的《裕固族民歌文献综述》、安维武的《"裕固学文献资料中心"建设构想和初步实践》、杜曼·叶尔江的《回鹘文献语言中保留在西部裕固语里的古代宗教词汇》、胡蓉等的《敦煌文献与裕固族古代文学》。

### 3.3 复印报刊资料

以"裕固"为检索词、"主题词"为检索入口，检索复印报刊资料全文数据库，截至2020年7月29日，共检出1995—2020年的论文1篇。又以"裕固族"为检索词重新检索，检出论文12篇。《复印报刊资料：民族研究》收4篇：1995年10期高自厚的《论裕固族源流的两大支系》，1997年09期钟进文的《近百年的国外裕固族研究》，1998年07期巴战龙的《裕固族文化中的狗崇拜及其先民的狼图腾》，1999年08期白文宏的《裕固族伦理道德观》。《复印报刊资料：民族问题研究》收4篇：2002年07期汤夺先的《裕固族的宗教民俗》，2006年07期张晓东的《十年来国内裕固族研究综述》，2012年03期巴战龙的《裕固族乡村社区发展历程与模式的社会人类学分析》，2018年10期李晓蓓等的《裕固族牧民与草原关系的道德人类学考察》。《复印报刊资料：中国古代、近代文学研究》收4篇：1998年02期武文的《尧乎尔文学对裕固族历史的口承与补正》，2000年08期钟进文的《一篇裕固族历史传说研究》，2004年09期朱卫国等的《裕固族民间文学（故事）搜集、整理及研究综述》，2020年01期胡蓉等的《敦煌文献与裕固族古代文学》。其中，钟进文、巴战龙各有两篇论文被《复印报刊资料》收录，数量居前。

## 4.学位论文

### 4.1 CALIS

以"裕固"为检索词检索CALIS学位论文系统，截至2020年7月30日，共检出学位论文190篇，其中硕士论文141篇、博士论文49篇，全部为汉文文献。因检准率很低，又以"裕固族"为检索词重新检索，检出学位论文132篇，其中硕士论文105篇、博士论文27篇。检出的论文完成于2002—2013年间，数量居前的年度为2011年25篇，2012年、2010年各20篇，2008年、2009年各14篇。检出论文中，最新的是2013年的7篇论文，包括钟梅燕的《当代裕固族族际通婚及影响研究》、英加布的《域拉奚达与隆雪措哇：藏传山神信仰与地域社会研究》等2篇博士论文，王烜的《裕固族非物质文化遗产女性传承人研究》、翁彬彬的《裕固族民间舞蹈的多元文化特征调查研究》、韩朔的《肃南裕固族自治县定居牧民老年群体社区参与状况的调查研究》、李倩云的《家庭教育的缺失对牧区儿童民族文化传承的影响》和侯学然的《头人、寺庙与国家》等5篇硕士论文。

### 4.2 NSTL

鉴于以"裕固"为检索词检索时，检索结果的检全率和检准率均不理想，遂以"裕固族"为检索词，检索"NSTL学位论文数据库"，截至2020年7月30日，共检出学位论文122篇，其中硕士论文95篇、博士论文27篇，全部为汉文印本资源，116篇收藏在中国科学技术信息研究所、3篇收藏在中国医科院医学信息研究所、3篇收藏在中国科学院文献情报中心。学位授予单位来自35所高校和科研单位，其中兰州大学以30篇居首、西北师范大学以29篇居其次、中央民族大学以14篇排第三。检索结果中最新的论文是2018年的2篇硕士论文：一篇是北京协和医学院阜外医院徐宁的《汉族、藏族、裕固族健康成人超声心动图测量值的研究》，另一篇是北京协和医学院放射医学研究所刘斌的《甘肃省20—80岁汉族和裕固族骨质疏松症患病情况及影响因素分析》。

### 4.3 参考咨询联盟

以"裕固"为检索词、"全部字段"为检索入口，通过"精确"方式检索"参考咨询联盟"的学位论文，截至2020年7月30日，共检出学位论文292篇。论文数量居前3位的学位授予单位是兰州大学（87篇）、西北师范大学（43篇）、西北民族大学（40篇）。又以"裕固"为检索词、"标题"为检索入口，通过"精确"方式检索，共检出学位论文155篇，其中硕士论文140篇、博士论文15篇。论文数量居前3位的学位授予单位是兰州大学（56篇）、西北师范大学（29篇）、西北民族大学（23篇）。

根据"标题"方式的检索结果，检出的15篇博士论文中，兰州大学有9篇，北京大学、中央民族大学、内蒙古大学各有2篇。兰州大学的9篇是：安玉军的《裕固族形成史研究》、安惠娟的《裕固族鄂金尼部落社会文化研究》、黄超的《道德变迁视角下的裕固族移民社区的社会转型研究——以裕固族自治县柳方村为例》、李晓蓓的《道德记忆、仪式庆典与民族文化认同——以裕固族为例》、李天雪的《裕固族民族过程研究》、钟梅燕的《当代裕固族族际通婚及影响研究》、董晓波的《裕固族文化谱系解读及其现代性研究》、李志强的《中国东乡族、保安族、裕固族口腔疾病流行病学研究》、王海飞的《文化传播与人口较少民族文化变迁：裕固族30年来文化变迁的民族志阐释》。北京大学的2篇是林红的《姓与性——裕固族亲属制度研究》、莎仁高娃的《蒙古语与东部裕固语的语音比较研究》。中央民族大学的2篇是钱文霞的《多元文化语境中的裕固族当代文学》、钟进文的《西部裕固语研究》。内蒙古大学的2篇是哈斯呼的《基于语音声学参数库的东部裕固语语音研究》、阿拉腾苏布达的《东部裕固语生态语言学研究》。

### 4.4 国家图书馆

以"裕固"为检索词、"标题"为检索入口，检索"国图博士论文库"，截至2020年7月30日，检出裕固族相关博士论文4篇。其中，《裕固族民族过程研究》认为："裕固族，是一个以古代的回鹘和蒙古人及其后裔为主体，融合部分藏族、汉族的成分而逐渐形成的民族，是个两源多流的人们共同体……"[①]其他3篇分别是中央民族大学钟进文的《西部裕固语研究》、兰州大学董晓波的《裕固族文化谱系解读及其现代性研究》、内蒙古大学阿拉腾苏布达的《东部裕固语生态语言学研究》。

---

① 李天雪.裕固族民族过程研究[D].兰州：兰州大学，2007.

## 4.5 中国知网

以"裕固"为检索词、"题名"为检索入口，按"精确"方式检索"知网学位论文库"，截至2020年7月30日，共检出学位论文134篇，其中硕士论文122篇、博士论文12篇。4篇最新的学位论文均为2020年西北民族大学的硕士论文，分别是凯歌的《经济生活变迁与职业身份转换问题研究——以明花乡裕固族社区为例》、杨龙的《传统组织的现代化转型研究——以裕固族亚拉格部落为例》、杨学栋的《肃南裕固族自治县民族团结进步创建实践研究》、郭文韬的《肃南裕固族自治县少数民族生态移民就业技能培训效果评价》。检出的134篇学位论文的总参考数是1869、总被引数是474、总下载数是47682，篇均参考数是13.95、篇均被引数是3.54、篇均下载数是355.84、下载被引比为100.59。[1] 被引次数居前3位的论文是：缪自锋的《裕固族文化仪式研究》被引39次，王海飞的《文化传播与人口较少民族文化变迁——裕固族30年来文化变迁的民族志阐释》被引29次，金清苗的《"裕固族乡土教材"开发研究》被引25次。

## 5. 会议论文

### 5.1 NSTL

以"裕固"为检索词检索"NSTL会议论文数据库"，截至2020年7月31日，共检出会议论文35篇，全部为汉文印本资源。经复核，实际与裕固族相关的仅12篇，具体如下：2006年，《中国博物馆协会民族博物馆专业委员会成立大会暨首届学术研讨会论文集》收胡云燕的《原始的饮酒方式，悠久的民族酒品——啒酒》；2007年，《中国西部博物馆论坛论文集》收林尚斌的《甘肃民族文物事业发展的机遇与挑战》，《民族传统文化传承、保护与发展国际学术研讨会论文集》收江波等的《移民的文化适应——关于肃南裕固族移民社区的调查与思考》；2009年，《中国乡土知识传承与校本课程开发研讨会论文集》收安维武的《挖掘乡土资源传承民

---

[1] 计量可视化分析—已选文献—中国知网[EB/OL].[2020-07-18].https：//kns.cnki.net/KVisual/ArticleAnalysis/index?t=1595481071284。

族文化——以乡土教材〈裕固家园〉的研发与实践为例》,《第三届中国中医药发展大会论文集》收张爱样的《张掖市中医药体系建设现状分析及对策》;2011年,《汉语方言国际学术研讨会暨全国汉语方言学会第16届年会论文集》收刘育林的《从现代晋语词、句中所加"吃"字看阿尔泰语与汉语的交融》;2012年,《第十届中国语音学学术会议论文集》收呼和等的《东部裕固语带擦元音初探》,《中国转型期民族地区经济发展方式转变国际学术研讨会论文集》收巴战龙的《在学校教育中追求语言公平传承的历程——对三次裕固语教育试验的本质性个案研究》,《第三届绿洲论坛论文集》收黄松的《张掖特色旅游发展探讨》,《第二届西部民族走廊学术研讨会论文集》收钟进文的《关于藏族史诗〈格萨尔〉在土族和裕固族中的流传变迁的思考》;2016年,《第十二届全国语音学学术会议论文集》收德格吉呼等的《基于语音声学模型的蒙古语族语言亲属关系探究》。

**5.2 参考咨询联盟**

以"裕固"为检索词、"全部字段"为检索入口,检索"参考咨询联盟"中的会议论文,截至2020年7月31日,共检出论文111篇。又以"裕固"为检索词、"标题"为检索入口检索,核减5条重复记录后,实际检出论文55篇。其中,2007年的《民族传统文化传承、保护与发展国际学术研讨会论文集》、2009年的《中国乡土知识传承与校本课程开发研讨会论文集》各收论文3篇,数量居首。《民族传统文化传承、保护与发展国际学术研讨会论文集》收江波等的《移民的文化适应:关于肃南裕固族移民社区的调查与思考》,杨文法的《人口较少民族非物质文化遗产保护中的民俗评估研究:以裕固族为例》,王海飞等的《媒介传播对人口较少民族文化变迁的影响:肃南裕固族自治县广播电视事业发展调查》;《中国乡土知识传承与校本课程开发研讨会论文集》收王延军的《民族地区校本课程建设取向的思考与实践:以甘肃肃南裕固族自治县第二中学为个案》,蔡世宏等的《开发利用乡土科普资源,培养学生的科学素养:以肃南裕固族自治县为例》,安维武的《挖掘乡土资源传承民族文化:以乡土教材〈裕固家园〉的研发与实践为例》。

### 5.3 中国知网

以"裕固"为检索词、"主题"为检索入口，检索"知网会议论文库"，截至2020年7月31日，共检出会议论文49篇。又以"裕固"为检索词、"篇名"为检索入口进行检索，核减1条重复记录后，实际检出会议论文28篇，其中有2篇论文被引用过：钟进文的《少数民族作家的"民族身份"与"地域身份"的互为表现现象——以裕固族作家为例》被引2次，朱杰的《中国裕固族媒介素养研究》被引1次。

## 6.报纸文献

以"裕固"为检索词检索"中华数字书苑"报纸新闻，截至2020年8月7日，共检出新闻666条，其中标题含"裕固"的新闻32条、新闻图片5幅。检出的666条新闻出自101种报纸，其中数量居前3位的报纸是《甘肃日报》119条、《兰州晨报》101条、《兰州晚报》62条。根据检索结果，整理出3条信息：（1）2019年2月25日，甘肃省张掖市肃南裕固族自治县融媒体中心挂牌成立。[①]（2）2019年6月20日，肃南裕固族自治县首次使用飞机施药防治森林病虫害，这是自治县成立以来第一次大面积在祁连山开展林业有害生物防治作业。[②]（3）2019年11月29日，甘肃省第十三届人大常委会第十三次会议批准《甘肃省肃南裕固族自治县教育条例》，由肃南裕固族自治县人大常委会公布施行。[③]

以"裕固"为检索词、"主题"为检索入口，检索"知网报纸全文数据库"，截至2020年8月7日，共检出裕固族相关文献346篇，其中学术性文献35篇。刊发学术性文献数量居前3位的报纸是《中国社会科学报》8篇，《文艺报》6篇，《张掖日报》《中国民族报》各5篇。题名含"裕固"的学术性文献有9篇：《中国社会科学报》2011年11月15日钟进文的《裕固语面临传承困境》，2014年9月19日钟进文的《国内外东部裕固语研究

---

① 范海瑞.肃南裕固族自治县融媒体中心挂牌成立[N].甘肃日报，2019-02-28（02）.
② 武雪峰.肃南裕固族自治县首次用飞机防病害[N].兰州晚报，2019-06-21（A12）.
③ 甘肃省人民代表大会常务委员会关于批准《甘肃省肃南裕固族自治县教育条例》的决定[N].甘肃日报，2019-11-30（2）.

对比分析》，2014年10月10日张春海的《西部裕固语：一场艰难的保卫战》；《甘肃日报》2012年5月16日高林俊的《打造有裕固族特色的文化品牌》，2019年7月5日于哲的《朴素优美的裕固族民歌》；《张掖日报》2011年6月4日索蕊的《幼儿裕固语教学中的情境教学法》；《贵州民族报》2015年2月25日钟进文的《西部裕固语：我国独有的突厥语言》；《中国民族报》2016年7月29日罗建军的《裕固家园唱响民族团结进步欢歌》；《白银日报》2016年11月12日张文的《浅谈裕固族传统民间舞蹈》。

# 第四节　俄罗斯族文献信息资源建设

俄罗斯族历史悠久，文化遗产丰富。内蒙古自治区呼伦贝尔市所辖额尔古纳市恩和俄罗斯族民族乡是中国唯一的俄罗斯族民族乡。俄罗斯语属印欧语系斯拉夫语族东斯拉夫语支。中国的俄罗斯族使用俄文，一般兼通俄、汉、维吾尔、哈萨克等多种语言。[1]

## 1.古籍

《中国少数民族古籍总目提要·俄罗斯族卷》主要收录流传在中国民间并有文字存档的俄语故事、民歌和谚语，共收录新疆维吾尔自治区俄罗斯族讲唱类古籍条目209条，其中故事14条、民歌7条、谚语188条。[2]俄罗斯族古籍整理研究方面的成果还有：贺灵主编的《中国新疆历史文化古籍文献资料译编》（24卷，俄罗斯），克孜勒苏柯尔克孜文出版社、新疆人民出版社2016年8月联合出版。《中国新疆历史文化古籍文献资料译编》收录了以汉文为主的新疆历代有关历史文化方面的全国性和地域性最权威、最有价值的经典资料，还收录了大量由满、俄罗斯等民族文字翻译

---

[1]　《中国少数民族》修订编辑委员会.中国少数民族[M].北京：民族出版社，2009：306.

[2]　国家民族事务委员会全国少数民族古籍整理研究室.中国少数民族古籍总目提要·乌孜别克族卷、塔塔尔族卷、俄罗斯族卷[M].北京：中国大百科全书出版社，2011：367-374.

的各类权威资料，首次分地区、分民族出版，共分为40卷。其中俄罗斯族卷译编、收录俄罗斯族相关古籍资料1308条。①

## 2. 图书

俄罗斯族图书调查以检索国家图书馆、民族图书馆、社科院图书馆、CALIS、新疆大学图书馆、内蒙古大学图书馆等6家单位藏书目录的方式进行。检索以"俄罗斯族"为检索词，分别按题名、主题两种方式检索，核减各单位藏书目录中的少量重复或错误记录后，截至2020年8月1日，各馆收藏俄罗斯族相关图书情况如下：按题名检索，国家图书馆34种、民族图书馆16种、社科院图书馆13种、CALIS 33种、新疆大学图书馆1种、内蒙古大学图书馆7种；6家单位共藏题名含"俄罗斯族"的图书46种，未发现被6家单位同时收藏的图书。按主题检索，国家图书馆28种、民族图书馆16种、社科院图书馆16种、CALIS 25种、新疆大学图书馆4种、内蒙古大学图书馆14种。

鉴于新疆大学图书馆、内蒙古大学图书馆收藏题名含"俄罗斯族"的图书甚少，遂调查其他4馆同时收藏题名含"俄罗斯族"的图书情况，有5种：中央民族学院研究室1974年12月编《中国少数民族简况：哈萨克族、柯尔克孜族、锡伯族、俄罗斯族》，新疆人民出版社1987年出版的《俄罗斯族简史》，民族出版社1995年出版的《俄罗斯族》，中国经济出版社2011年出版的《恩和村调查（俄罗斯族）》，中国社会科学出版社2014年出版的《跨境俄罗斯语——新疆俄罗斯族语言研究》。

## 3. 期刊论文

### 3.1 NSSD

以"俄罗斯族"为检索关键字，检索NSSD 1920—2020年的论文，

---

① 贺灵主编.中国新疆历史文化古籍文献资料译编（24卷俄罗斯）[M].克孜勒苏柯尔克孜文出版社、新疆人民出版社，2016.

截至2020年8月1日，共检出论文91篇。论文数量居前3位的研究领域是政治法律31篇、经济管理21篇、社会学19篇。从作者的工作单位上看，发文数量居前的是中央民族大学6篇、武汉理工大学3篇、新疆大学2篇，其他均为1篇。发表俄罗斯族相关论文数量最多的是武汉理工大学的李启华博士，共3篇：第一篇是《中国俄罗斯族形成发展历程探析》，第二篇是《中国俄罗斯族民族政治发展阶段研究》，第三篇是《中国俄罗斯族文化形态演化研究》。刊发俄罗斯族相关论文数量居前的期刊是《俄罗斯研究》6篇，《俄罗斯东欧中亚研究》4篇，《西北人口》《贵州民族研究》《国际研究参考》各3篇。

### 3.2 中国知网

以"俄罗斯族"为检索词、"主题"为检索入口，按"精确"方式检索知网学术期刊库，截至2020年8月1日，共检出论文478篇。又以"俄罗斯族"为检索词、"篇名"为检索入口，按"精确"方式检索，共检出论文109篇。其中，被引次数超过10次的有8篇：陆舜华等的《俄罗斯族体质特征分析》被引103次，索利娅等的《俄罗斯族成人的皮褶厚度及其年龄变化》被引34次，李智远的《内蒙古俄罗斯族木刻楞民居文化》被引15次，祁惠君的《中国俄罗斯族民俗游初探——以中俄边境小镇室韦为例》被引14次，周菁葆的《塔塔尔族与俄罗斯族音乐舞蹈》、熊坤新等的《俄罗斯族伦理思想述论》、谢宾等的《内蒙古地区俄罗斯族成人身体围度特征分析》各被引12次，祁惠君的《内蒙古额尔古纳市俄罗斯族经济和社会发展调查报告》被引11次。

### 3.3 复印报刊资料

以"俄罗斯族"为检索词、"主题词"为检索入口，检索复印报刊资料全文数据库，截至2020年8月1日，共检出1995—2020年的论文1436篇，但未发现以中国的人口较少民族——俄罗斯族为主要研究对象的论文。又以"俄罗斯族"为检索词、"标题"为检索入口进行检索，未检出论文全文，但检出论文索引数据36条。

## 4.学位论文

### 4.1 CALIS

以"俄罗斯族"为检索词检索CALIS学位论文系统,截至2020年8月2日,共检出学位论文263篇,其中硕士论文188篇、博士论文75篇,包括汉文文献261篇、俄文文献2篇。检出的论文中,题名含"俄罗斯族"的仅有7篇,其中硕士论文6篇:2005年时春丽的《俄罗斯族生产与生活方式的变迁——以临江屯为例》、索利娅的《俄罗斯族体质人类学研究》,2006年邓娟的《论新疆俄罗斯族传统文化的保护与转型》,2009年于春江的《中国俄罗斯族民族过程研究》、张丽红的《内蒙古额尔古纳市恩和屯俄罗斯族衣食住行变迁的研究》,2010年张英姿的《额尔古纳市俄罗斯族村落语言现状调查分析》。另一篇为博士论文,为2009年时春丽的《俄罗斯族民族认同研究——以室韦俄罗斯族民族乡为例》。

### 4.2 NSTL

以"俄罗斯族"为检索词检索"NSTL学位论文数据库",截至2020年8月2日,共检出学位论文58篇,其中硕士论文45篇、博士论文13篇,全部为汉文印本资源,均收藏在中国科学技术信息研究所。学位授予单位来自31所高校,其中中央民族大学13篇数量最多,新疆大学、新疆师范大学各4篇并列第二,另有中国人民大学等9所高校各2篇、新疆医科大学等19所高校各1篇。

又以"中国俄罗斯族"为检索词重新检索,检出学位论文29篇,其中硕士论文19篇、博士论文10篇。这10篇博士论文中,实际上仅有6篇以中国俄罗斯族为主要研究对象或与之相关,分别是:阎春霞的《用测序分型技术研究中国北方8个民族HLA-A,B,DRB1基因多态性及单体型》,韩彦东的《基于可持续发展的人口较少民族地区扶贫开发政策研究》,时春丽的《俄罗斯族民族认同研究——以室韦俄罗斯族民族乡为例》,白萍的《内蒙古额尔古纳俄罗斯语研究》,刘柏清的《马克思文化理论视阈下的黑龙江地域文化转型问题研究》,李启华的《马克思主义视阈下中国俄罗斯族民族发展问题研究——以中国额尔古纳俄罗斯族为例》。

### 4.3 参考咨询联盟

以"俄罗斯族"为检索词、"全部字段"为检索入口，通过"精确"方式检索"参考咨询联盟"的学位论文，截至2020年8月2日，共检出学位论文386篇。论文数量居前3位的学位授予单位是中央民族大学（44篇）、延边大学（36篇）、新疆大学、新疆师范大学（各15篇）。

又以"俄罗斯族"为检索词、"标题"为检索入口，通过"精确"方式检索，共检出学位论文28篇，其中硕士论文26篇、博士论文2篇。检出论文中，中央民族大学作为学位授予单位的数量最多，有6篇，其中硕士论文5篇：时春丽的《俄罗斯族生产与生活方式的变迁 —— 以临江屯为例》，于春江的《中国俄罗斯族民族过程研究：以内蒙古额尔古纳市室韦俄罗斯民族乡为个案研究》，张英姿的《额尔古纳市俄罗斯族村落语言现状调查分析：以临江屯语言调查材料为例》，马克思的《中俄当代萨满教发展的比较研究：以中国内蒙古布里亚特蒙古族和俄罗斯的布里亚特人为例》，侯儒的《俄罗斯埃文基人萨满教研究：兼与中国鄂温克族萨满教比较》。另一篇博士论文为时春丽的《俄罗斯族民族认同研究 —— 以室韦俄罗斯族民族乡为例》，该文在CALIS中也已检出。

### 4.4 中国知网

以"俄罗斯族"为检索词、"主题"为检索入口，按"精确"方式检索"知网学位论文库"，截至2020年8月2日，共检出学位论文125篇，其中硕士论文104篇、博士论文21篇。又以"俄罗斯族"为检索词、"题名"为检索入口进行检索，检出学位论文18篇，其中硕士论文17篇、博士论文1篇。检出的博士论文即时春丽的《俄罗斯族民族认同研究 —— 以室韦俄罗斯族民族乡为例》，被引6次。检出的17篇硕士论文中有13篇被引用过，其中被引次数居前3位的是：时春丽的《俄罗斯族生产与生活方式的变迁 —— 以临江屯为例》被引10次，于春江的《中国俄罗斯族民族过程研究 —— 以内蒙古额尔古纳市室韦俄罗斯民族乡为个案研究》被引8次，银杰的《论人口较少民族传统文化的保护与发展 —— 以俄罗斯族为例》、张丽红的《内蒙古额尔古纳市恩和屯俄罗斯族衣食住行变迁的研究》被引6次。

调研曾以"俄罗斯族"为检索词、"标题"为检索入口，检索"国图博士论文库",截至2020年8月2日,未检出相关学位论文。

### 5.会议论文

#### 5.1 NSTL

以"俄罗斯族"为检索词检索"NSTL会议论文数据库",截至2020年8月2日,共检出会议论文6篇,收录于6种会议录中,全部为印本资源,其中汉文文献4篇、英文文献2篇。检出的论文中,题名含"俄罗斯族"的仅有2篇:一篇是葛丰交的《俄罗斯族经济社会发展现状、问题及对策研究》,另一篇是李韦、贾晓浒的《论呼伦贝尔俄罗斯族民居木刻楞》。

#### 5.2 参考咨询联盟

以"俄罗斯族"为检索词、"全部字段"为检索入口,检索"参考咨询联盟"中的会议论文,截至2020年8月2日,共检出论文82篇。又以"俄罗斯族"为检索词、"标题"为检索入口,检出论文4篇。除已在NSTL中检出的两篇外,新检出2篇:一篇是唐戈的《具有俄罗斯血统的汉族集体将民族成分更改为俄罗斯族的理由》,另一篇是白萍的《语言接触与新疆俄罗斯族母语语序的变异》。

#### 5.3 中国知网

以"俄罗斯族"为检索词、"主题"为检索入口,检索"知网会议论文库",截至2020年8月2日,共检出会议论文15篇。这些论文的总参考数是54、总被引数是2、总下载数是2699,篇均参考数是3.6、篇均被引数是0.13、篇均下载数是179.93、下载被引比为1349.5。[①] 又以"俄罗斯族"为检索词、"篇名"为检索入口进行检索,检出会议论文2篇,即在"参考咨询联盟"中新检出的2篇论文。

---

① 计量可视化分析 — 已选文献 — 中国知网[EB/OL].[2020-08-02].https:∥kns.cnki.net/KVisual/ArticleAnalysis/index?t=1596970205608。

### 6.报纸文献

以"俄罗斯族"为检索词检索"中华数字书苑"报纸新闻,截至2020年8月9日,共检出新闻209条,其中标题含"俄罗斯族"的新闻2条。检出的209条新闻出自87种报纸,其中报道数量居前3位的报纸是《内蒙古日报》22条、《人民日报》《中国民族报》各9条。新闻内容涉及文化、旅游、民族团结进步等方面。

以"俄罗斯族"为检索词、"主题"为检索入口,检索"知网报纸全文数据库",截至2020年8月9日,共检出俄罗斯族相关文献121篇,其中学术性文献24篇。刊发学术性文献数量最多的报纸是《中国民族报》,有11篇,另有《中国社会科学报》等13种报纸各1篇。24篇学术性文献的总参考数是0、总被引数是17、总下载数是2522,篇均参考数是0、篇均被引数是0.71、篇均下载数是105.08、下载被引比为148.35。① 检出文献中,标题含"俄罗斯族"的仅有1篇,即范丽君的《〈内蒙古俄罗斯族〉告诉我们什么?》,主要是对张晓兵主编的《内蒙古俄罗斯族》进行评介。②

## 第五节 保安族文献信息资源建设

保安族人民在长期的社会生活中,不仅创造了丰富的物质文明,还创造了灿烂的文化艺术。甘肃省临夏回族自治州积石山保安族东乡族撒拉族自治县是中国唯一的保安族自治县。保安语属阿尔泰语系蒙古语族,和土族、东乡族的语言比较接近;现通用汉文。③

---

① 计量可视化分析—已选文献—中国知网[EB/OL].[2020-08-09].https://kns.cnki.net/KVisual/ArticleAnalysis/index?t=1596978995409
② 范丽君.《内蒙古俄罗斯族》告诉我们什么?[N].中国民族报,2017-01-20(007).
③《中国少数民族》修订编辑委员会.中国少数民族[M].北京:民族出版社,2009:200.

## 1.古籍

存世的保安族古籍文献资料相对匮乏，口传古籍较为丰富。《中国少数民族古籍总目提要·保安族卷》收录保安族古籍条目191条，其中铭刻类7条、文书类61条、讲唱类123条。铭刻类收《王延仪记功碑》《革除关隘弊窦碑记》《革除关弊告示碑文》《重修禹王庙记》《积石关禁伐林木告示碑》《积石锁钥》《崔家峡碑》。文书类又分4小类，收文书类29条、文史类21条、历史人物类7条、古诗类4条。讲唱类收人物故事14首、神话传说14首、花儿69首、叙事曲4首、宴席曲6首、打调12首、儿歌4首。①

此外，保安族古籍整理研究方面的成果还有《保安族文化形态与古籍文存》，分上、下两篇，上篇为"保安族文化形态"，下篇为"保安族古籍文存"。其中，下篇又分保安族古籍概述、保安族口碑古籍、保安族文物遗存、保安族文献等4章，详细介绍和收录了保安族各类古籍。②

## 2.图书

保安族图书调查以检索国家图书馆、民族图书馆、社科院图书馆、CALIS、甘肃省图书馆等5家单位藏书目录的方式进行。检索以"保安族"为检索词，分别按题名、主题两种方式检索。核减各单位藏书目录中的少量重复或错误记录后，截至2020年8月3日，各单位收藏保安族相关图书情况如下：按题名检索，国家图书馆62种、民族图书馆29种、社科院图书馆42种、CALIS 51种、甘肃省图书馆68种；按主题检索，国家图书馆56种、民族图书馆23种、社科院图书馆38种、CALIS 40种、甘肃省图书馆52种。CALIS系统中，创作保安族相关图书数量较多的作者是：马少青7册，董克义5册，李松茂、菅志翔各2册。

上述5家单位共藏题名含"保安族"的图书86种，被同时收藏的有

---

① 国家民族事务委员会全国少数民族古籍整理研究室.中国少数民族古籍总目提要·东乡族卷、裕固族卷、保安族卷[M].北京：中国大百科全书出版社，2006：217-226.

② 马少青.保安族文化形态与古籍文存[M].兰州：甘肃人民出版社，2001.

13种。其中，保安族社会历史调查方面的有：中国科学院民族研究所、甘肃少数民族社会历史调查组1963年编写的《保安族调查资料汇集》，甘肃民族出版社1987年8月出版的《裕固族东乡族保安族社会历史调查》及由民族出版社2009年5月出版的修订本，中央民族大学出版社2006年出版的《回族、东乡族、撒拉族、保安族民族关系研究》，民族出版社2008年出版的《积石山保安族东乡族撒拉族自治县概况》（修订版）。其他同时收藏的还有：甘肃人民出版社1984年8月出版的《保安族简史》及民族出版社2009年5月出版的修订本，民族出版社1989年出版的《保安族》，民族出版社2006年出版的《族群归属的自我认同与社会定义：关于保安族的一项专题研究》及社会科学文献出版社2017年6月出版的再版本，民族出版社2007年出版的《东乡族保安族女性/性别研究》，甘肃人民出版社2010年出版的《保安族文化概要》，甘肃文化出版社2015年出版的《临夏保安族史话》。

### 3.期刊论文

#### 3.1 NSSD

以"保安族"为检索关键字，检索NSSD 1920—2020年的论文，截至2020年8月3日，共检出论文98篇，其中题名含"保安族"的论文65篇。论文数量居前3位的研究领域是经济管理、社会学各34篇并居首位，其后是历史地理22篇。从作者的工作单位上看，发文数量居前3位的是西北民族大学、西北师范大学各11篇并居首位，其后是兰州大学8篇。系统中发表保安族相关论文数量最多的学者是菅志翔，有4篇，张利洁、张智勇、勉卫忠各2篇并居第二。刊发保安族相关论文数量居前的期刊是《西北民族研究》8篇、《西北民族大学学报：哲学社会科学版》7篇、《档案》6篇。又分别以"文献""史料""图书"为检索词，以"题名"为检索入口，在上述检索结果中检出论文1篇，即张善鑫的《保安族教育研究现状与展望——基于1978—2011年文献的分析》。

#### 3.2 中国知网

以"保安族"为检索词、"主题"为检索入口，按"精确"方式检索知网学术期刊库，截至2020年8月3日，共检出论文377篇。又以"保安族"为检索词、"篇名"为检索入口，按"精确"方式检索，共检出论文160篇。保安族相关期刊论文的被引率较高，160篇论文中有123篇被引用过，有20篇论文的被引次数达到或超过10次。其中，杨东亚等的《甘肃保安族体质特征研究》被引73次居首。被引次数居第二至五位的论文均由菅志翔所作，其中《宗教信仰与族群边界——以保安族为例》被引54次、《民族优惠政策与民族意识——以保安族为例》被引29次、《仪式和庆典中的族群身份表达——以保安族为例》被引28次、《国家构建中的族群身份转换——以保安族为例》27次。再以"文献"为检索词、"篇名"为检索入口，在检出的160篇论文中进行二次检索，共检出论文1篇，即在NSSD检出的《保安族教育研究现状与展望——基于1978—2011年文献的分析》。

### 3.3 复印报刊资料

以"保安族"为检索词、"主题词"为检索入口，检索复印报刊资料全文数据库，截至2020年8月3日，共检出1995—2020年的论文5篇。其中，《清末嘉木样四世的内蒙古弘法之旅》的作者扎扎为保安族，该文的研究内容与保安族并无关系。其他4篇文章是：《复印报刊资料：民族研究》1995年10期收马亚萍的《对保安族妇女经济参与和教育的调查》；《复印报刊资料：宗教》2000年05期收陈国光的《东乡族撒拉族保安族宗教信仰述略》；《复印报刊资料：民族问题研究》2008年07期收李育红的《东乡族、保安族女性与民族发展》，2014年10期收菅志翔的《中国保安族的群体地位和个体流动》。

## 4.学位论文

### 4.1 CALIS

以"保安族"为检索词检索CALIS学位论文系统，截至2020年8月4日，共检出学位论文55篇，其中硕士论文48篇、博士论文7篇，全部为汉文文献。系统中论文数量居前3位的年度是：2011年12篇，2009年9篇，2007年7篇。

博士论文中，仅有兰州大学李志强的《中国东乡族、保安族、裕固族口腔疾病流行病学研究》题名含"保安族"。《线粒体 DNA HVSI 序列多态性及其法医学应用的研究》指出：西北地区的东乡族、裕固族、保安族和土族遗传距离较近，东乡族、保安族、土族、撒拉族在历史上与周边民族发生了密切的基因交流。[①] 其他还有如西安交通大学陈腾的《甘肃青海地区5个少数民族群体遗传结构及变化规律研究》，兰州大学贾毅的《临夏回族自治州民族关系研究》、张广才的《大河家镇周家村家庭经济调查研究》，中国人民大学韩彦东的《基于可持续发展的人口较少民族地区扶贫开发政策研究》。

### 4.2 NSTL

以"保安族"为检索词检索"NSTL学位论文数据库"，截至2020年8月4日，共检出学位论文67篇，其中硕士论文55篇、博士论文12篇，全部为汉文印本资源，均收藏在中国科学技术信息研究所。学位授予单位来自20所高校，其中西北师范大学20篇数量最多，兰州大学18篇居其次，中央民族大学9篇排第三。

对比在CALIS中的检索结果，新检出的保安族相关博士论文有：兰州大学孔庆龙的《农民行动逻辑视阈下保安族村庄之命运——以G村为例》、杨亚军的《甘肃特有少数民族Y染色体遗传多态性研究及民族渊源关系分析》、施援平的《选择与适应——甘青特有少数民族过程的人类学比较》、常洁琨的《甘肃少数民族非物质文化遗产的分类保护研究》，以及西北师范大学魏梓秋的《元明清时期甘宁青地区民族格局的形成与变迁研究》。另外两篇是《历史记忆与族群重构研究——以"唐汪人"为例》《转型时期撒拉族社会研究》，与保安族关系不大。

### 4.3 参考咨询联盟

以"保安族"为检索词、"全部字段"为检索入口，通过"精确"方式检索"参考咨询联盟"中的学位论文，截至2020年8月4日，共检出140篇，其中硕士论文125篇、博士论文15篇。论文数量居前3位的学位

---

① 刘新社.线粒体 DNA HVSI 序列多态性及其法医学应用的研究[D].西安：西安交通大学，2003.

授予单位是兰州大学（44篇）、西北师范大学（31篇）、中央民族大学（15篇）。又以"保安族"为检索词、"标题"为检索入口，通过"精确"方式检索，共检出62篇，其中硕士论文59篇、博士论文3篇。论文数量居前3位的学位授予单位是兰州大学（26篇）、西北师范大学（9篇）、中央民族大学（7篇）。根据"标题"方式的检索结果，最新的保安族相关学位论文是2019年的两篇硕士论文，分别是山东大学何艳艳的《保安族村落媒介使用行为的民族志研究》、西北民族大学魏霄茹的《保安族农村留守老人社会支持研究——以积石山县甘河滩村为例》。

### 4.4 中国知网

以"保安族"为检索词、"主题"为检索入口，按"精确"方式检索"知网学位论文库"，截至2020年8月4日，共检出学位论文124篇，其中硕士论文101篇、博士论文23篇。又以"保安族"为检索词、"题名"为检索入口进行检索，检出学位论文45篇，其中硕士论文42篇、博士论文3篇。45篇学位论文的总参考数是2724、总被引数是146、总下载数是14583，篇均参考数是60.53、篇均被引数是3.24、篇均下载数是324.07、下载被引比为99.88。[①] 被引次数超过10次的论文有3篇，均为硕士论文：《保安族生计方式变迁研究》被引14次居首，《文化传播与人口较少民族生活方式变迁——基于保安族四个村落的调查》被引11次排第二，《生态人类学视野下保安族社会文化的变迁》被引13次列第三。

调研曾以"保安族"为检索词、"标题"为检索入口，检索"国图博士论文库"，截至2020年8月4日，未检出相关学位论文。

## 5.会议论文

### 5.1 NSTL

以"保安族"为检索词检索"NSTL会议论文数据库"，截至2020年8月5日，共检出会议论文15篇，全部为汉文印本资源，收录于15种会

---

① 计量可视化分析—已选文献—中国知网[EB/OL].[2020-08-04].https://kns.cnki.net/KVisual/ArticleAnalysis/index?t=1597068513906。

议录中。其中，题名含"保安族"的论文有9篇：满珂等的《保安族女童教育现状及对策研究》，宋嘉欣的《保安族聚落的景观构成与空间特征分析》，赵爱莲的《保安族人民生活中的媒介事件与媒介角色》，郑海晨等的《保安族传统建筑聚落营建策略解析》，杨小帆、裴元庆、史兵的《环境变迁与体育文化选择——保安族体育文化考察》，连菊霞的《民国年间活跃于丝绸之路上的保安族商人》，王玉等的《综合营养干预对裕固族、东乡族、保安族3—6岁VC、锌缺乏儿童膳食结构及脂质过氧化的影响》，范彦娜等的《裕固族、保安族、东乡族3—14岁儿童血钙、镁、铁、铜、锌含量分析》，刘兴全等的《西部人口较少民族的教育发展问题研究——以甘肃积石山保安族东乡族撒拉族自治县为例》。另外6篇论文是：马光辉等的《甘肃省少数民族自治地区的生物多样性状况综述》，任永红等的《民族地区图书馆地方文献建设与开发利用》，常志军等的《少数民族地区图书馆事业发展现状》，王晓芳等的《甘肃特有少数民族文化和文献遗产的数字化保护思考》，牟临生的《关于临夏回族自治州文化设施建设——新建临夏回族自治州图书馆项目的探析》，林尚斌的《甘肃民族文物事业发展的机遇与挑战》。

**5.2 参考咨询联盟**

以"保安族"为检索词、"全部字段"为检索入口，检索"参考咨询联盟"中的会议论文，截至2020年8月5日，检出论文54篇。又以"保安族"为检索词、"标题"为检索入口，检出论文22篇。对比在NSTL的检索结果，新检出标题含"保安族"的论文14篇：赵鸣九等的《6—9岁汉族、东乡族、保安族儿童语义理解的比较研究》，石秀娥等的《甘肃积石山县保安族与汉族人群MTNR1B基因rs10830963位点多态性与2型糖尿病关联性分析》，容浩的《欠发达地区初中体育课程内容资源开发与课程设计——以积石山保安族东乡族撒拉族自治县为例》，刘新华等的《关于西部农村保安族居民生活健康状况的调查与思考》，白静雅等的《保安族成人体成分研究》，丁石庆等的《保安族母语场域分析：以甘肃县积石山县大墩村保安族语言调查材料为例》，张印红等的《裕固族、保安族和东乡族3—13岁儿童体格现况与6年对比分析》，王玉的《裕固族、东乡族、保安族0—6岁儿童锌、维生素A、$B_2$、C缺乏病调查及综合营养干预研究》，张格祥等的《裕固族、东乡族、保安族409例3—6岁儿童血细胞矿物元素水平分析》，尹德生的《传承与文明的再现——东乡族、保安族、裕固族服饰文化浅探》，郑海晨等的《积石山地区保安族乡土聚落的空间形态与营造研究》，张格祥等的《综合营养干预对裕固族、东乡族、保安族3—6岁儿童机体SOD水平的影响研究》，张印红等的《综合营养干预对裕固、东乡、保安族3—6岁儿童头发中矿物元素水平影响研究》，史兵、裴元庆的《环境适应与体育文化选择——保安族体育文化考察》。需要说明的是：杨小帆、裴元庆、史兵的《环境变迁与体育文化选择——保安族体育文化考察》为2010年民族体育学术大会的会议论文，史兵、裴元庆的同题目论文是2011第九届全国体育科学大会的会议论文。

#### 5.3 中国知网

以"保安族"为检索词、"主题"为检索入口，检索"知网会议论文库"，截至2020年8月5日，核减2条重复记录后，实际检出会议论文25篇。这些论文的总参考数是42、总被引数是3、总下载数是1381，篇均参考数是1.68、篇均被引数是0.12、篇均下载数是55.24、下载被引比为460.33。[①] 又以"保安族"为检索词、"篇名"为检索入口进行检索，检出会议论文16篇，核减1条重复记录后，实际检出15篇。其中，郑海晨等的《保安族传统建筑聚落营建策略解析》、史兵等的《环境适应与体育文化选择——保安族体育文化考察》、赵鸣九等的《6—9岁汉族、东乡族、保安族儿童语义理解的比较研究》等3篇论文各被引1次，其他12篇论文未被引用过。对比在NSTL和"参考咨询联盟"的检索结果，未新检出标题含"保安族"的论文。

### 6.报纸文献

以"保安族"为检索词检索"中华数字书苑"报纸新闻，截至2020

---

[①] 计量可视化分析—已选文献—中国知网[EB/OL].[2020-08-05].https：//kns.cnki.net/KVisual/ArticleAnalysis/index?t=1597503862046。

年8月16日，共检出新闻314条，其中标题含"保安族"的新闻4条。检出的314条新闻出自75种报纸，其中数量居前3位的报纸是临夏回族自治州《民族日报》71条、《甘肃日报》39条、《中国民族报》20条。新闻内容涉及保安族历史、文化、旅游、非物质文化遗产传承保护、扶贫、民族团结进步等方面。根据检索结果，整理出4条信息：（1）2019年1月13—14日，中共中央政治局常委、全国政协主席汪洋到甘肃省临夏回族自治州积石山保安族东乡族撒拉族自治县刘集乡肖家村、柳沟乡阳山村调研扶贫工作。此前，2013年和2015年，汪洋曾两次带队到积石山自治县调研。① （2）2019年9月18日，甘肃省第八次民族团结进步表彰大会召开，授予92个集体"甘肃省民族团结进步模范集体"称号，授予195名"甘肃省民族团结进步模范个人"称号。②（3）甘肃省临夏回族自治州马小梅（东乡族）、马小丽（保安族）为中华人民共和国第十一届少数民族传统体育运动会火炬手。③（4）马绍涵（女，保安族）为中国少年先锋队第八次全国代表大会代表。④ 此外，还发现两篇资料性很强的文章：一篇是马虎成在《甘肃日报》2019年9月10日第4版发表的《民族团结铸辉煌　同心共圆中国梦》。该文主要总结了中国改革开放以来，特别中共十八大以来，甘肃省民族团结进步事业取得的显著成就。另一篇是临夏回族自治州《民族日报》2019年11月19日第4版刊发的《1956年11月19日——临夏回族自治州成立》。该文记述：1956年11月19日，国务院批准成立甘肃省临夏回族自治州，撤销原甘肃省临夏专区，并改广通回族自治县为广通县。对原东乡族自治县和临夏县大河家回族、保安族、撒拉族、土族联合自治区以及东乡族、保安族聚居的民族乡均予以保留。

以"保安族"为检索词、"主题"为检索入口，检索"知网报纸全文数据库"，截至2020年8月16日，共检出保安族相关文献115篇，其中学术性文献13篇。从学术性文献的分布来看，临夏回族自治州《民族日报》

---

① 姜潇.坚决攻克深度贫困的堡垒[N].人民日报，2019-01-15（1、4）.
② 甘肃省民族团结进步模范集体和模范个人光荣榜[N].甘肃日报，2019-09-21（7）.
③ 马瑞鹏.我州两名少数民族代表担任第十一届民运会火炬手[N].临夏民族日报，2019-09-09（2）.
④ 中国少年先锋队第八次全国代表大会代表名单[N].中国青年报，2020-07-27（T04）.

报道4篇，数量最多，其他9篇分别刊发在9种报纸上。又以"保安族"为检索词、"题名"为检索入口进行检索，共检出相关文献31篇，其中学术性文献3篇：一是高凯在《中国文化报》2012年12月17日第5版发表的《腰刀和花儿的代言人——记保安族民俗文化学者马少青》，二是马世仁在临夏回族自治州《民族日报》2016年3月7日第2版发表的《沉淀在隆务河畔的保安族文化遗存》，三是临夏回族自治州《民族日报》2012年8月2日第1版发布的《甘肃省积石山保安族东乡族撒拉族自治县自治条例（修订）》。

## 第六节　塔吉克族文献信息资源建设

中国的塔吉克族历史悠久。新疆维吾尔自治区喀什地区塔什库尔干塔吉克自治县是中国唯一的塔吉克族自治县。塔吉克语属印欧语系伊朗语族东伊朗语支，中国的塔吉克语分为色勒库尔方言和瓦罕方言。[1] 许多塔吉克人兼通维吾尔语和柯尔克孜语，普遍使用维吾尔语言文字。[2]

### 1. 古籍

塔吉克族创造了灿烂的文化，留下了许多珍贵的典籍，口传古籍更是丰富多彩。《中国少数民族古籍总目提要·塔吉克族卷》首次比较完整地展现了塔吉克族古籍的全貌和现状，共收录新疆维吾尔自治区塔吉克族古籍条目1625条，其中书籍类52条、讲唱类1573条。讲唱类条目分为十部分，包括叙事长诗12条、神话39条、传说48条、故事49条、寓言14条、柔巴依（哲理诗）265条、歌谣69条、戏剧4条、谚语975条、格言98条。

---

[1] 国家民族事务委员会全国少数民族古籍整理研究室.中国少数民族古籍总目提要·塔吉克族卷[M].北京：中国大百科全书出版社，2011.

[2] 《中国少数民族》修订编辑委员会.中国少数民族[M].北京：民族出版社，2009：280-281.

其他塔吉克族古籍整理研究方面的成果还有西仁·库尔班等编的《中国塔吉克史料汇编》。

## 2.图书

塔吉克族图书调查以检索国家图书馆、民族图书馆、社科院图书馆、CALIS、新疆大学图书馆等5家单位藏书目录的方式进行。为最大限度地保证调查的查全率，检索先以"塔吉克族"为检索词，按主题方式检索，核减各单位藏书目录中的少量重复或错误记录后，截至2020年8月6日，各单位收藏塔吉克族相关图书情况如下：国家图书馆63种、民族图书馆31种、社科院图书馆28种、CALIS 35种、新疆大学图书馆11种。又以"塔吉克"为检索词，按题名方式检索，核减各单位藏书目录中的少量重复或错误记录后，截至2020年8月6日，各单位收藏塔吉克族相关图书情况如下：国家图书馆74种、民族图书馆43种、社科院图书馆19种、CALIS 96种、新疆大学图书馆24种。CALIS系统中，创作塔吉克族相关图书数量较多的作者是：西仁库尔班8册，樟林4册，刘启芸、吕静涛、吴靖、张新泰、肖之兴各3册。

上述5家单位共藏题名含"塔吉克"的图书143种，被同时收藏且以中国人口较少民族塔吉克族相关的仅有《塔吉克汉词典》，记录了现代中国塔吉克语常用词汇，收入词目1万余条。[①] 调查还发现，国家图书馆、社科院图书馆、CALIS同时收藏了新疆人民出版社2009年出版的《塔什库尔干塔吉克自治县志》。

## 3.期刊论文

### 3.1 NSSD

以"塔吉克族"为检索关键字，检索NSSD 1920—2020年的论文，截至2020年8月7日，共检出论文114篇。论文数量居前3位的研究领域

---

① 高尔锵.塔吉克汉词典[M].成都：四川民族出版社，1996.

是文化科学24篇、历史地理23篇、经济管理21篇。从作者的工作单位上看，发文数量居前3位的是新疆师范大学19篇，中央民族大学8篇，新疆大学7篇。发表塔吉克族相关论文数量居前的学者是：刘明6篇为最多，庞辉3篇居第二，黄华均、武杰、杨俊敏、于杰、喻名可、周珊、白振声、木克代斯·哈斯木、孙成林等各2篇并列第三，其他学者均为1篇。刊发塔吉克族相关论文数量居前3位的期刊是《新疆社会科学》8篇、《西北民族研究》6篇、《新疆社科论坛》5篇。

又以"塔吉克"为检索词、"题名"为检索入口，在上述检索结果中进行二次检索，检出论文16篇：李梦颖的《帕米尔之巅的生命记忆——浅析塔吉克鹰舞的文化意蕴》，杨群等的《塔吉克语的使用与保护——来自新疆塔什库尔干塔吉克自治县的调查》，冉弋的《塔吉克舞蹈动律成因初探》，杨海龙等的《中国塔吉克语亲属称谓初探》，巴吐尔·巴拉提等的《帕米尔高原的生命智慧——塔吉克鹰舞文化阐释》，刘明、木克代斯·哈斯木的《婚俗视域下塔吉克女性社会角色的人类学考察》，刘明、米扬的《帕米尔高原塔吉克民歌传承与保护研究》，肖南兵的《库尔干塔吉克自治县人力资源开发的对策》，刘明的《新疆社会转型中塔吉克女性社会化程度研究》，高志海的《〈塔吉克风情录〉一书引发著作权纠纷》，西仁·库尔班的《中国塔吉克与伊斯玛仪派》《塔吉克人的鹰崇拜》，西仁·库尔班、李永胜的《塔吉克民族的原始宗教信仰》，姬歆民的《抗击沙俄侵略者的塔吉克雄鹰库尔察克》，刘再生的《凝炼精绝小中见大——评柳琴独奏曲〈塔吉克舞曲〉》，高尔锵的《塔吉克语概况》。

### 3.2 中国知网

以"塔吉克族"为检索词、"主题"为检索入口，按"精确"方式检索知网学术期刊库，截至2020年8月7日，共检出论文431篇，其中2020年已有8篇。又以"塔吉克"为检索词、"篇名"为检索入口，在上述检索结果中检索，共检出论文52篇，其中被引用过的有34篇。

再以"塔吉克族"为检索词、"篇名"为检索入口重新检索，共检出论文205篇，其中有131篇被引用过。被引次数居前3位的是：邵兴周等4人的《新疆塔什尔干塔吉克族体质特征调查》被引61次居首，周菁葆的《塔吉克族音乐舞蹈》被引28次居其次，夏中汤的《论塔吉克族音乐的基本特征》被引26次排第三。检出论文中，古丽佳罕·胡西地力的《新疆塔吉克族古籍简述》介绍了塔吉克族的部分书籍类古籍和讲唱类古籍作品。其另一篇《关于塔吉克族古籍的搜集整理及编目》则进一步介绍了塔吉克族古籍的搜集整理和《中国少数民族古籍总目提要·塔吉克族卷》的编纂工作，重点介绍了《中国少数民族古籍总目提要·塔吉克族卷》中收录的代表性古籍。

### 3.3 复印报刊资料

以"塔吉克族"为检索词、"主题词"为检索入口，检索复印报刊资料全文数据库，截至2020年8月7日，共检出1995—2020年的论文13篇。《复印报刊资料：民族研究》1996年05期收石永强等的《塔吉克族的风俗》；《复印报刊资料：语言文字学》2000年10期收安潘明的《喀什地区塔吉克人双语现象研究》；《复印报刊资料：民族问题研究》2007年02期收金炳镐等的《塔吉克族意识结构及其决定因素分析》，2009年12期收刘明的《新疆社会转型中塔吉克女性社会化程度研究》；《复印报刊资料：语言文字学》2015年12期收杨海龙等的《中国维吾尔语、塔吉克语亲属称谓对比研究》，该文指出居住在相近地域的两个民族在生产方式和生活模式上，存在或多或少的相似甚至相同。[1]《复印报刊资料：国际政治》收录的5篇文章和《复印报刊资料：中国外交》收录的3篇文章，主要讨论塔吉克斯坦共和国相关内容。

## 4.学位论文

### 4.1 CALIS

以"塔吉克"为检索词检索CALIS学位论文系统，截至2020年8月8日，共检出学位论文55篇，其中硕士论文44篇、博士论文11篇，全部为汉文文献。检出的论文完成于2000—2013年间，以2000年的4篇为最早，2013年的1篇为最新，2010年、2012年各9篇为最多。检出论文中，

---

[1] 杨海龙，郭利.中国维吾尔语、塔吉克语亲属称谓对比研究[J].语言与翻译，2015（03）：25-29.

题名含"塔吉克"的有12篇,全部为硕士论文。其中,新疆师范大学为学位授予单位的有4篇:2008年孙刚的《新疆塔吉克族传统体育文化研究》,2009年于杰的《新疆塔吉克族传统体育的传承研究》、朱蔡尚的《新疆塔什库尔干自治县塔吉克族民歌的实地考察与研究》、李卫民的《新疆塔吉克族7—18岁青少年体质健康研究》;新疆大学为学位授予单位的有4篇:2006年祖鲁比亚·吾斯曼的《文化融合与传承——孜热甫夏提塔吉克民族乡塔吉克民俗及其变迁》,2011年木克代斯·哈斯木的《从婚姻习俗透析塔吉克族女性的家庭社会地位》、阿依努尔古力·卡得尔的《塔吉克族麻扎文化研究》,2012年尤丹的《新疆塔吉克族旅游文化研究》;中央民族大学为学位授予单位的有2篇:2011年刘涛的《塔吉克族婚俗仪式音乐研究》、热米娜·穆合塔尔的《塔吉克族肖公巴哈尔节的变迁研究》;北京体育大学为学位授予单位的有1篇,即2002年杨俊敏的《新疆蒙古族、锡伯族和塔吉克族成年人体质与健康的研究》;北京大学为学位授予单位的有1篇,即2003年伍杨洋的《喀什坳陷和塔吉克盆地新生代构造样式和地质演化对比研究——帕米尔山前变形机制探讨》。

### 4.2 NSTL

以"塔吉克"为检索词检索"NSTL学位论文数据库",截至2020年8月8日,共检出学位论文110篇,其中硕士论文93篇、博士论文17篇,全部为汉文印本资源,100篇收藏在中国科学技术信息研究所、10篇收藏在中国科学院文献情报中心。学位授予单位来自38所高校及科研单位,其中新疆师范大学38篇居首,中国科学院大学10篇居其次,中央民族大学7篇排第三。检索结果中最新的论文是2018年的2篇硕士论文和1篇博士论文。两篇硕士论文分别是华中师范大学刘天伦的《石夫新疆风格作品〈塔吉克鼓舞〉的音乐特色与演奏探析》和宁夏大学井星的《中国小号作品〈帕米尔的春天〉的音乐与演奏技法分析》;博士论文是中国科学院大学Davlatov Abdulaziz的《塔吉克斯坦粉蝶(昆虫纲:鳞翅目:粉蝶科)系统学和多样性研究》。

### 4.3 参考咨询联盟

以"塔吉克"为检索词、"全部字段"为检索入口,通过"精确"方式检索"参考咨询联盟"的学位论文,截至2020年8月8日,共检出学位论文656篇。论文数量居前3位的学位授予单位是新疆师范大学（110篇）、新疆大学（56篇）、兰州大学（31篇）。又以"塔吉克"为检索词、"标题"为检索入口，通过"精确"方式检索，共检出学位论文196篇，其中硕士论文191篇、博士论文5篇。论文数量居前3位的学位授予单位是新疆师范大学（66篇）、新疆大学（21篇）、新疆农业大学（11篇）。标题含"塔吉克"的5篇博士论文中，仅有郝文亭的《塔吉克族中小学生体质的调查与研究》以中国的塔吉克族为主要研究对象。

### 4.4 中国知网

以"塔吉克"为检索词、"题名"为检索入口，按"精确"方式检索"知网学位论文库"，截至2020年8月8日，共检出学位论文131篇，其中硕士论文128篇、博士论文3篇。2020年的5篇学位论文均为硕士论文，其中2篇以中国的塔吉克族为主要研究对象：一篇是上海师范大学王华的《〈花儿为什么这样红〉塔吉克民歌素材分析与演唱版本比较》，另一篇是河北师范大学杨冬莉的《新疆歌曲中的三种不同风格——维吾尔、哈萨克、塔吉克》。另外3篇文章的研究内容以研究塔吉克斯坦为主。

又以"塔吉克族"为检索词、"题名"为检索入口，按"精确"方式重新检索，检出论文32篇，其中硕士论文31篇、博士论文1篇。检出的博士论文即在"参考咨询联盟"已检出的《塔吉克族中小学生体质的调查与研究》。检出的论文中，被引次数居前3位的是：刘涛的《塔吉克族婚俗仪式音乐研究》被引17次，孙刚的《新疆塔吉克族传统体育文化研究》被引15次，周炜佳的《地域性油画创作中对少数民族人物形象特征的分析研究——以塔吉克族人物形象为例》被引11次。

调研曾以"塔吉克"为检索词、"标题"为检索入口，检索"国图博士论文库"，截至2020年8月8日，未检出相关学位论文。

## 5.会议论文

### 5.1 NSTL

以"塔吉克族"为检索词检索"NSTL会议论文数据库"，截至2020年8月9日，共检出会议论文11篇，全部为汉文印本资源，均收藏在中国科学技术信息研究所。具体如下：2002年碧碧娜·奥鲁孜巴耶娃的《20世纪的吉尔吉斯妇女与科学》；2004年阿依加玛丽·阿里甫的《塔吉克族女性的服饰艺术以及对服饰的色彩观》；2010年韩育民的《整合新疆少数民族音乐资源开发创新地区高校音乐教材》；2013年杨海龙等的《中国塔吉克族母语研究综述》，刘明等的《"非遗"背景下帕米尔高原塔吉克民歌的传承与保护》；2014年刘芳的《关于举办"古丝绸之路十省区文物精品联展"的构想》，卢芳芳的《卢芳芳：少数民族非物质文化遗产保护现状观察——以塔吉克民间音乐传承为例》，王天津的《"中巴经济走廊"和"中塔自由贸易区"建设刍议——塔什库尔干塔吉克自治县发展的新历史机遇与面临的挑战》；2015年彭立群的《我国马球运动文化遗产的历史与发展探讨》，郭维喜等的《用心灌溉民族团结融合之花——广东工业大学土木与交通工程学院民族生教育管理案例》；2016年王策等的《边远山区少数民族村落旅游扶贫对策——以新疆塔什库尔干县托格伦夏村旅游扶贫规划为例》。

### 5.2 参考咨询联盟

以"塔吉克族"为检索词、"全部字段"为检索入口，检索"参考咨询联盟"中的会议论文，截至2020年8月9日，共检出论文37篇。又以"塔吉克"为检索词、"标题"为检索入口，在上述检索结果中检索，核减1条重复记录后，实际检出论文12篇。对比在NSTL的检索结果，新检出的会议论文有7篇：1987年王守礼的《新疆塔吉克族的宗教信仰》；2009年祁燕等的《塔吉克族中学生身体素质与田径运动员选材的相关分析》；2010年祖菲娅·吐尔地等的《塔吉克族鹰舞在新疆全民健身运动中的价值研究》；2012年彭立群等的《塔吉克族传统体育项目猎鹰的文化阐释》；2015年《民俗非遗研讨会论文集》收录的《撒面粉喝盐水：塔吉克族的有趣婚俗》；2019年徐国昌等的《塔吉克族、塔塔尔族成人关节活动度的人类学研究》，刘津池的《塔吉克族音乐文化以及塔吉克族民间歌曲的音乐特征》。

### 5.3 中国知网

以"塔吉克族"为检索词、"主题"为检索入口，检索"知网会议论文库"，截至2020年8月9日，共检出会议论文14篇。对比在NSTL和

"参考咨询联盟"的检索结果，新检出的会议论文有8篇，其中研究内容与中国塔吉克族关系较为密切的有7篇：郝文亭等的《高海拔不同经纬度学生身体形态的统计与分析》，熊尚全的《少数民族学人创新工作室快讯》，谷传华等的《大学生应对方式的民族差异》，吴宏伟的《中亚与中国跨界民族：历史和现状》，陈云华的《对当代新疆少数民族文字变革活动的回顾与思考》，崔静等的《新疆六个民族青年的体型及体质特征研究》，杨元华的《帕米尔高原上的反帝斗争》。

### 6.报纸文献

以"塔吉克"为检索词检索"中华数字书苑"报纸新闻，截至2020年8月10日，共检出新闻555条，其中标题含"塔吉克"的新闻48条，检出新闻图片7幅。检出的555条新闻出自132种报纸，其中数量居前3位的报纸是《人民日报》27条、《经济日报》《新京报》各23条。48条标题含"塔吉克"的新闻中有46条报道的是同一件事：2019年6月11日，《习近平谈治国理政》第一卷塔吉克文版首发式暨中塔治国理政研讨会在塔吉克斯坦首都杜尚别举行。① 又以"塔吉克族"为检索词重新检索，检出新闻258条，其中标题含"塔吉克族"的新闻2条。

以"塔吉克族"为检索词、"主题"为检索入口，检索"知网报纸全文数据库"，截至2020年8月10日，共检出塔吉克族相关文献144篇，其中学术性文献17篇。学术性文献中，题名含"塔吉克族"的有4篇：2013年6月14日《中国社会科学报》刊发罗雄岩的《塔吉克族"鹰舞"的丝绸之路》，6月28日《中国民族报》刊发刘明的《塔吉克族的迁徙与水文化适应》；2014年9月5日《中国社会科学报》刊发张春海的《从长时段观察揭盘陀国——访塔吉克族文史学者马达力汗·包伦》；2016年8月7日《光明日报》刊发吴思强的《塔吉克族人家》。

---

① 张晓东.《习近平谈治国理政》第一卷塔吉克文版首发式暨中塔治国理政研讨会在杜尚别举行[N]. 人民日报，2019-06-13（001）.

## 第七节　撒拉族文献信息资源建设

中国设有两个撒拉族自治县，即青海省循化撒拉族自治县和甘肃省积石山保安族东乡族撒拉族自治县。撒拉语属阿尔泰语系突厥语族西匈语支乌古斯语组，分街子、孟达两种土语。撒拉族历史上曾使用过以阿拉伯文字母为基础的撒拉文，本民族称之为"土尔克文"。①

### 1.古籍

撒拉族古籍多用汉文、阿拉伯文、波斯文等文字记载，也有土尔克文古籍传世。《中国少数民族古籍总目提要·撒拉族卷》共收录撒拉族古籍条目1805条，其中书籍类26条、铭刻类13条、文书类11条、讲唱类1755条。②

书籍类古籍中：明嘉靖二十五年（1546年）吴祯纂修、刘卓增订《河州志》，记载了历代西北地区茶马互市情况。明嘉靖二十六年（1547年）张雨撰《边政考》，记录了撒拉族的纳马情况和人口数字。清富察·傅恒、董诰等纂，门庆安等绘《皇清职贡图》，简介了撒拉族与清王朝的关系。清乾隆五十七年（1792年）龚景瀚纂修、李本源校《循化志》，记载了循化地区寺院分布、清政府对寺院的管理政策和男女人物情况。③

铭刻类古籍条目所涉碑刻大多已被毁，目前在循化遗存的石碑仅存2通，即《积石关护林碑》和《大理院水章判案碑》，分别记载清代官府

---

① 国家民族事务委员会全国少数民族古籍整理研究室.中国少数民族古籍总目提要·土族卷、撒拉族卷[M].北京：中国大百科全书出版社，2007.

② 《中国少数民族古籍总目提要·撒拉族卷》凡例中的统计数据为：共收录撒拉族古籍条目1806条，丁编讲唱类收录1756条。

③ 国家民族事务委员会全国少数民族古籍整理研究室.中国少数民族古籍总目提要·土族卷、撒拉族卷[M].北京：中国大百科全书出版社，2007：285.

保护循化地区森林资源和民国政府处理水利纠纷的事宜。① 文书类古籍中包括清代文书10件、民国文书1件。讲唱类古籍中有部分用撒拉语讲唱，《中国少数民族古籍总目提要·撒拉族卷》将其译成汉文收录，并据其特点分为歌谣66条、花儿611条、故事201条、谚语877条。

撒拉族古籍整理研究方面的成果还有《明实录清实录撒拉族史料摘抄》《青海撒拉族史料集》《撒拉族史料汇编》，以及青海民族学院民族研究所1981年3月编印的《撒拉族档案史料》《撒拉族史料辑录》等。

## 2.图书

撒拉族图书调查以检索国家图书馆、民族图书馆、社科院图书馆、CALIS、青海师范大学图书馆等5家单位藏书目录的方式进行。以"撒拉族"为检索词，按主题方式检索，核减各单位藏书目录中的少量重复或错误记录后，截至2020年8月11日，各单位收藏撒拉族相关图书情况如下：国家图书馆82种、民族图书馆35种、社科院图书馆44种、青海师范大学图书馆19种、CALIS 45种。又以"撒拉"为检索词，按题名方式检索，核减各单位藏书目录中的少量重复或错误记录后，截至2020年8月11日，各单位收藏撒拉族相关图书情况如下：国家图书馆87种、民族图书馆52种、社科院图书馆42种、CALIS 88种、青海师范大学图书馆24种。CALIS系统中，创作撒拉族相关图书数量较多的作者是：马成俊7册，马伟6册，林莲云、马学义、马小琴各3册。

上述5家单位共藏题名含"撒拉"的图书128种，其中被同时收藏的有10种。《回族、东乡族、撒拉族、保安族民族关系研究》由6份调查报告汇编而成，其中与撒拉族相关的有《撒拉、藏、汉、回民族关系调查报告——以青海循化撒拉族自治县为例》和《保安、东乡、撒拉、回、汉等民族关系调查报告——以甘肃积石山保安族东乡族撒拉族自治县为

---

① 国家民族事务委员会全国少数民族古籍整理研究室.中国少数民族古籍总目提要·土族卷、撒拉族卷[M].北京：中国大百科全书出版社，2007：289.

例》。① 其他同时收藏的图书还有：青海人民出版社1982年1月版《撒拉族简史》及民族出版社2008年11月修订版，青海人民出版社1984年8月版《循化撒拉族自治县概况》及民族出版社2009年7月修订版，青海人民出版社1985年11月版《青海省回族撒拉族哈萨克族社会历史调查》及民族出版社2009年4月修订版，民族出版社1988年版《撒拉族》，中央民族学院出版社1989年版《撒拉族风俗志》，青海人民出版社2014年4月版《撒拉族简史》。

### 3.期刊论文

#### 3.1 NSSD

以"撒拉"为检索关键字，检索NSSD 1920—2020年的论文，截至2020年8月12日，共检出论文491篇。论文数量居前3位的研究领域是社会学145篇、经济管理125篇、文化科学98篇。从作者的工作单位上看，发文数量居前3位的是青海民族大学49篇（包括青海民族学院30篇）、青海师范大学22篇、兰州大学18篇。发表撒拉族相关论文数量居前的学者是：马伟14篇为最多，米娜瓦尔·艾比布拉、马成俊各7篇并居第二，高永久、王海龙各6篇随其后。刊发撒拉族相关论文数量居前3位的期刊是《青海民族研究》96篇、《青海民族大学学报（社会科学版）》52篇、《青海社会科学》40篇。

又以"撒拉"为检索词、"题名"为检索入口，在上述检索结果中进行二次检索，检出论文332篇。其中，撒拉族文献信息资源建设方面的论文有刘虹的《土族和撒拉族文献资源建设与服务的探究》、马玉芳的《构建撒拉族文献数据库的思考》。撒拉族古籍版本研究方面的论文有《回族、东乡族、撒拉族手抄本〈古兰经〉考察》，提出"手抄本《古兰经》反映了回、儒文化在元明清之际的交流融合特征。② 就撒拉族相关图书进行评

---

① 丁宏主编.回族、东乡族、撒拉族、保安族民族关系研究[M].北京：中央民族大学出版社，2006.

② 马振华，周晶.回族、东乡族、撒拉族手抄本《古兰经》考察[J].北方民族大学学报（哲学社会科学版），2015（05）：125-129.

介的文章15篇，如张科等的《撒拉族史料整理及其拓展空间 —— 兼评〈撒拉族史料汇编〉》、李永华的《泱泱大著　宏论荟萃 ——〈百年撒拉族研究文集〉评述》等。

**3.2 中国知网**

以"撒拉族"为检索词、"主题"为检索入口，按"精确"方式检索知网学术期刊库，截至2020年8月12日，共检出论文1173篇。又以"撒拉"为检索词、"篇名"为检索入口，在上述检索结果中检索，共检出论文529篇，其中被引用过的有336篇。被引次数居前3位的论文是：郗瑞生等3人的《青海撒拉族体质特征研究》被引102次居首，张天成的《青藏高原地区少数民族学生体质健康状况分析 —— 土族、撒拉族学生1985 — 2000年体质健康状况的动态分析》被引48次居其次，马伟的《撒鲁尔王朝与撒拉族》被引25次排第三。

检出撒拉族研究综述性文章6篇：马亚萍等的《改革开放以来撒拉族研究概述（1978 — 2001年）》，张照云的《1986 — 2005年土族、撒拉族研究文献统计分析》，金丽楠的《20世纪三十年代以来关于撒拉族的学术史研究》，胡振华的《撒拉族及其研究》，马建忠等的《撒拉族研究在国外》，沈玉萍的《百年撒拉族族源研究述评》。

**3.3 复印报刊资料**

以"撒拉族"为检索词、"主题词"为检索入口，检索复印报刊资料全文数据库，截至2020年8月12日，共检出1995年至2020年的论文11篇。《复印报刊资料：民族问题研究》收4篇：2002年10期马明良的《论观念变革与撒拉族社会发展》，2004年01期马亚萍等的《改革开放以来撒拉族研究概述（1978 — 2001年）》，2007年07期翟瑞雪的《论撒拉族商业文化 —— 概念、形成环境及功能》，2011年10期王建新的《撒拉族的家族组织与婚姻规制 —— 基于血缘认知的文化逻辑分析》。《复印报刊资料：民族研究》收4篇：1995年03期马明良（撒拉族）的《撒拉族生产观念与生产实践》，1995年05期马成俊的《撒拉族文化对突厥及萨满文化的传承》，1996年10期马明良的《回族、撒拉族近现代新式教育及其经验教训》，1997年08期王振岭的《撒拉族女童教育面临的特殊困难及克服办法》。《复印报刊资料：宗教》收2篇：2000年05期陈国光的《东乡族撒拉族保安族宗教信仰述略》，2004年03期马明良的《伊斯兰文明与西方文明主权观之比较》。《复印报刊资料：语言文字学》收1篇，即2015年07期马伟的《撒拉语名词（短语）的有定与无定范畴》。

## 4.学位论文

### 4.1 CALIS

以"撒拉族"为检索词检索CALIS学位论文系统，截至2020年8月13日，共检出学位论文87篇，其中硕士论文65篇、博士论文22篇，全部为汉文文献。检出论文中，1992年的2篇为最早，2013年的9篇为最新，2011年的13篇为最多。

检出题名含"撒拉"的论文有22篇，其中博士论文4篇、硕士论文18篇。4篇博士论文即常海燕的《历史镜像中的"撒拉尔"："汉藏走廊"一个小民族营造传统的历史人类学考察》、马伟的《撒拉语形态研究》、马成俊的《多重边界中的撒拉人》、冯霞的《青海循化撒拉族自治县汉族移民乡村社会文化变迁研究——以东街村为例》。18篇硕士论文即马建福的《族际互动中的民族关系研究——以青海省循化撒拉族自治县为个案》、韩坤的《撒拉族经济史研究》、冶荣夏的《经济人类学视角下的撒拉族民族品牌》、韩伟的《青海省循化撒拉族自治县经济自治权研究》、海媛的《新疆伊宁县撒拉族语言使用现状调查研究》、赵洁的《现代媒介对撒拉族乡村社区传统文化的影响——青海省循化撒拉族自治县石头坡村调查》、李百龙的《撒拉族、东乡族、保安族史学初探》、王丽霞的《社会转型时期清真寺的社会功能与乡村治理——基于甘青保安撒拉族农村穆斯林社区的实证研究》、张天成的《青海省土族、撒拉族学生1985—1999年体质健康状况的动态分析》、彭文波的《汉族、撒拉族初中学生数学问题解决特点及其影响因素的研究》、马瑾的《撒拉族婚礼中"骆驼舞"的文化解读》、雷波的《青海循化撒拉族农村义务教育失学问题研究》、刘羽的《论撒拉族"多依奥依纳"的悲剧因素》、孙宇的《青海省循化撒拉族自治县民居考察研究》、王志航的《十年间青海省撒拉族中学生体质状况的研究》、朱燕雷的《民族学视野下的撒拉族教育研究》、赵晶的《基于文化传承下的撒拉族村落空间艺术营造研究》、赵莉的《循化撒拉族自治县民族旅游开发探讨》。

### 4.2 NSTL

以"撒拉族"为检索词检索"NSTL学位论文数据库",截至2020年8月13日,共检出学位论文104篇,其中硕士论文85篇、博士论文19篇,全部为汉文印本资源,其中100篇收藏在中国科学技术信息研究所、2篇收藏在中国科学院文献情报中心、2篇收藏在中国医科院医学信息研究所。学位授予单位来自38所高校及科研单位,其中中央民族大学21篇居首,兰州大学、西北师范大学各11篇并列第二。

检出论文中,题名含"撒拉"的有30篇,其中18篇在CALIS系统中已检出,新检出的12篇论文中有博士论文2篇,即赵春晖的《转型时期撒拉族社会研究》、托玛索·泼罗瓦朵的《中国丝绸之路甘青段人口迁徙与民族格局研究——以撒拉族的形成与发展为例》。其他10篇为硕士论文,即马楠的《撒拉族的历史记忆与认同变迁研究——以循化撒拉族自治县为个案》、高钰婷的《社会性别视角下的旅游开发对撒拉族妇女影响研究》、郭菲菲的《撒拉族"城中村"语言生活研究——以青海省循化县积石镇石头坡村个案为例》、令宜凡的《民族文化影响下青海循化撒拉族乡村聚落空间形态研究》、李妍妍的《文化交融视角下青海循化撒拉族清真寺空间形制研究》、王嘉萌的《青海撒拉族篱笆楼民居营建技艺保护与传承研究》、王兰霞的《青海少数民族女性政治参与研究——以循化撒拉族自治县为例》、赵琳的《语言濒危与社区反应——以人口较少民族撒拉族为例》、雷海的《意大利美声唱法在撒拉族风格声乐作品中的运用与研究》、韩晓嫒的《新生代撒拉族大学生的性观念探究》。

### 4.3 参考咨询联盟

以"撒拉族"为检索词、"全部字段"为检索入口,通过"精确"方式检索"参考咨询联盟"的学位论文,截至2020年8月13日,共检出学位论文206篇。论文数量居前3位的学位授予单位是兰州大学32篇、中央民族大学30篇、西北师范大学23篇。

又以"撒拉"为检索词、"标题"为检索入口,在上述检索结果中再次检索,共检出学位论文66篇,其中31篇已在CALIS和NSTL中检出。

新检出的35篇学位论文中有博士论文4篇：曹波的《北方人口较少民族青少年母语保持现状研究——以撒拉族、鄂温克族、达斡尔族为例》、米娜瓦尔的《撒拉语研究》、胡兆义的《撒拉族民族认同研究》、王玉君的《当代撒拉族村级组织研究》。新检出的31篇硕士论文中，青海民族大学为学位授予单位的有10篇：李倩倩的《撒拉族女性受教育程度对其收入水平的影响研究》、高茂森的《撒拉族村民政治参与调查研究》、邢帅的《近代撒拉族社会与地方政府的关系》、丰伟的《撒拉族民族认同和国家认同》、苌弘儒的《撒拉族婚姻习惯法研究》、鲁小芳的《循化县撒拉族人力资源开发研究》、肖生龙的《撒拉族民居檐下木雕艺术探析》、马龙的《撒拉族外"五工"文化变迁研究——以青海省化隆县初麻村为例》、马青青的《新时期我国扶持人口较少民族经济发展政策研究——以撒拉族为例》、左庆瑞的《多民族杂居村落中的撒拉族文化变迁研究——以积石山县方家村为例》；兰州大学有6篇：赵文明的《撒拉族社会交往方式研究：基于撒拉族三个村庄的调查》、侯海坤的《撒拉族拉面经济研究——以循化县新建村为例》、李倩的《撒拉族非自愿移民问题研究——以青海循化县木场移民安置区为例》、拜婉慧的《传播学视角下撒拉语传承调查——基于循化撒拉族自治县查汗都斯乡的田野调查》、米振林的《中国撒拉族正常合青少年牙、牙弓、基骨的测量研究》、张翔的《撒拉尔的西迁：一场人类学田野中的哲学事件》。其他15篇硕士论文的学位授予单位涉及9所高校，其中陕西师范大学有3篇，中央民族大学、西北民族大学、青海大学等3所高校各2篇，中国人民大学、中国地质大学、西安交通大学、西南民族大学、西安建筑科技大学、广州体育学院等6所高校各1篇。

### 4.4 国家图书馆

以"撒拉"为检索关键词检索"国图博士论文库"，截至2020年8月13日，检出撒拉族相关博士论文4篇：《转型时期撒拉族社会研究》指出，撒拉族在族体形成的过程中吸纳了周围藏族、回族等民族成分，从而形成了同中有异、异中有同的地域民族关系格局；各民族间双向的、动态的发展趋势，促进了地区民族关系的良性循环和协调发展。①《多重边界中的撒拉人》认为循化县各民族尽管文化传统不同，宗教信仰各异，却在一定的时空中形成了利益共同体和互惠共同体。②另外两篇博士论文是1998年中央民族大学米娜瓦尔的《撒拉语研究》、2013年北京语言大学舍秀存的《撒拉语的地理语言学研究》。

### 4.5 中国知网

以"撒拉族"为检索词、"主题"为检索入口，按"精确"方式检索"知网学位论文库"，截至2020年8月13日，共检出学位论文185篇，其中硕士论文131篇、博士论文54篇。2020年的4篇学位论文中有1篇博士论文，即中央民族大学张薇的《〈皇清职贡图〉及所绘河湟民族研究》；其余3篇硕士论文分别是：兰州大学马吉霞的《西宁市清真餐饮业女性打工者的研究》、冯斌婷的《影像中的历史：海映光档案中的中国西北电影资料研究（1941—1943年）》，以及湖南师范大学余聿莹的《我国国家级非物质文化遗产代表性项目传承人空间分布研究》。又以"撒拉族"为检索词、"题名"为检索入口，按"精确"方式重新检索，检出论文35篇，其中硕士论文30篇、博士论文5篇。检出的论文中，被引次数居前3位的是：赵晶的硕士论文《基于文化传承下的撒拉族村落空间艺术营造研究》被引18次，海媛的硕士论文《新疆伊宁县撒拉族语言使用现状调查研究》被引16次，胡兆义的博士论文《撒拉族民族认同研究》被引15次。

## 5. 会议论文

### 5.1 NSTL

以"撒拉族"为检索词检索"NSTL会议论文数据库"，截至2020年8月14日，共检出会议论文32篇，全部为汉文印本资源，均收藏在中国科学技术信息研究所。检出论文收录于29种会议录中，其中《第六届中国民族植物学学术研讨会暨第五届亚太民族植物学论坛论文集》《第十五

---

① 赵春晖.转型时期撒拉族社会研究[D].兰州：兰州大学，2006.
② 马成俊.多重边界中的撒拉人[D].广州：中山大学，2009.

次建筑与文化国际学术讨论会论文集》《第四届全国民间法·民族习惯法学术研讨会论文集》等3种会议录各收2篇，《中国博物馆协会民族博物馆专业委员会2013年年会暨学术研讨会论文集》等26种会议录各收1篇。

检出论文中，题名含"撒拉"的有22篇：解立红的《撒拉族村落建筑考察报告》《关于撒拉族村落建筑文化的考察》《从两个村庄看撒拉族村落建筑文化》，良警宇的《撒拉族女童教育问题的人类学分析》、良警宇等的《城镇化建设与旅游业发展：循化撒拉族地区产业转型问题之讨论》，韩富祥的《回族、撒拉族民商事习惯法含义及内容管窥》，王华梓的《青海撒拉族清真寺营建艺术研究 —— 以大庄村清真寺为例》，白绍业的《民族关系影响因素的实证分析 —— 以循化撒拉族自治县起台堡村为个案》，由懿行等的《青海海东地区撒拉族乡村文化景观保护探究 —— 以循化县三兰巴海村为例》，唐鸿妍的《撒拉族民族气质对其多语生活的影响 —— 以青海省化隆县甘都镇唐寺岗村调查材料为例》，刘兴全等的《西部人口较少民族的教育发展问题研究 —— 以甘肃积石山保安族东乡族撒拉族自治县为例》，刘紫璇等的《农村基层党组织建设与人口较少民族地区脱贫 —— 以青海省循化撒拉族自治县Q乡为例》，刘建霞的《法社会学视野下的伊斯兰法离婚制度 —— 以其对青海回族、撒拉族地区的影响为例》，张进锋的《撒拉族人民的智慧结晶 —— 撒拉族谚语和歇后语研究》，张子龙等的《2010年青海省土族、撒拉族中小学生体质状况分析》，张沛等的《多民族融合区城乡文化空间整合与重构 —— 以海东市循化撒拉族自治县为例》，王玫等的《撒拉族圣纪节仪式音乐调查研究 —— 撒拉族自治县循化 — 白庄乡清真寺为例》，土嘉萌等的《民族文化学视角下撒拉族聚居单元"工"的起源与发展探究》，王刚的《化隆地区回族、撒拉族传统解纷方式及特点考述》，李金的《撒拉族文物界定、分类、定级办法探讨》，李妍妍等的《传播学视域下撒拉族清真寺礼拜空间文化传承初探》，陈卓雅等的《循化撒拉族自治县植物资源及保护策略》。

**5.2 参考咨询联盟**

以"撒拉族"为检索词、"全部字段"为检索入口，检索"参考咨询联盟"中的会议论文，截至2020年8月14日，检出论文73篇。又以"撒拉"为检索词、"标题"为检索入口重新检索，核减3条重复记录后，实际检出论文29篇。对比在NSTL中的检索结果，新检出的会议论文有13篇：王振岭的《撒拉族女童教育面临的特殊困难及克服办法》，容浩的《欠发达地区初中体育课程内容资源开发与课程设计——以积石山保安族东乡族撒拉族自治县为例》，李芃的《撒拉族传统聚落营建策略探析——以青海苏志村为例》，何玉秀等的《撒拉族乡村成人围度特征及其增龄性变化》，羊晓萍等的《西部经济欠发达地区小城镇规划研究：以青海省循化撒拉族自治县总体规划为例》，冶福龙的《青海回族撒拉族经济发展再透析》，李建生的《关于撒拉教的民间宗教性质的思考和启示》，孙宇的《撒拉族传统民居："庄窠院"：青海省循化撒拉族自治县民居考察》，谢承华的《对两首撒拉族民歌的探究和思考》，陈强的《浅谈"撒拉的铸币"》，韩建业的《开发利用撒拉族说唱艺术》，韩得福的《撒拉族村落空间结构及空间观》，马成俊的《论撒拉族服饰文化》。

### 5.3 中国知网

以"撒拉族"为检索词、"主题"为检索入口，检索"知网会议论文库"，截至2020年8月14日，共检出会议论文30篇，其中题名含"撒拉"的有13篇，对比在NSTL和"参考咨询联盟"中的检索结果，未检出新的论文。题名含"撒拉"的论文中，有2篇被引1次，其余未被引用过。这两篇论文是李臣玲等的《甘青穆斯林民族地区村治模式研究——以青海省循化县撒拉族农村为例》、解立红的《关于撒拉族村落建筑文化的考察》。

## 6. 报纸文献

以"撒拉族"为检索词，检索"中华数字书苑"报纸新闻，截至2020年8月31日，共检出新闻1038条，其中标题含"撒拉族"新闻的12条。检出的1038条新闻出自111种报纸，其中报道数量居前3位的报纸是《青海日报》474条、《西海都市报》138条、《中国民族报》44条。根据标题含"撒拉族"的新闻，整理出2条信息：（1）2019年5月15日，青海省扶持人口较少民族发展座谈会召开。据会议消息，青海省人口较少民族撒拉族、土族实现整族脱贫。2017年，循化撒拉族自治县在全国人口较少民族自治县中率先脱贫；2019年5月，互助土族自治县脱贫。青海省147个人口较少民族贫困村、3.25万建档立卡贫困人口已全部脱贫。①
（2）2019年1月23日，学界普遍认为是世界现存最古老手抄本《古兰经》之一的撒拉族手抄本《古兰经》在青海省循化撒拉族自治县首次公开展览。该部《古兰经》共30卷，分上、下两部，每部15册，整部经书重达12.79千克。经书函封由犀牛皮制作，函套上印有精美的图案，函内每册封面以天蓝色丝绸装裱。该部《古兰经》是撒拉族先民从中亚撒马尔罕一带迁徙到中华大地，在青藏高原落地生根的重要物证，是撒拉族成为中国56个民族大家庭一员的重要见证，也是研究撒拉族的民族历史、民族宗教和民族文化的重要依据。②

以"撒拉族"为检索词、"主题"为检索入口，检索"知网报纸全文数据库"，截至2020年8月15日，共检出撒拉族相关文献418篇。其中，报道数量居前3位的报纸为《青海日报》137篇、《中国民族报》39篇、《中国社会科学院报》11篇。检出文献中，学术性文献有37篇，其中题名含"撒拉"的有13篇：《撒拉语"活化石"已濒危》《保护好撒拉族手抄本〈古兰经〉》《造福撒拉故里的东西部对话——循化撒拉族自治县党政代表团赴梁溪考察综述》《撒拉族清真寺建筑风格的演变》《中国撒拉族与中亚土库曼人》《魅力之音——撒拉族民歌》《历史留下的思索——简评〈撒拉族简史〉》《撒拉族的刺绣艺术》《远古驼铃与黄河波涛孕育的撒拉族文学——全省第四次撒拉族文学创作会议暨撒玛尔罕作品研讨会综述》《甘肃省积石山保安族东乡族撒拉族自治县自治条例（修订）》《撒拉族的母语传承与文化守护》《撒拉族研究百年历程》《循化县撒拉族民族文化考察记》。

---

① 李雪萌，李玉民.青海撒拉族土族实现整族脱贫[N].青海日报，2019-05-22（1）.
② 马盛德.保护好撒拉族手抄本《古兰经》[N].中国民族报，2019-02-12（07）.

## 第八节　柯尔克孜族文献信息资源建设

柯尔克孜语属阿尔泰语系突厥语族东匈语支克普恰克语组。① 柯尔克孜族历史上使用过察合台文。中华人民共和国成立后使用过以斯拉夫文字母拼写的柯尔克孜文和以拉丁字母拼写的柯尔克孜文，1954年改用以阿拉伯文字母拼写的现代柯尔克孜文。

### 1.古籍

柯尔克孜族古籍特别是讲唱类古籍十分丰富。《中国少数民族古籍总目提要·柯尔克孜族卷》首次系统展现了柯尔克孜族古籍的总体情况，共收录新疆维吾尔自治区和黑龙江省的柯尔克孜族古籍条目1571条，其中书籍类4条、讲唱类1567条。讲唱类条目分为10个部分，包括史诗34条、叙事诗47条、长诗24条、神话56条、传说154条、散吉拉（史话）10条、民间故事207条、祝词21条、谚语253条、民间歌谣761条。

此外，柯尔克孜族古籍整理研究方面的成果还有贺灵主编、克孜勒苏柯尔克孜文出版社和新疆人民出版社2016年8月联合出版的《中国新疆历史文化古籍文献资料译编·36，柯尔克孜族》，克孜勒苏柯尔克孜自治州人民政府编、克孜勒苏柯尔克孜文出版社2004年4月出版的《中国史书中有关柯尔克孜族族源史料选译》，马克来克编译、新疆人民出版社2004年8月出版的《汉文史籍有关柯尔克孜族史料》等。

### 2.图书

柯尔克孜族图书调查以检索国家图书馆、民族图书馆、社科院图书

---

① 《中国少数民族》修订编辑委员会.中国少数民族[M].北京：民族出版社.2009：256.

馆、CALIS、新疆大学图书馆等5家单位藏书目录的方式进行。检索以"柯尔克孜族"为检索词，按主题方式检索，核减各馆藏书目录中的重复和错误记录后，截至2020年8月16日，各单位收藏柯尔克孜族相关图书情况如下：国家图书馆252种，其中汉文图书78种、柯尔克孜文图书154种、哈萨克文图书16种、维吾尔文图书3种、蒙古文图书1种；民族图书馆48种；社科院图书馆52种；CALIS 91种；新疆大学图书馆17种。又以"柯尔克孜"为检索词，按题名方式检索，核减重复和错误记录后，截至2020年8月16日，各单位收藏柯尔克孜族相关图书情况如下：国家图书馆556种，其中汉文图书105种、柯尔克孜文图书451种、哈萨克文图书4种；民族图书馆47种；社科院图书馆90种，其中汉文图书72种、柯尔克孜文图书18种；CALIS 148种，其中汉文图书106种、柯尔克孜文图书42种；新疆大学图书馆21种。CALIS系统中，创作柯尔克孜族相关图书数量较多的作者是：贺继宏8册，居素普·玛玛依、胡振华各6册，阿地里·居玛吐尔地5册。

上述5家单位共藏题名含"柯尔克孜"的图书312种，其中柯尔克孜文图书154种、汉文图书158种，被同时收藏的图书有9种：张彦平著《柯尔克孜民间文学探幽》，中央民族大学出版社2012年出版；胡振华编著《柯尔克孜语简志》，民族出版社1986年出版；胡振华编著《柯尔克孜语言文化研究》，中央民族大学出版社2006年出版；杜荣坤、安瓦尔著《柯尔克孜族》，民族出版社1991年出版；新疆维吾尔自治区丛刊编辑组编《柯尔克孜族风俗习惯》，新疆人民出版社1986年出版，民族出版社2009年出版了修订本；阿地里·居玛吐尔地等合著的《柯尔克孜族民间信仰与社会》，民族出版社2009年出版；新疆维吾尔自治区丛刊编辑组编《柯尔克孜族社会历史调查》，新疆人民出版社1987年出版，民族出版社2009年出版了修订本。

### 3.期刊论文

#### 3.1 NSSD

以"柯尔克孜"为检索关键字，检索NSSD 1920—2020年的论文，截至2020年8月17日，共检出论文441篇。论文数量居前3位的研究领域是经济管理、社会学、文学，各84篇。从作者的工作单位上看，发文数量居前3位的是新疆师范大学18篇、中国社会科学院17篇、新疆大学14篇。发表柯尔克孜族相关论文数量较多的学者是：万雪玉8篇，胡振华、郎樱各5篇，凌静4篇，曼拜特·吐尔地3篇。刊发柯尔克孜族相关论文数量居前3位的期刊是《民族文学研究》43篇、《民族语文》31篇、《西域研究》20篇。

又以"柯尔克孜"为检索词、"题名"为检索入口，在上述检索结果中二次检索，检出论文171篇。其中，柯尔克孜族相关研究综述性论文2篇，分别是王宝龙的《柯尔克孜族英雄史诗〈玛纳斯〉研究综述》和万雪玉的《近三十年国内柯尔克孜族研究的回顾与反思》。史料整理研究方面的论文1篇：《黑龙江地区柯尔克孜族历史满文档案及其研究价值》介绍了从中国第一历史档案馆藏满文档案中查到的有关柯尔克孜族历史档案共26件，其中奏折7件、咨文10件、札付5件、呈文4件，并对其中3件奏折、1件札付进行了汉译。[①] 这26件满文档案起自雍正十年（1732年）五月十八日，止于乾隆二十三年（1758年）十二月十三日，分别从军机处满文录副奏折和黑龙江将军衙门档案内查出。

### 3.2 中国知网

以"柯尔克孜族"为检索词、"主题"为检索入口，按"精确"方式检索知网学术期刊库，截至2020年8月17日，共检出论文766篇。又以"柯尔克孜"为检索词、"篇名"为检索入口，在上述检索结果中检索，共检出论文381篇，其中235篇被引用过。被引次数居前3位的是：邵兴周等的《新疆特克斯县柯尔克孜族体质特征》被引77次，周丽莎的《基于阿玛蒂亚·森理论下的少数民族地区教育扶贫模式研究——以新疆克孜勒苏柯尔克孜自治州为例》被引34次，阿达莱提·塔伊尔的《中国柯尔克孜族的国家认同和民族认同调查研究》被引24次。新检出柯尔克孜族研究综述和文献调查方面的论文2篇，即吴占柱的《黑龙江柯尔克孜族研

---

[①] 吴元丰.黑龙江地区柯尔克孜族历史满文档案及其研究价值[J].满语研究，2004（01）：61-68.

究综述》、李美虹等的《柯尔克孜族舞蹈文献调查研究》。

### 3.3 复印报刊资料

以"柯尔克孜族"为检索词、"主题词"为检索入口，检索复印报刊资料全文数据库，截至2020年8月17日，共检出1995—2020年的论文5篇。《复印报刊资料：民族问题研究》收2篇：黑龙江省民族研究所课题组的《黑龙江省柯尔克孜族发展情况的调研报告》、阿依先·肉孜等的《新疆哈萨克族、柯尔克孜族女性社会化角色定位研究——以社会和谐的视角进行分析》。《复印报刊资料：中国古代、近代文学研究》收2篇：郎樱的《论北方民族的英雄史诗》、张永海等的《居素甫·玛玛依〈玛纳斯〉变体中的北京、中北京之谜及〈玛纳斯〉产生年代全破译》。《复印报刊资料：民族研究》收1篇：何星亮的《柯尔克孜族的制度文化述论》。

## 4.学位论文

### 4.1 CALIS

以"柯尔克孜族"为检索词检索CALIS学位论文系统，截至2020年8月18日，共检出学位论文67篇，其中硕士论文57篇、博士论文10篇，全部为汉文文献。检出的论文完成于2000—2013年间，以2000年的1篇为最早，2013年的6篇为最新，2012年的13篇为最多。检出题名含"柯尔克孜"的论文15篇，全部为硕士论文。其中，传统文化方面的有3篇：兰州大学高源的《柯尔克孜（吉尔吉斯）跨国民族社会文化变迁研究》，中南民族大学波拉提·托力干的《制约与应对：柯尔克孜传统文化与经济发展关系研究》，新疆大学阿依加肯·扎衣尔的《乌鲁木齐市散杂居柯尔克孜族社会文化调查研究》。宗教信仰方面的有3篇：新疆大学古丽巴哈尔·胡吉西的《柯尔克孜族巴合西研究》、托丽娜依·达列力汗的《新疆柯尔克孜族宗教信仰研究》、中央民族大学曹丹的《柯尔克孜族民间文学中的原始信仰遗存》。习惯法及婚姻习俗方面的有3篇：新疆师范大学阿依努尔·谢坎的《新疆柯尔克孜族传统社会民间习惯法调查》、吐尔干比·吐尔地的《新疆乌恰县吉根乡柯尔克孜族婚俗及其变迁研究》，新疆大学赵景顺的《柯尔克孜族婚姻习惯与国家婚姻法的冲突与调适》。文学艺术方面的有3篇：新疆师范大学巴合多来提·木那孜力的《中国柯尔克孜史诗歌手现状调查研究》，哈尔滨师范大学孙维平的《乌裕尔河流域柯尔克孜族民歌的民族心理探析》，中央民族大学刘苒的《柯尔克孜族英雄史诗〈玛纳斯〉中蕴含的教育思想研究》。体育卫生方面的有3篇：新疆师范大学蔡永亮的《新疆柯尔克孜族群众体育研究》，新疆医科大学王晓红的《新疆柯尔克孜族HLA-DRB1基因多态性研究》、王冀的《新疆5—14岁维吾尔族与柯尔克孜族儿童先天性心脏病患病率调查》。

4.2 NSTL

以"柯尔克孜"为检索词检索"NSTL学位论文数据库"，截至2020年8月18日，共检出学位论文103篇，其中硕士论文92篇、博士论文11篇，全部为汉文印本资源，99篇收藏在中国科学技术信息研究所、4篇收藏在中国科学院文献情报中心。学位授予单位来自41所高校及科研单位，其中新疆师范大学24篇居首，中央民族大学、新疆农业大学各8篇并居第二。

题名含"柯尔克孜"的论文有25篇，对比在CALIS的检索结果，新检出题名含"柯尔克孜"的论文20篇。其中，硕士论文有19篇：阿丽玛·阿布都卡德尔的《柯尔克孜谚语研究》、阿米娜·叶尔垦的《新疆柯尔克孜〈玛纳斯〉表演及其变迁研究》、阿丽提那依·木合塔尔的《新疆柯尔克孜文高中语文教材选文研究》、丁丽伟的《新疆柯尔克孜〈玛纳斯〉音乐及传承研究》、买买提艾沙·依布拉因的《喀喇昆仑山东部柯尔克孜、塔吉克与维吾尔人的互动与边界》、艾尼法·海米提的《新疆克孜勒苏柯尔克孜自治州卫生人力资源配置的预测研究》、杨文科的《新疆克孜勒苏柯尔克孜自治州主要动物疫病防控现状与对策》、阿依努尔·阿迪力的《小学柯尔克孜语文新课标教材用词状况研究》、师帅的《年龄和性别对新疆柯尔克孜羊肉品质特性的影响研究》、韩迈的《新疆特克斯县阔克铁热克柯尔克孜乡民间音乐文化传承与调查研究》、阿合买提江·买买提的《新疆南疆畜牧地区贫困与反贫困对策研究——以克孜勒苏柯尔克孜自治州为例》、古丽艾塞力·阿布都热西提的《新疆克孜勒苏柯尔克孜自治州县、乡、村三级医疗机构卫生资源配置与运行现状调查研究》、路哲明的《塔城市柯尔克孜族宗教信仰与民族认同关系研究》、艾丽玛·伊布拉音的《新疆柯尔克孜族语言使用及语言态度调查研究——以阔克铁热克乡为例》、阿衣加马力·阿曼吐尔的《新疆柯尔克孜族高中生英语词汇教学中跨文化意识的培养研究》、姚金梅的《新疆柯尔克孜族中小学双语教育研究》、李英的《新疆乌恰县柯尔克孜族小学生对中华优秀文化经典接受情况的调查分析及对策研究》、热阿孜牙·艾尔肯的《柯尔克孜族婚姻继承习惯法与国家法的调适》、王玉林的《新疆柯尔克孜族农村居民血脂异常调查与分析》。博士论文有1篇，即2018年中国科学院大学马婷婷的《柯尔克孜民族文化数字化展示及开发模式研究》。

#### 4.3 参考咨询联盟

以"柯尔克孜"为检索词、"全部字段"为检索入口，通过"精确"方式检索"参考咨询联盟"中的学位论文，截至2020年8月18日，共检出学位论文255篇。论文数量居前3位的学位授予单位是新疆师范大学（50篇）、新疆大学（39篇）、中央民族大学（23篇）。又以"柯尔克孜"为检索词、"标题"为检索入口，通过"精确"方式检索，共检出学位论文76篇，其中硕士论文73篇、博士论文3篇。题名含"柯尔克孜"的3篇博士论文中，中央民族大学有1998年胡毅的《我国柯尔克孜语南部方言研究》、2015年赵婕的《新疆柯尔克孜族语言生活研究——传媒、行政司法、教育的视角》，另一篇即在NSTL中检出的《柯尔克孜民族文化数字化展示及开发模式研究》。

#### 4.4 国家图书馆

以"柯尔克孜"为检索词、"标题"为检索入口，检索"国图博士论文库"，截至2020年8月18日，检出柯尔克孜族相关博士论文两篇，均由胡振华指导，一篇是胡毅的《我国柯尔克孜语南部方言研究》，另一篇是胡沛哲《柯尔克孜语北部方言研究》。

#### 4.5 中国知网

以"柯尔克孜族"为检索词、"主题"为检索入口，按"精确"方式检索"知网学位论文库"，截至2020年8月18日，共检出学位论文60篇，其中硕士论文59篇、博士论文1篇。检出论文的总参考数是2410、总被引数是115、总下载数是15092，篇均参考数是40.17、篇均被引数是1.92、篇均下载数是251.53、下载被引比为0.01。① 又以"柯尔克孜"为检索词、"题名"为检索入口，按"精确"方式重新检索，核减1条错误记录后，检出论文80篇，其中硕士论文78篇、博士论文2篇。检出的论文中被引次数居前的是：新疆师范大学姚金梅的《新疆柯尔克孜族中小学双语教育研究》被引13次居首，兰州大学张京丹的《柯尔克孜族史学初探》、新疆农业大学师帅的《年龄和性别对新疆柯尔克孜羊肉品质特性的影响研究》被引7次并列第二。

## 5.会议论文

### 5.1 NSTL

以"柯尔克孜"为检索词检索"NSTL会议论文数据库"，截至2020年8月19日，共检出会议论文44篇，全部为汉文印本资源，均收藏在中国科学技术信息研究所。这些论文收录于38种会议录中，其中《第十届全国少数民族语言文字信息处理学术研讨会论文集》《民族语言文字信息技术研究 —— 第十一届全国民族语言文字信息学术研讨会论文集》《第十二届全国少数民族语言文字信息处理学术研讨会论文集》《中国科协2005年学术年会 —— 新疆特色林果业产业化论坛》《2016中国消防协会科学技术年会论文集》《2015中国消防协会科学技术年会论文集》等6种会议录各收2篇，其他32种会议录各收1篇。检出题名含"柯尔克孜"的论文5篇：信晓瑜等的《新疆柯尔克孜族"希尔达克"技艺研究》、努尔吉丽地孜·阿买提江的《柯尔克孜族传统织绣工艺调查研究》、买买提·艾力等的《维吾尔文、哈萨克文、柯尔克孜文字体字形标准研究》、张东升的《维吾尔、哈萨克、柯尔克孜文数字报纸的实现》、孙延好的《2011-08-11新疆克孜勒苏柯尔克孜州6.0级地震预测总结暨图示》。

### 5.2 参考咨询联盟

以"柯尔克孜"为检索词、"全部字段"为检索入口，检索"参考咨

---

① 计量可视化分析 — 已选文献 — 中国知网[EB/OL].[2020-08-18].https：//kns.cnki.net/KVisual/ArticleAnalysis/index?t=1604252806523。

询联盟"中的会议论文，截至2020年8月19日，检出论文109篇。又以"柯尔克孜"为检索词、"标题"为检索入口重新检索，核减2篇重复记录后，实际检出论文32篇。对比在NSTL的检索结果，新检出题名含"柯尔克孜"的论文29篇。其中，柯尔克孜族古籍文献研究方面有1篇，即伊斯拉木·伊萨合的《〈中国少数民族古籍总目提要·柯尔克孜族卷〉编纂情况及柯尔克孜族古籍文献》。柯尔克孜族英雄史诗方面的研究有8篇：刘茸的《柯尔克孜族英雄史诗〈玛纳斯〉中蕴含的教育思想研究》、陈玉芝等的《略述"黑龙江省柯尔克孜族历史文化展览"》、阿曼古丽·艾山巴依的《浅谈柯尔克孜史诗中的诅咒语》、郭民杰的《史诗〈玛纳斯〉是柯尔克孜的民族魂内容提要》、马克来克·玉买尔拜的《探析柯尔克孜族的史诗语言文化》、艾山·艾沙的《关于著名的玛纳斯奇居素甫·玛玛依演唱艺术与柯尔克孜族的〈玛纳斯〉演唱艺术历史来源》、李瑞周的《卡妮凯——〈玛纳斯〉中的柯尔克孜英雄女神：略谈卡妮凯的艺术形象及其塑造》、古丽多来提的《柯尔克孜族传说在〈玛纳斯〉》。医学方面有7篇：刘坚等的《新疆柯尔克孜族pMCT118、apoB、p33.6三个基因座的扩增片段长度多态性的研究》、李欣等的《新疆柯尔克孜族成人头面部观察指标研究》、乔艳辉等的《新疆柯尔克孜族人群7个红细胞血型系统抗原基因多态性分析》、杨妍等的《新疆柯尔克孜族肾移植供受体人群HLA-B基因多态性分析研究》、李文慧等的《柯尔克孜族成人的瘦体与脂肪质量指数》、曾令达等的《柯尔克孜族成人的体型研究》、田骅等的《新疆哈萨克族、柯尔克孜族EAP的频率分布及CA、CB表型的检出和确认》。体育方面有6篇：彭立群的《柯尔克孜族节庆体育的文化透视》、郝文亭等的《锡伯族、维吾尔族、哈萨克族、蒙古族、柯尔克孜族、汉族学生心理特征与田径运动员选材的相关分析》、郝文亭等的《柯尔克孜族青少年运动能力监测与阳光体育干预研究》、臧留鸿等的《新疆哈萨克族与柯尔克孜族居民参加少数民族传统体育活动现状比较分析》、丁璐的《新疆汉族、维吾尔族、哈萨克族、柯尔克孜族学生身体素质现状及10年发展对比研究》、黄春梅等的《新疆柯尔克孜族群众体育发展研究》。另有文化艺术及其他方面的论文7篇。

### 5.3 中国知网

以"柯尔克孜族"为检索词、"主题"为检索入口，检索"知网会议论文库"，截至2020年8月19日，共检出会议论文35篇，其中题名含"柯尔克孜"的有27篇。对比在NSTL和"参考咨询联盟"的检索结果，未检出新的论文。题名含"柯尔克孜"的论文中有2篇被引用过：孙凤娟的《高原民族魂——柯尔克孜的"库姆孜"》被引3次，艾山·艾沙的《关于著名的玛纳斯奇居素甫·玛玛依演唱艺术与柯尔克孜族的〈玛纳斯〉演唱艺术历史来源》被引1次。

## 6.报纸文献

以"柯尔克孜"为检索词，检索"中华数字书苑"报纸新闻，截至2020年8月28日，共检出新闻1246条，其中标题含"柯尔克孜"的新闻3条，检出新闻图片10幅。检出的1246条新闻出自217种报纸，其中报道数量居前3位的报纸是：《人民日报》69条、《中国民族报》67条、《兵团日报》48条。1246条新闻中，关于布茹玛汗·毛勒朵（女，柯尔克孜族）的新闻报道有384条，出自170种报纸。

以"柯尔克孜族"为检索词、"主题"为检索入口，检索"知网报纸全文数据库"，截至2020年8月28日，共检出柯尔克孜族相关文献386篇。其中，报道数量居前3位的报纸是《克孜勒苏报》105篇、《新疆日报（汉）》64篇、《中国民族报》42篇。检出文献中有学术性文献44篇，其中题名含"柯尔克孜"的有9篇：吴占柱的《柯尔克孜族的复合性文化》、张春海等的《从黑龙江柯尔克孜语看濒危语言——访黑龙江省柯尔克孜族研究会会长吴占柱》、帕尔哈提·吐尔地的《致柯尔克孜族同胞的一封信》、吴楚克的《地缘政治视角下的柯尔克孜族》、许薇的《柯尔克孜族史诗〈英雄·玛纳斯〉的舞剧"叙述"》、王济宪的《施补华边塞诗中的柯尔克孜族》、张丽的《在现代与传统之间——阿地里教授谈柯尔克孜族史诗〈玛纳斯〉的传承与保护》、诸葛瑞金的《让民间口头文学焕发青春——〈帕米尔柯尔克孜约隆〉出版始末》、帕尔哈提·吐尔地的《政府工作报告——2012年2月16日在克孜勒苏柯尔克孜自治州第十三届人民代表大会第一次会议上》。

### 7. 标准

以"柯尔克孜"为检索词，检索"全国标准信息公共服务平台"，截至2020年6月1日，共检出柯尔克孜族相关标准31项，均为现行标准，其中国家标准29项、新疆维吾尔自治区地方标准2项。29项国家标准分别是：《GB/T 21669-2008 信息技术 维吾尔文、哈萨克文、柯尔克孜文编码字符集》，全国信息技术标准化技术委员会归口，国际标准分类号（ICS）35.040、中国标准分类号（CCS）L71，于2008年4月11日发布，自2008年9月1日起实施。《GB/T 25892.1-2010 信息技术 维吾尔文、哈萨克文、柯尔克孜文编码字符集 32点阵字型 第1部分：正文白体》《GB/T 25892.2-2010 信息技术 维吾尔文、哈萨克文、柯尔克孜文编码字符集 32点阵字型 第2部分：正文黑体》《GB/T 25892.3-2010 信息技术 维吾尔文、哈萨克文、柯尔克孜文编码字符集 32点阵字型 第3部分：库非白体》《GB/T 25892.4-2010 信息技术 维吾尔文、哈萨克文、柯尔克孜文编码字符集 32点阵字型 第4部分：库非黑体》《GB/T 25892.5-2010 信息技术 维吾尔文、哈萨克文、柯尔克孜文编码字符集 32点阵字型 第5部分：如克白体》《GB/T 25892.6-2010 信息技术 维吾尔文、哈萨克文、柯尔克孜文编码字符集 32点阵字型 第6部分：如克黑体》《GB/T 25892.7-2010 信息技术 维吾尔文、哈萨克文、柯尔克孜文编码字符集 32点阵字型 第7部分：塔里克白体》《GB/T 25900-2010 信息技术 信息处理用维吾尔文、哈萨克文、柯尔克孜文字型 白体、黑体》《GB/T 25907.1-2010 信息技术 维吾尔文、哈萨克文、柯尔克孜文编码字符集 16点阵字型 第1部分：正文白体》《GB/T 25907.2-2010 信息技术 维吾尔文、哈萨克文、柯尔克孜文编码字符集 16点阵字型 第2部分：正文黑体》《GB/T 25907.3-2010 信息技术 维吾尔文、哈萨克文、柯尔克孜文编码字符集 16点阵字型 第3部分：库非白体》《GB/T 25907.4-2010 信息技术 维吾尔文、哈萨克文、柯尔克孜文编码字符集 16点阵字型 第4部分：库非黑体》《GB/T 25907.5-2010 信息技术 维吾尔文、哈萨克文、柯尔克孜文编码字符集 16点阵字

型 第5部分：如克白体》《GB/T 25907.6-2010 信息技术 维吾尔文、哈萨克文、柯尔克孜文编码字符集 16点阵字型 第6部分：如克黑体》《GB/T 25907.7-2010 信息技术 维吾尔文、哈萨克文、柯尔克孜文编码字符集 16点阵字型 第7部分：塔里克白体》《GB/T 25907.8-2010 信息技术 维吾尔文、哈萨克文、柯尔克孜文编码字符集 16点阵字型 第8部分：塔里克黑体》《GB/T 25908-2010 信息技术 维吾尔文、哈萨克文、柯尔克孜文编码字符集 16×32点阵字型 正文白体》《GB/T 25909.2-2010 信息技术 维吾尔文、哈萨克文、柯尔克孜文编码字符集 24点阵字型 第2部分：正文黑体》《GB/T 25910.2-2010 信息技术 维吾尔文、哈萨克文、柯尔克孜文编码字符集 48点阵字型 第2部分：正文黑体》，全国信息技术标准化技术委员会归口，国际标准分类号（ICS）35.040、中国标准分类号（CCS）L71，于2011年1月10日发布，自2011年11月1日起实施。《GB/T 25891-2010 信息技术 维吾尔文、哈萨克文、柯尔克孜文编码字符集 8点阵字型 正文白体》《GB/T 25892.8-2010 信息技术 维吾尔文、哈萨克文、柯尔克孜文编码字符集 32点阵字型 第8部分：塔里克黑体》，全国信息技术标准化技术委员会归口，国际标准分类号（ICS）35.040、中国标准分类号（CCS）L71，于2011年1月10日发布，自2011年12月1日起实施。《GB/T 29270.3-2012 信息技术 编码字符集测试规范 第3部分：维吾尔文、哈萨克文、柯尔克孜文》，全国信息技术标准化技术委员会归口，国际标准分类号（ICS）35.080、中国标准分类号（CCS）L66，于2012年12月31日发布，自2013年6月1日起实施。《GB/T 31917-2015 信息技术 柯尔克孜文通用键盘字母数字区布局》《GB/T 31921-2015 信息技术 基于数字键盘的柯尔克孜文字母布局》，全国信息技术标准化技术委员会归口，国际标准分类号（ICS）35.180、中国标准分类号（CCS）L73，于2015年9月11日发布，自2016年5月1日起实施。《GB/T 32408-2015 信息技术 柯尔克孜文常用术语》，全国信息技术标准化技术委员会归口，国际标准分类号（ICS）01.040.35、35.020，中国标准分类号（CCS）L70，于2015年12月31日发布，自2016年7月1日起实施。《GB/T 32411-2015 信息技术 维吾尔文、哈萨克文、柯尔克孜文通用软件排版规则》，全国信息技术标准化技术委员会归口，国际标准分类号（ICS）35.240、中国标准分类号（CCS）L73，于2015年12月31日发布，自2017年1月1日起实施。《GB/T 32412-2015 信息技术 维吾尔文、哈萨克文、柯尔克孜文特定功能符与引用功能符》，全国信息技术标准化技术委员会归口，国际标准分类号（ICS）35.040、中国标准分类号（CCS）L71，于2015年12月31日发布，自2017年1月1日起实施。《GB/T 37316-2019 柯尔克孜羊》，全国畜牧业标准化技术委员会归口，国际标准分类号（ICS）65.020.30、中国标准分类号（CCS）B43，于2019年3月25日发布，自2019年10月1日起实施。2项地方标准的主管部门均为新疆维吾尔自治区质量技术监督局，分别是：《DB65/T 3065-2010 柯尔克孜羊》，国际标准分类号（ICS）65.020.30、中国标准分类号（CCS）B44，于2010年1月30日公布，自2010年3月1日起实施；《DB65/T 3749-2015 柯尔克孜马》，国际标准分类号（ICS）65.020.30、中国标准分类号（CCS）B43，于2015年8月10日公布，自2015年10月1日起实施。

## 第九节　锡伯族文献信息资源建设

新疆维吾尔自治区伊犁哈萨克自治州察布查尔锡伯自治县是中国唯一的锡伯族自治县。锡伯族有自己的语言，锡伯语属阿尔泰语系满－通古斯语族满语支。清初，锡伯族归属满洲后，逐步接受了满语、满文。1947年，锡伯族的知识分子创制了经由满文发展而来的锡伯文。[①]

### 1.古籍

中国的锡伯族历史悠久，文化灿烂。同时，锡伯族还大量吸收儒家思想及满汉文化，使锡伯族的文化表现出兼收并蓄、多元文化交融的特点，一大批被译成满文或满汉合璧的儒家经典在锡伯族民间广泛流传。《中国

---

① 《中国少数民族》修订编辑委员会.中国少数民族[M].北京：民族出版社，2009：268.

少数民族古籍总目提要·锡伯族卷》较全面、真实地反映了锡伯族现存古籍的全貌，共收录新疆、北京、辽宁、吉林、黑龙江等地各图书馆、档案馆、科研院所和个人保存的锡伯族古籍条目2338条，其中书籍类661条、铭刻类12条、文书类875条、讲唱类790条。①

书籍类分为9部分：宗教13条，政治、法律90条，军事143条，经济54条，文化教育14条，文学111条，历史、地理115条，医药卫生2条，谱牒119条。文书类也分9部分：政务68条、职官353条、军事217条、司法43条、经济113条、交通运输12条、文化教育44条、医药卫生2条、风俗习惯23条。讲唱类分4部分：传说故事395条、民间歌谣208条、戏曲74条、谚语113条。

锡伯族古籍整理研究方面的成果还有：《锡伯族档案史料》，收录明万历二十一年（1593年）至清宣统二年（1910年）的锡伯族档案史料300余件，共60万字。②此外，还有《锡伯族古籍资料辑注》，由贺灵、佟克力辑注，新疆人民出版社2004年12月出版；《锡伯族民间散存清代满文古典文献》，由佟玉泉、佟克力编，新疆人民出版社2008年7月出版，收录古籍文献44件；《中国新疆历史文化古籍文献资料译编.37,锡伯族》，由张新泰总纂、贺灵主编，克孜勒苏柯尔克孜文出版社、新疆人民出版社2016年8月出版。

## 2.图书

锡伯族图书调查以检索国家图书馆、民族图书馆、社科院图书馆、CALIS、辽宁省图书馆等5家单位藏书目录的方式进行。检索以"锡伯族"为检索词，按主题方式检索，核减各单位藏书目录中的重复或错误记录后，截至2020年8月21日，各单位收藏锡伯族相关图书情况如下：国家图书馆193种，其中汉文图书121种、锡伯文图书72种；民族图书馆42种；社科院图书馆57种；CALIS 80种；辽宁省图书馆59种。又以"锡伯"

---

① 国家民族事务委员会全国少数民族古籍整理研究室编.中国少数民族古籍总目提要·锡伯族卷[M].北京：中国大百科全书出版社，2007.

② 中国第一历史档案馆编译.锡伯族档案史料[M].沈阳：辽宁民族出版社，1989.

为检索词，按题名方式检索，核减重复和错误记录后，截至2020年8月21日，各单位收藏锡伯族相关图书情况如下：国家图书馆562种，其中锡伯文图书368种、满文图书2种、朝鲜文图书1种、维吾尔文图书1种、盲文图书1种、汉文图书189种；民族图书馆68种；社科院图书馆59种，其中锡伯文图书2种、汉文图书57种；CALIS 153种；辽宁省图书馆81种。CALIS系统中，锡伯族相关著作较多的作者是：贺灵13册，于文胜、佟克力各8册，吴克尧7册。

上述5家单位共藏题名含"锡伯"的图书278种，其中被同时收藏的有14种：《锡伯族史论考》，辽宁省民族研究所编，辽宁民族出版社1986年8月出版；《锡伯族源流史纲》，白友寒编著，辽宁民族出版社1986年5月出版；《沈阳锡伯族志》，沈阳市民委民话志编纂办公室编，辽宁民族出版社1988年4月出版；《锡伯族民间故事选》，忠录编，上海文艺出版社1991年10月出版；《锡伯族史》，贺灵、佟克力著，新疆人民出版社1993年5月出版；《锡伯族民歌集》，关宝学主编，辽宁民族出版社2000年9月出版；《锡伯族历史探究》，吴元丰、赵志强著，辽宁民族出版社2008年5月出版；《何钧佑锡伯族长篇故事》，何钧佑口述、沈阳市于洪区文化馆采录整理，辽宁人民出版社2009年8月出版；《锡伯族文学简史》，贺元秀主编，中央民族大学出版社2010年10月出版；《锡伯族风俗》，关伟著，辽宁民族出版社2011年4月出版；《新疆锡伯族文学作品精选》，马雄福等选编，新疆人民出版社2013年12月出版；《沈阳锡伯族家谱》，王俊、李军编著，辽宁民族出版社2015年11月出版；《城镇化视域下黑龙江人口较少世居民族文化田野调查与研究：以鄂温克族、达斡尔族、锡伯族、柯尔克孜族为例》，张广才著，黑龙江大学出版社、北京大学出版社2016年11月联合出版；《北方少数民族家谱整理与研究：以蒙古族、满族、朝鲜族、回族、锡伯族为个案》，王华北等著，中央民族大学出版社2018年4月出版。

## 3.期刊论文

### 3.1 NSSD

以"锡伯"为检索关键字,检索NSSD 1920—2020年的论文,截至2020年8月22日,共检出论文489篇。数量居前3位的研究领域是文化科学102篇、历史地理102篇、社会学88篇。从作者的工作单位上看,发文数量居前3位的是伊犁师范学院27篇、新疆师范大学16篇、新疆社会科学院14篇。发表锡伯族相关论文数量居前3位的学者是:佟克力8篇,王建7篇,佟中明5篇。刊发锡伯族相关论文数量居前3位的期刊是:《满族研究》62篇、《满语研究》32篇、《民族文学研究》26篇。检出论文《哨所有棵小白杨》讲述了小白杨哨所背后的感人故事:1983年春,锡伯族战士程富胜带着母亲送的白杨树苗站岗戍边,被哨所的战士写进了日记,被作家梁上泉写进了诗里并发表在《解放军歌曲》上,后由作曲家刘志谱曲、阎维文演唱,歌曲《小白杨》自此传唱开来。位于中哈边界中国新疆塔城裕民县的塔斯提边防哨所由此闻名全国,被人们称为"小白杨哨所"。[①]该文还引述史料,详述了清代锡伯族西迁新疆屯垦戍边的历史。

又以"锡伯"为检索词、"题名"为检索入口,在上述检索结果中进行二次检索,检出论文399篇,其中锡伯族古籍整理研究方面的有5篇:《锡伯族古籍与历史研究60年》指出,中华人民共和国成立60年来,锡伯族古籍的整理研究主要集中在对锡伯族的满汉文文献的整理并以此为依据进行的锡伯族史研究。[②]《抢救少数民族古籍 保护人类共有遗产——简述锡伯族古籍总目提要编纂工作》,简要介绍了汉、满、锡伯、俄等4种文字的锡伯族古籍,以及中华人民共和国成立以来锡伯族古籍搜集、整理工作的开展情况,重点记述了《中国少数民族古籍总目提要·锡伯族卷》的编纂过程[③]。《〈锡伯族档案史料〉出版》简要介绍了昊元丰、赵志强编译的《锡伯族档案史料》。《锡伯族档案史料》一书约60万字,共收入明

---

① 姚定范.哨所有棵小白杨[J].铁军,2020(08):42-43.
② 顾松洁.锡伯族古籍与历史研究60年[J].满语研究,2009(02):86-91.
③ 郭德兴.抢救少数民族古籍 保护人类共有遗产——简述锡伯族古籍总目提要编纂工作[J].中共伊犁州委党校学报,2009(04):99-101.

万历二十一年至清宣统二年间（1593—1910年）的档案742件（包括附件），其中满文档案647件、汉文档案95件。全书又按锡伯族历史上分布地区分为三编：第一编"东北锡伯族"，记载了明万历二十一年至清光绪三十三年间（1593—1907年）锡伯族在东北的活动情况；第二编"北京锡伯族"，记载了康熙五十七年至光绪二十九年间（1718—1903年），迁到京师的锡伯族的一些活动情况；第三编"新疆锡伯族"，记载了乾隆二十八年至宣统二年间（1763—1910年），锡伯族迁至新疆伊犁以及到达后的活动情况。[①] 吴元丰、赵志强的《〈锡伯族档案史料〉简介》则更为详尽，不仅介绍了该书的收录内容，还简述了三个时期锡伯族的历史活动情况，文后还附有《锡伯族档案史料总目》。[②] 最后一篇是杨嘉兴的《锡伯族的文化古籍整理近况》。

### 3.2 中国知网

以"锡伯族"为检索词、"主题"为检索入口，按"精确"方式检索知网学术期刊库，截至2020年8月22日，共检出论文951篇。又以"锡伯族"为检索词、"篇名"为检索入口重新检索，共检出论文674篇，其中455篇被引用过。被引次数居前3位的是：邵兴周等7人的《新疆察布查尔锡伯族体质特征调查》被引121次，何永明的《锡伯族西迁对锡伯族文化的影响》被引35次，佟克力的《论锡伯族文化选择的历史轨迹》被引32次。

### 3.3 复印报刊资料

以"锡伯族"为检索词、"主题词"为检索入口，检索复印报刊资料全文数据库，截至2020年8月22日，共检出1995—2020年的论文20篇。其中，10篇论文以锡伯族为主要研究对象，且论文题名含"锡伯族"；另外10篇论文则为锡伯族学者独著或与他人合著的其他研究领域的论文。

题名含"锡伯族"的10篇论文中，《复印报刊资料：中国古代、近代文学研究》收4篇：2016年04期的《"长坂坡赵云救主"中的赵云形象在达斡尔族、锡伯族说唱中的变化》，首先介绍了"长坂坡赵云救主"的故

---

[①] 《锡伯族档案史料》出版[J].历史档案，1989（04）：85.

[②] 吴元丰，赵志强.《锡伯族档案史料》简介[J].满语研究，1989（02）：138-142.

事进入达斡尔族、锡伯族说唱中的过程，然后对嘉靖本、满译本、达斡尔族乌钦、锡伯族乌春中"长坂坡赵云救主"的赵云形象细节进行了对比，最后分析出促使赵云人物形象民族化的三点主要因素，即达斡尔族、锡伯族人民对汉族文化的认同，达斡尔族、锡伯族人民对忠勇精神的尊崇，达斡尔族、锡伯族人民的口头传统"乌钦"与"乌春"。[①]另3篇分别是2001年01期贺灵的《近代锡伯族作家文学述论》、2006年08期贺元秀的《论新疆锡伯族诗歌创作特征》、2006年09期撒军的《多元叙事模式下的新疆锡伯族散文类口头传统》。《复印报刊资料：民族问题研究》2005年10期的《论锡伯族文化选择的历史轨迹》，介绍了锡伯族与契丹、女真、蒙古、满、俄罗斯、维吾尔、哈萨克、汉等民族进行文化交流、融合的历史过程。[②]其他5篇题名含"锡伯族"的论文是《复印报刊资料：民族研究》1997年05期都兴智的《锡伯族源出女真论》，2000年04期葛丰交的《锡伯族研究扫描》；《复印报刊资料：中国地理》1995年05期韩启昆的《〈锡伯族西迁戍边路线图〉解》；《复印报刊资料：舞台艺术（音乐、舞蹈）》2011年02期肖学俊的《锡伯族"汗都春"源考——锡伯族"汗都春"的历史与现状系列论文之一》；《复印报刊资料：语言文字学》2019年07期尹小荣等的《锡伯族家庭语言态度的代际差异研究》。

### 4.学位论文

#### 4.1 CALIS

以"锡伯族"为检索词检索CALIS学位论文系统，截至2020年8月23日，共检出学位论文96篇，其中硕士论文70篇、博士论文26篇，全部为汉文文献。检出的论文完成于1993年至2013年间，以2010年的17篇为最多。最早的一篇是1993年吉林大学关丽的硕士论文《吉林省锡伯族和汉族HLA抗原频率测定及北方六民族遗传距离分析》。检出的博士论文

---

① 吴刚.“长坂坡赵云救主”中的赵云形象在达斡尔族、锡伯族说唱中的变化——兼论人物形象民族化[J].明清小说研究，2015（04）：130-151.

② 佟克力.论锡伯族文化选择的历史轨迹[J].新疆大学学报（哲学社会科学版），2005（04）：101-106.

中，题名含"锡伯"的有5篇：2010年中央民族大学李云霞的《锡伯族文化探微》、中央音乐学院肖学俊的《西迁背景下的锡伯族戏曲"汗都春"研究》，2011年中央民族大学艾清的《牛录——新疆锡伯族族群认同研究》、武汉大学王晓江的《少数族群的媒介使用与文化适应——以锡伯族聚居区依拉齐牛录村为例》，2013年内蒙古大学桂芳的《锡伯语与蒙古语语音、名词语法范畴比较研究》。

### 4.2 NSTL

以"锡伯族"为检索词检索"NSTL学位论文数据库"，截至2020年8月23日，共检出学位论文98篇，其中硕士论文81篇、博士论文16篇、博士后论文1篇，全部为汉文印本资源，96篇收藏在中国科学技术信息研究所、1篇收藏在中国农科院农业信息研究所、1篇收藏在中国科学院文献情报中心。学位授予单位来自41所高校及科研单位，其中新疆师范大学18篇居首，中央民族大学10篇居其次，哈尔滨医科大学、新疆医科大学各5篇并列第三。检出的硕士论文《清代东北少数民族对汉文化认同研究》，分析了清代东北少数民族认同汉文化的原因，论述了清代东北少数民族在教育方面对汉文化的学习和利用、在社会生活中对汉文化的吸收。[①]

检出题名含"锡伯"的论文39篇，其中博士后论文1篇，即2017年中山大学梁爽的《新疆锡伯族多重族群边界与民族认同》；博士论文2篇，即中央民族大学2010年李云霞的《锡伯族文化探微》、2011年艾清的《牛录——新疆锡伯族族群认同研究》。其他36篇为硕士论文，其中1993年有1篇，即关丽的《吉林省锡伯族和汉族HLA抗原频率测定及北方六民族遗传距离分析》；2001年有1篇，即许健的《新疆锡伯族一个STR位点的遗传多态性研究》；2002年有2篇：杨俊敏的《新疆蒙古族、锡伯族和塔吉克族成年人体质与健康的研究》，胡晓岩的《中国新疆锡伯族和哈萨克族人群CSF1PO、TPOX和TH01三个STR位点的多态性研究》；2006年有1篇，即宋元元的《远行的歌者——新疆察布查尔县锡伯族说唱音乐考察及文化研究》；2007年有2篇：张莉的《论锡伯族的传播风俗》，马海江的《新疆锡伯族3—6岁幼儿体质现状的调查与研究》；2008年有3

---

① 王玉皎.清代东北少数民族对汉文化认同研究[D].哈尔滨：黑龙江大学，2018.

篇：刘宗栋的《鲜卑祖先与锡伯族认同变迁》，刘莉的《新疆伊犁察布查尔锡伯自治县锡伯族民间歌曲传承的调查研究》，任屹立的《少数民族语言教育与民族文化的保护与传承研究——以新疆伊犁察布查尔县锡伯族为例》；2009年有3篇：文静的《锡伯族中学生英语词汇学习策略研究》，周阳的《锡伯族"西迁节"与族群文化认同研究》，张洁的《新疆地区锡伯族双语教育的发展》；2010年有2篇：戴松的《新疆锡伯族群众体育现状调查与发展对策研究》，魏海滨的《新疆锡伯族7—18岁学生体质状况调查分析》；2011年有6篇：赵云鹏的《辽宁地区锡伯族民居特征研究》，孙慧芳的《新疆锡伯族节庆体育的研究》，冯伟强的《新疆锡伯族村落体育研究——以乌珠牛录村为个案》，刘新萍的《新疆锡伯族小学体育校本课程发展现状与开发研究》，吴涛的《新疆"察布查尔县"锡伯族民歌演唱风格探析》，王长全的《锡伯族早期历史与科尔沁蒙古关系诸问题研究》；2012年有5篇：陶积文的《锡伯族伦理教育探微》，曲鹭鹭的《论锡伯族民歌演唱的传承与发展》，石砚馨的《新疆伊犁察布查尔县锡伯族乐器的调查研究》，杨雪的《新疆锡伯族贝伦舞音乐文化调查研究》，王珏的《新疆锡伯族与蒙古族射箭文化比较研究》；2013年有4篇：王娟的《锡伯族传统体育发展研究——以沈北新区锡伯族聚居地为个案》，方春蕾的《沈阳市沈北新区锡伯族文化保护问题研究》，李俊的《新疆伊犁察布查尔县锡伯族传统弓箭文化旅游价值评价及开发研究》，戴广耀的《基于民族文化特色的新疆锡伯族爱新舍里镇规划研究》；2016年有5篇：横田咲子的《锡伯族口头文学及其传播价值研究》，刘博的《国家与社会关系中的锡伯家庙及其营造》，唐剑的《新疆锡伯族传统建筑文化研究》，巧琴的《新疆伊犁察布查尔县锡伯族婚俗中的民歌调查及研究》，吴亚骏的《全球化语境下当代新疆锡伯族汉语文学浅探》；2018年有1篇，即陈伊琦的《锡伯族图案在文创设计中的应用研究——以服饰图案为主》。

### 4.3 参考咨询联盟

以"锡伯族"为检索词、"全部字段"为检索入口，通过"精确"方式检索"参考咨询联盟"中的学位论文，截至2020年8月23日，共检出216篇，其中学士论文1篇、硕士论文187篇、博士论文27篇、博士后论文1篇。论文数量居前3位的学位授予单位是新疆师范大学（29篇）、新疆大学（15篇）、中央民族大学（14篇）。

又以"锡伯"为检索词、"标题"为检索入口，通过"精确"方式在上述检索结果中检索，共检出学位论文117篇，其中硕士论文107篇、博士论文9篇、博士后论文1篇。对比在CALIS和NSTL的检索结果，新检出的博士论文有4篇：东北师范大学博雅杰的《为民族音乐文化传承的校本教材开发研究——以锡伯族音乐为例》、复旦大学胡方艳的《伊犁锡伯人社会生活研究》、中山大学梁爽的《从锡伯人到锡伯族：民族文化精英与民族认同建构》、中央民族大学张泰镐的《锡伯语语法研究》。

### 4.4 国家图书馆

以"锡伯"为检索词、"标题"为检索入口，检索"国图博士论文库"，截至2020年8月23日，检出锡伯族相关博士论文1篇，即2002年中央民族大学张泰镐的《锡伯语语法研究》。

### 4.5 中国知网

以"锡伯族"为检索词、"主题"为检索入口，按"精确"方式检索"知网学位论文库"，截至2020年8月23日，共检出学位论文97篇，其中硕士论文91篇、博士论文6篇。2020年的7篇论文均为硕士论文：沈阳音乐学院张舒怡的《新疆察布查尔锡伯族贝伦音乐研究》，哈尔滨师范大学陈雨萌的《锡伯族刺绣艺术在现代服装设计中的应用》，伊犁师范大学关艺伟的《主题学视角下的锡伯族民间故事研究》，新疆艺术学院苗珊珊的《锡伯族秧歌文化变迁研究》、李丹丹的《锡伯族民间对舞形态提炼课堂化研究》、郝丽娜的《锡伯族贝伦的文化交融视域》、安菁华的《锡伯族蝴蝶舞表演风格呈现》。

又以"锡伯"为检索词、"题名"为检索入口，按"精确"方式重新检索，检出论文101篇，其中硕士论文95篇、博士论文6篇。检出论文的总参考数是3550、总被引数是392、总下载数是35411，篇均参考数是35.15、篇均被引数是3.88、篇均下载数是350.6、下载被引比为0.01。[①]检出的论文中，被引次数居前3位的是：博雅杰的《为民族音乐文化传承

---

① 计量可视化分析—已选文献—中国知网[EB/OL].[2020-08-23].https：//kns.cnki.net/KVisual/ArticleAnalysis/index?t=1604588163295。

的校本教材开发研究》被引34次，李云霞的《锡伯族文化探微》被引30次，文新艳的《东北与西北锡伯族文化变迁比较研究——以新疆伊犁察布查尔县锡伯族为例》被引25次。

## 5. 会议论文

### 5.1 NSTL

以"锡伯族"为检索词检索"NSTL会议论文数据库"，截至2020年8月24日，共检出会议论文15篇，全部为汉文印本资源，均收藏在中国科学技术信息研究所。检出题名含"锡伯族"的论文6篇：锋晖的《锡伯族的弓箭文化》，高振民的《锡伯族民俗文化时空观——锡伯族民族大迁徙与锡伯族民俗文化的演变》，杨晓等的《新疆地区锡伯族双语教育的历史考察》，赵志强的《锡伯族的迁徙与中华文化之传播》，李阳的《创建沈阳市锡伯族文化生态园对策建议》，库热西江·托呼提等的《新疆伊犁州锡伯族RhD阴性人群家系调查以及RHD基因盒子型分析》。

### 5.2 参考咨询联盟

以"锡伯族"为检索词、"全部字段"为检索入口，检索"参考咨询联盟"中的会议论文，截至2020年8月24日，检出论文59篇。又以"锡伯"为检索词、"标题"为检索入口，在上述检索结果中检索，检出论文25篇。

对比在NSTL的检索结果，新检出题名含"锡伯"的会议论文19篇。其中，医学研究领域有7篇：徐国昌等6人的《察布查尔锡伯族中老年人肌肉机能与衰减评价》、张海龙等10人的《辽宁锡伯族成人头面部体质特征研究》、崔静的《新疆察布尔锡伯族体型、躯干、四肢部测量分析》、崔静等4人的《新疆维吾尔族、锡伯族、蒙古族学生身体形态发育的比较分析》、徐国昌等4人的《新疆锡伯族成人十项身体遗传性状统计分析》、赵美荣的《新疆锡伯族青年身高与指距的研究》、徐国昌等4人的《新疆锡伯族中老年人基础代谢率与体脂分布相关性》。萨满文化研究方面的有2篇：贺灵的《锡伯族萨满教概述》、佟中明的《论锡伯族萨满的心理疗法》。锡伯族文学方面的有2篇：吴晓棠的《从女性形象看锡伯族女性文学》、贺元秀的《论新疆锡伯族文学古籍文献》。其他方面的有8篇：乔·斯达里等的《威尼斯大学对满族和锡伯族研究的十年》、梁丽媛等的《辽宁锡伯族非物质文化遗产的保护与传承》、李树兰的《锡伯语研究对满语研究的贡献》、邢欣等的《新疆察布查尔县锡伯族双语教育模式的沿革》、于世春等的《爱国　团结　进步　兴旺：综述黑龙江锡伯族"两会"运作轨迹》、焉宇成等的《民族型村庄特色挖掘与保护利用实践——以拉塔湖锡伯族村庄规划为例》、张莹莹的《植根于东北地区地域文化的锡伯族特色民宿规划及设计研究》、郝文亭等5人的《锡伯族、维吾尔族、哈萨克族、蒙古族、柯尔克孜族、汉族学生心理特征与田径运动员选材的相关分析》。

### 5.3 中国知网

以"锡伯族"为检索词、"主题"为检索入口，检索"知网会议论文库"，截至2020年8月24日，共检出会议论文25篇。又以"锡伯"为检索词、"篇名"为检索入口，在上述检索结果中检索，检出论文19篇。对比在NSTL和"参考咨询联盟"的检索结果，新检出的会议论文仅有1篇，即2011年10月阿斯买·尼亚孜在第三届中国少数民族地区信息传播与社会发展论坛上的论文《论新疆锡伯文报刊发展现状》。截至目前，检出文献中仅有李阳的《创建沈阳市锡伯族文化生态园对策建议》被引1次，其他尚未被引用过。

## 6. 报纸文献

《察布查尔报》是中国唯一的一份锡伯文综合性民族报纸，于1946年在伊宁市创办，名为《自由之声报》。中华人民共和国成立后改称《新生活报》，在新疆维吾尔自治区伊犁哈萨克自治州机关报伊犁日报社出版。1956年11月，社址迁到察布查尔锡伯自治县，正式成为独立的报社，1974年10月改称《察布查尔报》。[①]《察布查尔报》现为中共察布查尔县

---

① 杜松平.新疆锡伯文新闻出版事业与满–通古斯文化的传承——以《察布查尔报》的创刊为例[J].新疆社科论坛，2015（04）：97-99.

委机关报，对开四版，每周二、周五出版，内容涵盖要闻、地方消息、科技知识、文体新闻、国际国内消息等。①

以"锡伯族"为检索词检索"中华数字书苑"报纸新闻，截至2020年8月28日，共检出新闻476条，其中标题含"锡伯族"的新闻14条，检出新闻图片3幅。检出的476条新闻出自110种报纸，其中报道数量居前3位的报纸是《沈阳日报》101条、《沈阳晚报》49条、《中国民族报》30条。根据检索结果，整理出3条信息：（1）2019年5月4日，2018年度"全国优秀共青团员"名单公布，塔里木大学水利与建筑工程学院农业水利工程19—4班学生关海玲（女，锡伯族）等295名同志被共青团中央授予2018年度"全国优秀共青团员"称号。②（2）2019年6月25日，在第九届全国"人民满意的公务员"和"人民满意的公务员集体"表彰大会上，辽宁省沈阳市苏家屯区委区人民政府信访局主任科员、驻官立堡村党支部第一书记吴书香（女，锡伯族）等192名同志被中央组织部、中央宣传部授予全国"人民满意的公务员"称号。③（3）2019年9月19日，全国绿化委员会决定向辽宁省大连市瓦房店市三台乡林业站农民赵世成（锡伯族）等946名同志颁发全国绿化奖章。④

以"锡伯族"为检索词、"主题"为检索入口，检索"知网报纸全文数据库"，截至2020年8月28日，共检出锡伯族相关文献225篇。其中，报道数量居前3位的报纸是《沈阳日报》34篇、《伊犁日报》（汉文版）33篇、《中国民族报》30篇。检出文献中有学术性文献35篇，其中题名含"锡伯族"的有17篇：葛丰交等的《改革开放以来锡伯族双语教育教学研究取得长足进展》《新疆锡伯族国家通用语言普及率高》《新时期中国锡伯族研究概述》《戍边屯垦筑伟业　风雨同舟谱新章——纪念锡伯族西迁250周年》，关桂珍的《国语教学让锡伯族各项事业得到大发展》，张大辉的《第十一、十二届全国人大代表，锡伯族唯一全国人大代表富春

---

① 葛维娜.审读《察布查尔报》有感[J].新疆新闻出版，2014（03）：80.
② 2018年度"全国优秀共青团员"名单[N].中国青年报，2019-05-04（2）.
③ 习近平会见受表彰公务员个人和集体代表[N].半岛晨报，2019-06-26（A11）.
④ 全国绿化委员会关于表彰全国绿化模范单位和颁发全国绿化奖章的决定[N].人民日报，2019-09-24（16）.

丽：期待行贿犯罪档案查询发挥更大威力》，杨竞的《锡伯族文化生态面临四方面严峻形势》，杨春等的《用文字记录民族文化的变迁——新疆当代锡伯族作家访谈》《追述民族那段悲壮的西迁史——新疆当代锡伯族作家访谈》，顾新勇的《锡伯族传统婚礼：箭乡的秋季盛典》，张云霞的《锡伯族南迁：巩固了边防　丰富了文化》《清政府为何要将锡伯族南迁》，秦玉的《锡伯族一个曾在大连"消失"的民族》，张春海的《融化多元　丰韵传世——锡伯族非物质文化遗产》《锡伯族文化的现代出路——访新疆人民出版社编审贺灵、新疆社会科学院历史研究所研究员佟克力》，锋晖的《不断升华的锡伯族弓箭文化》，张春淘的《屯垦边疆的守望者——伊犁锡伯族历史遗存考察》。

### 7.标准

以"锡伯"为检索词，检索"全国标准信息公共服务平台"，截至2020年6月1日，共检出锡伯族相关标准16项，均为现行国家标准，归口单位均为全国信息技术标准化技术委员会。这16项国家标准分别是：《GB/T 25903.1-2010　信息技术　通用多八位编码字符集　锡伯文、满文名义字符、显现字符与合体字 16点阵字型　第1部分：正白体》《GB/T 25903.2-2010　信息技术　通用多八位编码字符集　锡伯文、满文名义字符、显现字符与合体字 16点阵字型　第2部分：正黑体》《GB/T 25904.1-2010　信息技术　通用多八位编码字符集　锡伯文、满文名义字符、显现字符与合体字 24点阵字型　第1部分：大黑体》《GB/T 25904.2-2010　信息技术　通用多八位编码字符集　锡伯文、满文名义字符、显现字符与合体字 24点阵字型　第2部分：行书体》《GB/T 25904.3-2010　信息技术　通用多八位编码字符集　锡伯文、满文名义字符、显现字符与合体字 24点阵字型　第3部分：奏折体》《GB/T 25905.1-2010　信息技术　通用多八位编码字符集　锡伯文、满文名义字符、显现字符与合体字 32点阵字型　第1部分：正白体》《GB/T 25905.2-2010　信息技术　通用多八位编码字符集　锡伯文、满文名义字符、显现字符与合体字 32点阵字型　第2部分：正黑体》《GB/T 25906.1-2010　信息技术　通用多八位编码字符集　锡伯文、满文名义字符、显现字符与合体字 48 点阵字型 第 1 部分：正白体》《GB/T 25906.2-2010 信息技术 通用多八位编码字符集 锡伯文、满文名义字符、显现字符与合体字 48 点阵字型 第 2 部分：正黑体》《GB/T 25906.3-2010 信息技术 通用多八位编码字符集 锡伯文、满文名义字符、显现字符与合体字 48 点阵字型 第 3 部分：大黑体》《GB/T 25906.4-2010 信息技术 通用多八位编码字符集 锡伯文、满文名义字符、显现字符与合体字 48 点阵字型 第 4 部分：行书体》《GB/T 25906.5-2010 信息技术 通用多八位编码字符集 锡伯文、满文名义字符、显现字符与合体字 48 点阵字型 第 5 部分：奏折体》，国际标准分类号（ICS）35.040、中国标准分类号（CCS）L71，于 2011 年 1 月 10 日发布，自 2011 年 11 月 1 起实施；《GB/T 30848-2014 信息技术 通用多八位编码字符集 锡伯文、满文字型 正黑体》《GB/T 30849-2014 信息技术 通用多八位编码字符集 锡伯文、满文字型 正白体》，国际标准分类号（ICS）35.040、中国标准分类号（CCS）L71，于 2014 年 5 月 6 日发布，自 2015 年 2 月 1 起实施；《GB/T 34951-2017 信息技术 基于数字键盘的锡伯文字母布局》，国际标准分类号（ICS）35.180、中国标准分类号（CCS）L73，于 2017 年 11 月 1 日发布，自 2018 年 5 月 1 日起实施；《GB/T 36641-2018 信息技术 锡伯文名义字符、变形显现字符和控制字符使用规则》，国际标准分类号（ICS）35.040、中国标准分类号（CCS）L71，于 2018 年 9 月 17 日发布，自 2019 年 4 月 1 起实施。

## 第十节 土族文献信息资源建设

中国有互助土族自治县、大通回族土族自治县、民和回族土族自治县等 3 个土族自治县，全部在青海省。土族有本民族的语言，属阿尔泰语系蒙古语族，分为互助、民和和同仁 3 个方言区。土族无本民族传统文字，于 1979 年创制了以拉丁字母为字母形式的拼音文字。[1]

---

[1] 国家民族事务委员会全国少数民族古籍整理研究室.中国少数民族古籍总目提要·土族卷、撒拉族卷[M].北京：中国大百科全书出版社，2007.

## 1. 古籍

由于无本民族传统文字，土族古籍多以口传古籍的形式在民间流传，也有一些以汉文家谱和藏文寺志形式记录土族人社会活动的古籍文献传世。《中国少数民族古籍总目提要·土族卷》全面反映了土族古籍情况，全面收入土族互助方言、民和方言和同仁方言的古籍，共收入土族古籍条目1336条，其中书籍类5条、铭刻类2条、文书类10条、讲唱类1319条。

书籍类古籍中，用汉文记录的有《湟东祁氏宗谱》《李氏家谱》等2种，用汉文翻译的有《甘肃土人的婚姻》《土族格赛尔》《佑宁寺志》等3种。所收《湟东祁氏宗谱》，不分卷1册，8页，民国三十一年（1942年）祁永邦撰，含祁氏家谱序和祁氏接辈承替世官纪略，讲述土族祁土司自始祖贡哥星吉至民国时祁昌寿十七代土司的承袭次序和文治武功。[①]《李氏家谱》，不分卷1册，28页，清顺治十二年（1655年）岳鼐等撰，由李氏家谱序、题跋、李氏世系谱、大宗世系图和明清时期皇帝颁发的敕、诏以及民国时期居正、于佑仁等的题字组成，记述了土族李土司自始祖赏哥至末代土司的承袭次序、文治武功及其远祖在唐宋时期的活动。[②]

铭刻类收汉文铭刻条目2条：《赐"佑宁寺"碑》，石碑1通，清雍正十年（1732年）爱新觉罗·胤祺撰文，记雍正皇帝为修复郭隆寺并重赐寺名的圣旨，碑在今青海省互助土族自治县佑宁寺。《王廷仪碑》，石碑1通，明万历二十八年（1600年）八月何尚德撰文，马巴落、马六禾刻文，记同仁四屯屯首王廷仪抚番立功授官实迹，碑在今青海省黄南藏族自治州同仁县年都乎寺。[③] 文书类收汉文文书条目10条。讲唱类收入叙事诗条目8条、神话条目5条、传说条目87条、民间故事条目255条、民间歌谣条目770条、民间祝辞条目24条、民间谜语条目92条、民间谚语条目78条。

---

[①] 国家民族事务委员会全国少数民族古籍整理研究室.中国少数民族古籍总目提要·土族卷、撒拉族卷[M].北京：中国大百科全书出版社，2007：33.

[②] 国家民族事务委员会全国少数民族古籍整理研究室.中国少数民族古籍总目提要·土族卷、撒拉族卷[M].北京：中国大百科全书出版社，2007：33.

[③] 国家民族事务委员会全国少数民族古籍整理研究室.中国少数民族古籍总目提要·土族卷、撒拉族卷[M].北京：中国大百科全书出版社，2007：37.

## 2.图书

土族图书调查以检索国家图书馆、民族图书馆、社科院图书馆、CALIS、青海师范大学图书馆等5家单位藏书目录的方式进行。检索以"土族"为检索词,按主题方式检索,核减各馆藏书目录中的重复和错误记录后,截至2020年8月26日,各单位收藏土族相关图书情况如下:国家图书馆149种,其中汉文图书147种、蒙古文图书2种;民族图书馆102种;社科院图书馆81种;CALIS 80种;青海师范大学图书馆34种。又以"土族"为检索词,按题名方式检索,核减重复和错误记录后,截至2020年8月26日,各单位收藏土族相关图书情况如下:国家图书馆161种,其中汉文图书159种、朝鲜文图书1种、藏文图书1种;民族图书馆95种;社科院图书馆78种;CALIS 120种,其中汉文图书113种、日文图书4种、蒙古文图书3种;青海师范大学图书馆35种。CALIS系统中,出版土族相关图书数量较多的学者是:王国明8册、李克郁5册。

上述单位共藏题名含"土"的土族相关图书230种,其中同时收藏的有15种:(1)《青海土族社会历史调查》,民族出版社2009年6月修订版,属国家民委《民族问题五种丛书》之《中国少数民族社会历史调查资料丛刊》。(2)《互助土族自治县概况》《大通回族土族自治县概况》《民和回族土族自治县概况》,均属国家民委《民族问题五种丛书》之《中国少数民族自治地方概况丛书》,且都在2009年6月由民族出版社出版了修订版,5家单位也都藏有修订版。(3)《土族简史》,青海人民出版社1982年11月出版,属国家民委《民族问题五种丛书》之《中国少数民族简史丛书》。民族出版社2009年7月出版了该书的修订版,5家单位中仅青海师范大学图书馆尚未收藏修订版。(4)5家单位同时收藏的图书还有青海人民出版社1993年出版的《互助土族自治县志》,歌行的《土族风情画》,(德)施劳德记录、李克郁译的《土族格赛尔》,李克郁的《李克郁土族历史与语言文字研究文集》,祁进玉的《群体身份与多元认同:基于三个土族社区的人类学对比研究》,裴丽丽的《土族文化传承与变迁——以辛家庄和贺尔郡为例的研究》,文忠祥的《神圣的文化建构:土族民间信仰源流》。

## 3. 期刊论文

《中国土族》杂志创建于2001年，是中国新闻出版总署批准的具有双刊号的期刊，由青海土族研究会、青海日报社主办。

### 3.1 NSSD

以"土族"为检索关键字，检索NSSD 1920—2020年的论文，截至2020年8月27日，共检出论文721篇。数量居前3位的研究领域是历史地理222篇、经济管理152篇、社会学138篇。从作者的工作单位上看，发文数量居前的是：青海师范大学60篇，青海民族大学51篇，兰州大学、中央民族大学各23篇。发表土族相关论文数量居前3位的学者是：文忠祥20篇、祁进玉16篇、李克郁9篇。刊发土族相关论文数量居前3位的期刊是：《青海民族大学学报（社会科学版）》142篇（其中含《青海民族学院学报（社会科学版）》57篇）、《青海民族研究》125篇、《青海社会科学》47篇。

又以"土族"为检索词、"题名"为检索入口，在上述检索结果中进行二次检索，检出论文614篇。检出土族文献资源建设和文献研究方面的论文3篇：刘虹的《土族和撒拉族文献资源建设与服务的探究》、张青等的《文献计量法在土族学文献研究中的应用分析》、张照云的《1986—2005年土族、撒拉族研究文献统计分析》。

### 3.2 中国知网

以"土族"为检索词、"主题"为检索入口，按"精确"方式检索知网学术期刊库，截至2020年8月27日，共检出论文4523篇，其中含有大量与土族无关的论文。遂又以"土族"为检索词、"篇名"为检索入口重新检索，共检出论文1404篇。检出论文中有744篇被引用过，被引次数居前3位的是：戴玉景的《青海土族体质人类学研究》被引91次，王远新的《青海同仁土族的语言认同和民族认同》被引59次，许新国的《青海互助土族自治县总寨马厂、齐家、辛店文化墓葬》被引55次。检出文献中，《〈皇清职贡图〉所绘清代土族图像解析》通过分析《皇清职贡图》所绘清代土族先民形象，认为清代土族先民一直在与周边汉、藏、蒙古、回、撒拉等民族交往交流交融；他们在体貌特征上接近北方游牧民族，服饰上则与内地汉人趋同，清代河湟地区各民族在血缘上、文化上呈现出"你中有我，我中有你"的特点。①

### 3.3 复印报刊资料

以"土族"为检索词、"主题词"为检索入口，检索复印报刊资料全文数据库，截至2020年8月27日，共检出1995—2020年的论文39篇。其中，有9篇论文以土族为主要研究内容；数据库中错将1篇论文的关键词写成"土族意识"，论文原文的关键词实为"士族意识"，文中所述与土族无关，另有1篇论文的内容亦与土族无关；其余28篇论文均为土族学者独著或与他人合著的其他研究领域的论文，其中青觉独著论文4篇、合著论文12篇被收录，数量最多。

9篇以土族为主要研究内容的论文中，有8篇论文的题名含"土族"，其中鄂崇荣有《近十年来土族研究综述》《土族法拉"发神"的宗教人类学解读》《关于土族习惯法及其变迁的调查与分析——以互助县大庄村为例》等3篇。其他5篇题名含"土族"的论文中，《复印报刊资料：中国古代、近代文学研究》收2篇：2005年09期班玛扎西的《藏族〈格萨尔〉与土族〈格萨尔〉若干母题的比较研究》，2008年05期王兴先的《解析土族〈格萨尔〉源于藏族〈格萨尔〉史诗的事实依据》。另外3篇是《复印报刊资料：中小学教育》1995年08期任玉贵的《土族女童义务教育的现状及对策》，《复印报刊资料：民族问题研究》2006年03期祁进玉的《土族研究一百年——土族社会历史、文化研究述评》，《复印报刊资料：经济史》2006年03期祁正贤等的《社会转型时期土族经济价值观调查与分析》。还有《复印报刊资料：民族问题研究》2019年01期收录了姬广绪的《城乡文化拼接视域下的"快手"》，原文标题为《城乡文化拼接视域下的"快手"——基于青海土族青年移动互联网实践的考察》。

---

① 张薇，苍铭.《皇清职贡图》所绘清代土族图像解析[J].北方民族大学学报（哲学社会科学版），2019（02）：122-129.

## 4. 学位论文

### 4.1 CALIS

以"土族"为检索词检索CALIS学位论文系统，截至2020年8月28日，共检出学位论文142篇，其中硕士论文109篇、博士论文33篇，全部为汉文文献。检出的论文完成于1997—2013年间，以1997年的2篇为最早，2013年的11篇为最新，2011年的20篇为最多。检出的硕士论文《多民族散杂居地区族际交往中的民族关系研究》，以青海省大通回族土族自治县为研究客体，以当地汉族、回族、土族、藏族等四个主体民族为研究对象，对大通县的民族关系做了横向和纵向两方面的比较。该文从社会结构差异中分析了大通各民族所从事产职业的差异，认为其差异起到了各民族间相互辅助、相互补充的作用；还从当地多民族居住格局中考察了大通地区多民族杂居的程度日益加深；长期以来当地各民族间族际通婚使得当地各民族已你中有我、我中有你；从大通县各民族在生产、生活中共同使用河湟腔方言交流的现状以及当地的风俗习惯，得出其语言相近、风俗相同；宗教信仰方面，大通县各民族在党的宗教政策下自由信教，相互尊重，求同存异；大通县各民族潜在的自我要求发展的民族意识和中国全面建设小康社会，实现社会全面发展、和谐统一的目标相一致。[①]

检出题名含"土族"的论文43篇，其中博士论文5篇：文忠祥的《土族民间信仰研究》、祁进玉的《不同情景中的群体认同意识——基于三个土族社区的人类学对比研究》、宝乐日的《土族、羌族语言及新创文字在学校教育领域使用发展研究》、裴丽丽的《土族文化传承与变迁研究》、白晓霞的《性别语境中的土族民间叙事研究》，其他38篇为硕士论文。

### 4.2 NSTL

以"土族"为检索词检索"NSTL学位论文数据库"，截至2020年8月28日，共检出学位论文204篇，其中硕士论文165篇、博士论文38篇、博士后论文1篇，全部为汉文印本资源，195篇收藏在中国科学技术信息研究所、4篇收藏在中国科学院文献情报中心、3篇收藏在中国医科院医

---

① 党福宝.多民族散杂居地区族际交往中的民族关系研究[D].乌鲁木齐：新疆大学，2012.

学信息研究所、2篇收藏在中国农科院农业信息研究所。学位授予单位来自84所高校及科研单位，其中兰州大学以21篇居首，中央民族大学以20篇居其次，西北师范大学13篇排第三。

检出题名含"土族"的论文68篇，有4篇为碱土族钨酸盐等化学专业的论文，其余64篇为"人口较少民族——土族"相关的论文。其中，《青海省大通回族土族自治县民族关系研究》，从民族交往频繁、文化趋同性和融合性进一步增加、民族间经济生产和日常生活中互助的情况增多、风俗习惯的相互尊重等方面对大通回族土族自治县的民族关系状况进行了论述；又分别从经济生活的相互渗透、独特的居住结构、族际通婚、民族政策的正确实施等四个方面强调了民族关系良性发展的原因。[1]《青海藏族与土族文化关系史研究》指出：青海地区藏族、土族、蒙古族、汉族等多民族杂居的格局为藏、土民族民间文化交往创造了便利条件，在生产生活方式、饮食习惯、宗教信仰、婚丧习俗、文学艺术等各个方面相互吸收、交融，形成了许多共同特点和相似之处，为共同推动中国统一的多民族国家的形成和发展做出了贡献。[2]

### 4.3 参考咨询联盟

以"土族"为检索词、"全部字段"为检索入口，通过"精确"方式检索"参考咨询联盟"中的学位论文，截至2020年8月28日，共检出460篇。论文数量居前3位的学位授予单位是兰州大学（34篇）、西北民族大学（29篇）、中央民族大学（27篇）。又以"土族"为检索词、"标题"为检索入口，通过"精确"方式检索，共检出学位论文149篇。2020年的5篇论文均为硕士论文，分别是：内蒙古大学新吉乐的《互助县土族语言使用现状研究》、上海师范大学谭雪一的《民间宗教与土族女性社会性别角色的变迁研究》、河北大学张晓君的《青海土族旅游中民俗文化传播研究》、内蒙古师范大学王方瑜的《青海省土族传统手工技艺调查研究》和中国音乐学院张明旭的《我从土族之乡来——张明旭硕士毕业音乐会设计》。

---

[1] 马晓军.青海省大通回族土族自治县民族关系研究[D].北京：中央民族大学，2011.
[2] 才项多杰.青海藏族与土族文化关系史研究[D].拉萨：西藏大学，2013.

### 4.4 国家图书馆

以"土族"为检索词、"标题"为检索入口,检索"国图博士论文库",截至2020年8月28日,检出土族相关博士论文6篇:王国明的《土族〈格萨尔〉研究》、冯海英的《民俗旅游与土族文化重构研究》、文忠祥的《土族民间信仰研究》、宝乐日的《土族、羌族语言及新创文字在学校教育领域使用发展研究》、裴丽丽的《土族文化传承与变迁研究》和白晓霞的《性别语境中的土族民间叙事研究》。

### 4.5 中国知网

以"土族"为检索词、"题名"为检索入口,按"精确"方式检索"知网学位论文库",截至2020年8月28日,共检出学位论文106篇,其中硕士论文96篇、博士论文10篇。检出论文的总参考数是5016、总被引数是430、总下载数是46372,篇均参考数是47.32、篇均被引数是4.06、篇均下载数是437.47、下载被引比为0.01。[①] 检出的论文中,被引次数居前3位的均为博士论文,分别是:祁进玉的《不同情景中的群体认同意识——基于三个土族社区的人类学对比研究》被引48次,文忠祥的《土族民间信仰研究》被引34次,裴丽丽的《土族文化传承与变迁研究——以辛家庄和贺尔郡为例》被引28次。

## 5.会议论文

### 5.1 NSTL

以"土族"为检索词检索"NSTL会议论文数据库",截至2020年8月29日,共检出会议论文53篇,全部为印本资源,其中汉文50篇、英文2篇、日文1篇。经复核,仅有汉文论文才与土族研究相关,这些论文均收藏在中国科学技术信息研究所。检出论文中,题名含"土族"的有17篇,具体如下:2001年段于峰等的《中国土族人群中细胞色素P4502C19基因多态性的研究》,2004年米海萍的《简述土族文献的整理与利用》,

---

① 计量可视化分析—已选文献—中国知网[EB/OL].[2020-08-28].https://kns.cnki.net/KVisual/ArticleAnalysis/index?t=1604766538742。

2007年董志强的《土族民族文物概况及其分类、界定的意见》，2008年鄂崇荣的《对土族婚姻习惯法的初步调查与研究》，2010年满当烈等的《互助土族萨满宗教乐舞调查》，2011年崔文河等的《青海土族民居地域特征及营建策略研究》、张子龙等的《2010年青海省土族、撒拉族中小学生体质状况分析》、祁延梅的《青海省互助土族地区高中学生英语学习调控策略的现状与对策》、周恩明的《土族"轮子秋"体育非物质文化遗产保护与传承：民族志的视角》，2012年韩国君等的《土族语短元音声学分析》、钟进文的《关于藏族史诗〈格萨尔〉在土族和裕固族中的流传变迁的思考》、李杰等的《青海地区土族中医体质类型分析研究——附178例中医体质流行病学调查》，2013年辛宇玲的《土族与青稞酒文化》，2014年华梅等的《土族服饰——"秀苏"的色彩语言与现代时装设计》、宝乐日的《青海省土族语言文字的保护与传承——基于2005—2010年的调查分析》、张俊英的《乡村社区居民参与旅游发展的实证研究——以青海互助土族小庄村为例》、吴新兰的《绵延温暖的民族记忆——浅析天祝土族民俗文化口述历史对社区的影响》。其中米海萍的《简述土族文献的整理与利用》以记载土族的汉文历史文献和口碑资料内容为线索，从历史文献资料、地方志文献资料、金石碑刻资料、家乘宗谱资料、社会风俗资料、口碑资料、研究论著目录索引资料等七个方面作了整理，并就土族文献资料的利用价值进行了评述。[①]

### 5.2 参考咨询联盟

以"土族"为检索词、"全部字段"为检索入口，检索"参考咨询联盟"中的会议论文，截至2020年8月29日，检出论文133篇。又以"土族"为检索词、"标题"为检索入口，在上述检索结果中检索，核减2条重复记录、2篇"土族"相关论文、4篇化学等专业的论文后，实际检出论文37篇。对比在NSTL的检索结果，新检出的会议论文有19篇：1989年《第二次全国少数民族儿童发展研讨会论文汇编》中收录的《民和回族土族自治县1986—1987年婴儿、新生儿、围产儿死亡调查》，1990年马占山的《土

---

① 米海萍.简述土族文献的整理与利用[C]//2004年地方文献国际学术研讨会论文集，北京图书馆出版社，2006：86-90.

族婚礼歌及其习俗》，1993年赵秀琼的《大通回族土族自治县的人口与计划生育问题》、高丙中的《现代化与时空观念及其设置的转型——以土族为例》，2000年林修平的《青海土族"纳顿"傩戏初探》、张子伟的《跳神三题——土族跳"於菟"与土家族"跳土神"之比较研究》，2003年曹娅丽的《青海土族文化艺术的保护与发展》、马小明的《论土族传统体育"轮子秋"及其社会价值和现实意义》，2008年王宝琴的《土族女诗人李宜晴叹世嗟生类诗词探析》，2010年安生海的《规模盛大的丹麻土族花儿会》、孙铭魁的《浅谈中国土族盘绣艺术》、文忠祥的《信仰民俗与区域社会秩序——以青海土族纳顿、醮仪、六月会为例》，2012年文忠祥的《土族婚礼歌演唱模式初探——以民和土族婚礼情境为例》、胡芳的《土族纳顿节仪式展演的文化象征与功能》，2015年辛宇玲的《土族的面具艺术》、白婷婷等的《青海地区藏族、土族先天性心脏病患者GATA4基因突变的研究》，2017年苏娟的《土族婚礼仪式区域特征的音乐人类学研究》、赵利生等的《民族文化符号的圈层结构——以土族盘绣为例》，2018年向程等的《基于社区居民视角的民族村落旅游多主体共生路径研究——以互助土族自治县小庄村为例》。

### 5.3 中国知网

以"土族"为检索词、"主题"为检索入口，检索"知网会议论文库"，截至2020年8月29日，核减1篇"土族"相关论文后，共检出会议论文74篇，其中篇名含"土族"的有21篇。对比在NSTL和"参考咨询联盟"的检索结果，未检出新的论文。检出论文中，仅有华梅等的《土族服饰——"秀苏"的色彩语言与现代时装设计》和辛宇玲的《土族与青稞酒文化》被引用过，且均被引1次。

## 6. 报纸文献

以"土族"为检索词，检索"中华数字书苑"报纸新闻，截至2020年8月30日，共检出新闻3658条，其中标题含"土族"的新闻37条，检出新闻图片14幅。检出的3658条新闻出自188种报纸，其中报道数量居前3位的报纸是：《青海日报》1752条、《海西都市报》670条、《中国民族报》63条。检索结果中有2条土族相关图书出版信息：（1）2019年12月，青海省首部国有林场场志——《互助土族自治县北山林场场志》由青海民族出版社出版发行。①（2）2019年3月29日，国家"十三五"重点出版规划项目、国家出版基金项目《格萨尔文库》出版发布及捐赠仪式在北京民族文化宫举行。该项目由西北民族大学格萨尔研究院主持编纂，全30册约2500万字，历时20余年完成，由上海古籍出版社出版。此次出版的《格萨尔文库》将多民族、多语种、多版本的《格萨尔》融于一体，兼顾了藏族、蒙古族、土族、裕固族《格萨尔》史诗，并全部加以汉译。其中，对有本民族文字的藏族、蒙古族《格萨尔》着重进行多种译本的精选、规范、注释和版本说明。对无本民族文字的土族、裕固族《格萨尔》，研究人员通过采风，录制了200多盘民间艺人口头吟唱的磁带，再通过国际音标记音对译，记录、转写整理成文字，是填补空白的重要成果。②

以"土族"为检索词、"主题"为检索入口，检索"知网报纸全文数据库"，截至2020年8月31日，共检出土族相关文献952篇。其中，报道数量居前3位的报纸是：《青海日报》336篇、《中国民族报》34篇、《中国社会科学报》17篇。检出文献中有学术性文献90篇，其中题名含"土族"的有24篇：乔秀花的《推动土族盘绣艺术可持续发展》，毕艳君的《探寻土族当代诗歌中的历史记忆与文化重构》，董健人等的《纳顿 土族的精神家园与"活文献"》，何延年等的《三十年绘就青海东部门户新画卷——写在民和回族土族自治县成立30周年庆祝活动之际》，王时的《土族"打调"哭嫁歌的艺术特点》，方立江的《一部研究民族识别的力作——评〈历史记忆与认同重构：土族民族识别的历史人类学研究〉》，王国明的《土族〈格萨尔〉的说唱特色》，崔炜的《探索西部农村集中互助养老长效运行机制——以青海省大通回族土族自治县为例》，戴发旺的《叙述的新意——简评〈土族简史〉》，王蕾的《土族民歌的"家"与"野"》，马亚琼等的《土族花儿的特色》，马桂花的《声名远播的土族盘绣》《大通回族土族自治县义务教育条例》，杨春等的《"写出民族骨子里

---

① 叶文娟，宋晓英.青海首部国有林场场志出版发行[N].青海日报，2020-05-08（2）.
② 马文艳.世界上最长的史诗《格萨尔文库》出版[N].兰州晚报，2019-04-01（A10）.

的性格"——土族当代作家访谈》，陈文俊的《"在暧昧中瓦解"——清代土族地区的土司、土官制度》，袁玥的《增强责任感和紧迫感——访中共十八大代表、青海互助土族自治县水利局副局长李桃花》，吉狄马加的《高天厚土之上的吟唱——在第四届青海省土族文学研讨会上的致辞（2012年7月27日）》，农业部农村社会事业发展中心特色新农村建设课题组的《依托技术设施发展现代农业 扎实推进民族地区特色新农村建设——大通回族土族自治县发展现代农业、推进特色新农村建设研究报告》，吕建福的《土族为吐谷浑后裔》，鄂崇荣的《土族研究百年概观》、曾江的《艺术殿堂 学术重镇 汉藏蒙之间的土族寺庙》《独特奇异的土族文化：走进西北民族走廊上的七彩土族》《西北民族走廊视野下的土族》，韩晓梅的《三川土族的火神崇拜》。

### 7.标准

以"土族"为检索词，检索"全国标准信息公共服务平台"，截至2020年6月1日，共检出土族相关标准2项，均为现行青海省地方标准。一项是《DB63/T 1252-2014 土族盘绣》，归口单位是青海省文化和新闻出版厅，国际标准分类号（ICS）97.195、中国标准分类号（CCS）Y85，于2014年3月3日发布，自实施2014年3月15日起实施。另一项是《DB63/T 570-2006 互助土族故土园旅游服务》，归口单位是青海省质量技术监督局和青海省旅游局，国际标准分类号（ICS）03.200、中国标准分类号（CCS）A16，于2006年6月22日发布，自2006年7月1日起实施。

# 第四章 西南地区人口较少民族文献信息资源建设

## 第一节 珞巴族文献信息资源建设

中国的珞巴族历史悠久、文化灿烂。珞巴族无本民族文字，珞巴语为汉藏语系藏缅语族的一种独立语言。①

### 1.古籍

因无本民族文字，珞巴族鲜有古籍文献传世。由于与藏族、门巴族关系紧密，许多藏文史籍和文献资料对珞巴族以及藏族、门巴族、珞巴族之间的关系有着详略不同的记载。"《红史》《德乌教史》《贤者喜宴》《门隅教史》以及《唐蕃会盟碑》和《敦煌吐蕃历史文书》等早期藏文历史文献，主要记载了藏门珞在远古、吐蕃时期及其以后的交往情况。17世纪中叶以后的藏文档案资料，则重点记载了西藏历代地方政权在门、珞地区推行封建农奴制、行使管辖权的史实。汉文历史文献对珞巴族的记载主要见诸于清代，有《卫藏图识》《西藏志·卫藏通志》《清实录》，以及清末民初的《西南野人山归流记》，驻藏大臣的奏牍如《联豫驻藏奏稿》《赵尔丰川边奏牍》等。这些文献对门隅、珞渝和察隅的民情风俗以及清末治边等

---

① 《中国少数民族》修订编辑委员会.中国少数民族[M].北京：民族出版社，2009：362.

都有记述。"①

珞巴族口传古籍丰富多彩。于乃昌整理的《珞巴族民间文学资料》收珞巴族歌谣4首、传说5部、神话故事16首、民间故事9首，民间谚语13条。②《中国各民族神话·门巴族、珞巴族、怒族、藏族》收珞巴族神话故事12首，其中创世神话、大地神话各3首，英雄神话6首。③调查未发现全面、系统的珞巴族古籍整理成果出版，但有报道称《中国少数民族古籍总目提要·门巴族、珞巴族卷》即将整理出版。④

## 2.图书

珞巴族图书调查以检索国家图书馆、民族图书馆、社科院图书馆、CALIS、西藏自治区图书馆等5家单位藏书目录的方式进行。检索以"珞巴族"为检索词，分别按主题、题名两种方式检索。核减各单位藏书目录中的重复和错误记录后，截至2020年8月31日，各单位收藏珞巴族相关图书情况如下：按主题检索，国家图书馆42种，其中汉文图书40种、藏文图书2种；民族图书馆22种；社科院图书馆26种；CALIS 37种；西藏自治区图书馆10种。按题名检索，国家图书馆47种、民族图书馆25种、社科院图书馆33种、CALIS 52种、西藏自治区图书馆18种。CALIS系统中，创作珞巴族相关图书数量较多的作者是：冀文正8册，丹珠昂奔、李坚尚、西藏社会历史调查资料丛刊编辑组各3册。

上述单位共藏题名含"珞巴"的图书65种，其中被各单位同时收藏的有5种：(1)《珞巴族》，王玉平编著，民族出版社1997年8月出版。(2)《珞巴族社会历史调查（二）》，属国家民委《民族问题五种丛书》之《中国少数民族社会历史调查资料丛刊》，西藏人民出版社1989年3月出

---

① 陈立明.我国门巴族、珞巴族研究的历史回顾[J].西藏民族学院学报（哲学社会科学版），2008（06）：27-32+37+121.

② 西藏民族学院珞巴族民间文学调查组搜集，于乃昌整理.珞巴族民间文学资料[M].西藏民族学院科研处，1980.

③ 姚宝瑄主编.中国各民族神话·门巴族、珞巴族、怒族、藏族[M].太原：书海出版社，2014.

④ 唐启胜.春色满园花争艳[N].西藏商报，2020-09-02（03）.

版。西藏人民出版社曾于1987年12月出版《珞巴族社会历史调查（一）》，民族出版社于2009年5月出版了这两种图书的修订版，但CALIS缺藏1987年版《珞巴族社会历史调查（一）》，西藏自治区图书馆缺藏2009年版《珞巴族社会历史调查（一）》《珞巴族社会历史调查（二）》。(3)《珞巴族语言简志：崩尼–博嘎尔语》，欧阳觉亚编著，民族出版社1985年12月出版，属国家民委《民族问题五种丛书》之《中国少数民族语言简志丛书》。(4)《门巴、珞巴、僜人的语言》，孙宏开等著，中国社会科学出版社1980年12月出版。(5)《珞巴族阿迪人的文化》，(印)沙钦·罗伊著，李坚尚、丛晓明译，西藏人民出版社1991年10月出版。

### 3.期刊论文

#### 3.1 NSSD

以"珞巴族"为检索关键字，检索NSSD 1920—2020年的论文，截至2020年9月1日，共检出论文123篇。论文数量居前3位的研究领域是经济管理33篇、社会学31篇、文化科学30篇。从作者的工作单位上看，发文数量情况是西藏民族学院（今西藏民族大学）22篇，西藏大学、甘肃政法学院（今甘肃政法大学）各6篇，中山大学2篇，其他单位均为1篇。学者发表珞巴族相关论文的数量情况是：陈立明8篇为最多，朱玉福、李金轲、马得汶等3人各6篇并居第二，其后有丁玲辉、马宁、于乃昌、脱慧洁、李大勤、周云水、坚赞才旦等7人各2篇，其他学者均为1篇。刊发珞巴族相关论文数量居前的期刊是《西藏民族大学学报（哲学社会科学版）》23篇（含《西藏民族学院学报（哲学社会科学版）》16篇），《西藏大学学报（社会科学版）》13篇，《西藏研究》《西藏艺术研究》各9篇。

又以"珞巴"为检索词、"题名"为检索入口，在上述检索结果中二次检索，检出论文102篇，其中珞巴族相关研究的综述性文献有5篇：马小燕的《50年来我国门巴族、珞巴族研究综述》、陈立明的《我国门巴族、珞巴族研究的历史回顾》、张若蓉的《关于"门巴族、珞巴族"载文的统计分析》、刘佳等的《门巴族珞巴族传统文化研究综述》、王明利的《珞巴族非物质文化遗产研究综述》。

### 3.2 中国知网

以"珞巴族"为检索词、"主题"为检索入口，按"精确"方式检索知网学术期刊库，截至2020年9月1日，共检出论文231篇，其中2020年发表8篇。又以"珞巴"为检索词、"篇名"为检索入口，在上述检索结果中检索，共检出论文156篇。这156篇论文的总参考数是628、总被引数是498、总下载数是25097，篇均参考数是4.05、篇均被引数是3.21、篇均下载数是161.92、下载被引比为0.02。[①] 题名含"珞巴"的论文中，被引次数居前3位的是：郑连斌等5人的《珞巴族与门巴族的体质特征》被引37次，郑连斌等6人的《中国莽人、僜人、珞巴族与门巴族Heath–Carter法体型研究》被引24次，马宁的《珞巴族非物质文化遗产及其保护——以西藏米林县南伊乡南伊珞巴民俗村为例》被引22次。

### 3.3 复印报刊资料

以"珞巴族"为检索词、"主题词"为检索入口，检索复印报刊资料全文数据库，截至2020年9月1日，共检出1995—2020年的论文7篇，其中陈立明3篇、刘志群2篇、于乃昌和朱玉福各1篇，具体如下：《复印报刊资料：民族研究》收3篇，即1995年03期收陈立明的《珞巴族教育浅探》，1997年08期收刘志群的《珞巴族原始文化（上）》《珞巴族原始文化（下）》；《复印报刊资料：民族问题研究》收3篇，即2005年01期收陈立明的《近代我国门巴族、珞巴族的反侵略斗争》，2008年03期收朱玉福的《西藏门巴、珞巴族全面建设小康社会探讨》，2009年03期收陈立明的《我国门巴族、珞巴族研究的历史回顾》；《复印报刊资料：中国古代、近代文学研究》收1篇，即1999年04期于乃昌的《珞巴族三大史诗》。

## 4. 学位论文

### 4.1 CALIS

以"珞巴"为检索词检索CALIS学位论文系统，截至2020年9月2日，

---

[①] 计量可视化分析—已选文献—中国知网[EB/OL].[2020-09-01].https：//kns.cnki.net/KVisual/ArticleAnalysis/index?t=1604777886169。

共检出学位论文12篇，其中硕士论文4篇、博士论文8篇，全部为汉文文献。检出论文完成于2004—2013年间，其中2004年2篇为最早，2013年1篇为最新，以2011年的3篇为最多。检出论文中，题名含"珞巴"的有2篇，硕士和博士学位论文各1篇：博士论文《中国西藏珞巴族HLA-A，-B，-DRB1基因，常染色体STR及X-STR基因多态性研究》显示：中国珞巴族与藏族、门巴族最近，其次是与汉族、蒙古族较近，距回族、维吾尔族较远；此结果也与各民族地域分布相一致。① 硕士论文即刘晶的《西藏米林县琼林珞巴村空间特征图示化研究》。

### 4.2 NSTL

以"珞巴"为检索词检索"NSTL学位论文数据库"，截至2020年9月2日，共检出学位论文9篇，其中硕士论文5篇、博士论文4篇，全部为汉文印本资源，全部收藏在中国科学技术信息研究所。学位授予单位来自7所高校，其中中央民族大学、四川大学各2篇，北京林业大学、复旦大学、河北医科大学、西藏大学、重庆建筑大学各1篇。检出论文中，题名含"珞巴"的有3篇，均为硕士论文：西藏大学乔永友的《珞巴族传统音乐现状及特征研究——以墨脱县达木珞巴民族乡为例》，中央民族大学彭俊杰的《南伊沟珞巴族社区旅游开发初探》，中央民族大学李超的《西藏自治区乡镇政府职能定位研究——以米林县南伊珞巴民族乡为例》。此外，检出的与珞巴族研究关系比较密切的还有王松平的《包容性视角下的雅鲁藏布大峡谷旅游开发研究》、陆艳的《中国西部人群的遗传混合》、刘霞的《藏东南地区蚁科昆虫分类、多样性及空间分布特征研究》、许渊钦的《哲孟雄政教史研究》。

### 4.3 参考咨询联盟

以"珞巴"为检索词、"全部字段"为检索入口，通过"精确"方式检索"参考咨询联盟"中的学位论文，截至2020年9月2日，共检出学位论文30篇。论文数量居前的学位授予单位是西藏大学（4篇），中央民族大学、西安交通大学（各3篇），中国人民大学（2篇），其他单位均为

---

① 康龙丽.中国西藏珞巴族HLA-A，-B，-DRB1基因，常染色体STR及X-STR基因多态性研究[D].陕西：西安交通大学，2005.

1篇。又以"珞巴"为检索词、"标题"为检索入口，通过"精确"方式检索，共检出学位论文8篇，其中硕士论文7篇、博士论文1篇。对比在CALIS和NSTL的检索结果，新检出标题含"珞巴"的学位论文3篇，均为硕士论文：西藏民族大学李毛毛的《西藏地区珞巴族多语教育问题及对策研究——以南伊珞巴民族乡小学为例》、廉潘红的《西藏南伊珞巴族乡乡村振兴战略实施现状研究》，西藏大学贺长亮的《珞巴族舞蹈生态研究：以西藏米林县南伊珞巴民族乡为例》。

### 4.4 国家图书馆

以"珞巴"为检索关键词检索"国图博士论文库"，截至2020年9月2日，检出珞巴族相关博士论文1篇，即《中国西藏珞巴族HLA-A，-B，-DRB1基因，常染色体STR及X-STR基因多态性研究》，该文在CALIS系统中已介绍。

### 4.5 中国知网

以"珞巴族"为检索词、"主题"为检索入口，按"精确"方式检索"知网学位论文库"，截至2020年9月2日，共检出学位论文6篇，全部为硕士论文，具体如下：西藏民族大学为学位授予单位的有2篇，即2020年廉潘红的《西藏南伊珞巴族乡乡村振兴战略实施现状研究》、李毛毛的《西藏地区珞巴族多语教育问题及对策研究》；西藏大学为学位授予单位的有2篇，即2014年贺长亮的《珞巴族舞蹈生态研究》、2017年乔永友的《珞巴族传统音乐现状及特征研究》；另外2篇分别是2011年中国建筑设计研究院刘晶的《西藏米林县琼林珞巴村空间特征图示化研究》、2013年中央民族大学彭俊杰的《南伊沟珞巴族社区旅游开发初探》。

## 5.会议论文

### 5.1 NSTL

以"珞巴族"为检索词检索"NSTL会议论文数据库"，截至2020年9月3日，共检出会议论文4篇，全部为汉文印本资源，均收藏在中国科学技术信息研究所。具体如下：2009年《中国民族史学会第七届会员代表大会暨"中国民族史研究的发展与创新"学术研讨会论文集》收陈立明的《藏门珞民族关系的历史发展》，2012年《中国西南民族研究学会建会30周年学术研讨会论文集》收陈立明等的《从墨脱的教育现状看西藏边疆民族地区的教育事业发展》，《2014年中国西南民族研究学会第17次会员代表大会暨学术研讨会论文集》收陈立明等的《西藏边疆民族地区现代化进程中的教育发展——墨脱县教育发展现状调查》，2014年《中国民族研究西南论坛论文集》收何耀华等的《印度东喜马拉雅民族与中国西南藏缅语民族的历史渊源》。

### 5.2 参考咨询联盟

以"珞巴族"为检索词、"全部字段"为检索入口，检索"参考咨询联盟"中的会议论文，截至2020年9月3日，检出论文18篇。又以"珞巴"为检索词、"标题"为检索入口，在上述检索结果中检索，检出论文10篇：陈莉娟的《西藏地区门巴族、珞巴族媒介接触情况调查分析》，于乃昌的《珞巴族三大史诗》，赵勇的《人口较少民族发展政策——以西藏的门巴族和珞巴族为例》，周云水的《西藏米林珞巴族文化变迁的人类学视角》，赵丽明的《珞巴族象形符号》，陈立明的《门巴族、珞巴族的历史发展与当代社会变迁》《珞巴族传统居住习俗及其变化》，李坚尚等的《略述珞巴族的家长奴隶制》，姚兆麟的《略论珞巴族博嘎尔部落的等级制度》，全广镇的《珞巴语的韩文书写法》。

### 5.3 中国知网

以"珞巴族"为检索词、"主题"为检索入口，检索"知网会议论文"，截至2020年9月3日，共检出会议论文11篇。检出论文中有3篇被引用过，且都被引1次，分别是：陈莉娟的《西藏地区门巴族、珞巴族媒介接触情况调查分析》、陈立明的《试论门、珞文化交流》、李坚尚等的《略述珞巴族的家长奴隶制》。

## 6. 报纸文献

以"珞巴族"为检索词检索"中华数字书苑"报纸新闻，截至2020年8月31日，共检出新闻178条，其中标题含"珞巴族"的新闻2条。检出的178条新闻出自57种报纸，其中报道数量居前3位的报纸是《西藏日报》54条、《中国民族报》15条、《西藏商报》12条。根据检索结果，整理出2条信息：（1）益西曲珍（女，珞巴族）为中国少年先锋队第八次全国代表大会代表。[①]（2）2020年3月19日，教育部、国家语委决定授予中央民族大学中国少数民族语言资源保护研究中心等20个单位"中国语言资源保护奖"先进集体称号，授予丁石庆（达斡尔族）、包玉柱（蒙古族）、米古丽·米熊（珞巴族）等100名个人"中国语言资源保护奖"先进个人称号。[②]

以"珞巴族"为检索词、"主题"为检索入口，检索"知网报纸全文数据库"，截至2020年8月31日，共检出珞巴族相关文献216篇。其中，报道数量居前3位的报纸是《西藏日报》87篇、《中国民族报》30篇、《人民日报》12篇。检出文献中有学术性文献13篇，其中题名含"珞巴族"的有3篇：王苹的《珞巴族服饰之美》、吴楚克等的《珞巴族：见证时代变迁的古老民族》、亚依的《大力开发珞巴族民俗文化旅游》。

## 第二节　独龙族文献信息资源建设

中国的独龙族历史悠久，历史上无本民族文字。1979年，云南省怒江傈僳族自治州贡山独龙族怒族自治县独龙族干部木里门·约翰，在云南省少数民族语文指导工作委员会龙乘云同志的协助下，在日旺文[③]的基础上，以独龙江乡孔当村公所一带的话为标准音创制了独龙语拼音方案；1983年12月在云南省少数民族语文指导工作委员会第二次扩大会议上讨论通过；1984年起在独龙族干部群众中试教推行。[④]独龙语属汉藏语系藏

---

① 中国少年先锋队第八次全国代表大会代表名单[N].中国青年报，2020-07-27（T04）.

② 王甜.教育部国家语委表彰一批中国语言资源保护先进典型[N].中国民族报，2020-04-07（03）.

③ 20世纪50年代，缅甸的日旺人白吉斗·蒂其枯创制了一种以日旺话为标准语音的拉丁文拼音文字——日旺文，主要用来翻译《圣经》。

④ 《中国少数民族》修订编辑委员会.中国少数民族[M].北京：民族出版社，2009：626-627.

缅语族，语支归属尚无定论。

## 1. 古籍

独龙族口传古籍十分丰富，口头文学构成独龙族古籍的主体。《中国少数民族古籍总目提要·独龙族卷》较全面、真实地反映了独龙族现存古籍的全貌，共收录独龙族古籍条目262条，其中书籍类28条、讲唱类234条。①

书籍类古籍收《元一统志》、《增订南诏野史》、《滇夷图说》、（清雍正）《云南通志》、《丽江府志略》、《皇清职贡图》、《滇南闻见录》、《滇黔志略》、《滇海虞衡志》、《滇云纪略》、《滇省夷人图说》、《鸿泥杂志》、（清道光）《云南通志稿》、《滇南夷情汇集》、《云南三迤百蛮图》、《滇南志略》、《云南种人图说》、（清光绪）《丽江府志》、（清光绪）《续云南通志稿》、《怒俅边隘详情》、《滇小记》、《滇西兵要界务图注》、《云南维西县地志全编》、《滇缅北段界务调查报告》、《西康图经》、《云南北界勘查记》、（民国）《新纂云南通志》、《御制外苗图》。②讲唱类条目包括神话传说36条、民间故事40条、长诗歌谣158条。③

独龙族古籍整理研究方面的成果还有古永继编的《云南15种特有民族古代史料汇编》。该书摘编了元代至民国年间的独龙族相关史料，涉及古籍23种：（元）孛兰肹等《元一统志》卷7《丽江路军民宣抚司·风俗形势》，（明）杨慎编辑、（清）胡蔚订正《南诏野史》下卷《南诏各种蛮夷》，（清乾隆）倪蜕《滇小记·滇云夷种》，（清乾隆）谢圣纶《滇黔志略》卷15《云南·种人》，（清乾隆）《丽江府志略》上卷《官师略·种人》、下卷《艺文略》杨馝《建丽江府治记》，（清乾隆）吴大勋《滇南闻

---

① 《中国少数民族古籍总目提要·独龙族卷》之《凡例》中记述：共收录独龙族古籍条目261条，其中书籍类28条、讲唱类233条。
② 国家民族事务委员会全国少数民族古籍整理研究室.中国少数民族古籍总目提要·傈僳族卷普米族卷怒族卷独龙族卷[M].北京：民族出版社，2019：585-589.
③ 国家民族事务委员会全国少数民族古籍整理研究室.中国少数民族古籍总目提要·傈僳族卷普米族卷怒族卷独龙族卷[M].北京：民族出版社，2019：577-581.

见录》上卷《人部·丽夷》，(清光绪)《丽江府志》卷1《种人》，(清嘉庆)檀萃《滇海虞衡志》卷13《志蛮》，(清嘉庆)张若骐《滇云纪略》卷下《彝种》，(清雍正)《云南通志》卷24《土司·附种人》，(清道光)《鸿泥杂志》卷1，(清乾隆)《皇清职贡图》卷7，(清道光)《云南通志稿》卷185《南蛮志三之四·种人四》，(清光绪)《续云南通志稿》卷162《南蛮志·种人三》，(清光绪)《清代滇黔民族图谱·云南种人图说·各种人》，(清光绪)刘慰三《滇南志路》卷3《丽江府》，(民国)《云南维西县地志全编·种类》，(民国)任乃强《西康图经民俗篇》下编《汉族与其他民族·滇边诸族·怒子与俅夷》，(民国)尹明德《滇缅北段界务调查报告》，(民国)《永昌府文征》纪载卷23《清十二》夏瑚《怒俅边隘详情》，(清宣统)李根源著、(民国)李根沄录《滇西兵要界务图注》卷2《乙线》，(民国)尹明德等《云南北界勘查记》卷3，(民国)《新纂云南通志》卷70《方言考五·怒子古宗栗粟语》。①

## 2.图书

独龙族图书调查以检索国家图书馆、民族图书馆、社科院图书馆、CALIS、云南省图书馆等5家单位藏书目录的方式进行。检索以"独龙族"为检索词，分别按主题、题名两种方式检索。核减各单位藏书目录中的少量重复和错误记录后，截至2020年9月1日，各单位收藏独龙族相关图书情况如下：按主题检索，国家图书馆93种，其中汉文图书91种、独龙文图书2种；民族图书馆28种；社科院图书馆50种；CALIS 52种；云南省图书馆63种。按题名检索，国家图书馆47种，其中汉文图书14种，独龙文图书26种，汉文和独龙文对照图书5种，傣文、彝文图书各1种，独龙文图书以小学教材居多，有19种；民族图书馆45种；社科院图书馆58种；CALIS 115种；云南省图书馆94种。云南省图书馆藏书中，编著独龙族相关图书数量较多的是：贡山独龙族怒族自治县人民政府编11册，中国共

---

① 古永继编.云南15种特有民族古代史料汇编(下)[M].昆明：云南大学出版社，2016：453-469.

产党贡山独龙族怒族自治县委员会编9册，李金明著2册，其他均为1册。根据《中国图书馆分类法》，云南省图书馆藏独龙族相关图书数量较多的为K类52种、I类18种、G类6种。上述单位共藏题名含"独龙"的图书196种，其中独龙文图书35种。但被上述单位同时收藏的图书仅有1种，即《贡山独龙族怒族自治县概况》，属国家民委《民族问题五种丛书》之《中国少数民族自治地方概况丛书》，云南民族出版社1986年11月出版。

### 3.期刊论文

#### 3.1 NSSD

以"独龙族"为检索关键字，检索NSSD 1920—2020年的论文，截至2020年9月2日，共检出论文196篇。论文数量居前3位的研究领域是经济管理66篇、社会学56篇、历史地理35篇。从作者的工作单位上看，发文数量居前3位的是云南大学、中山大学各9篇，云南省社会科学院6篇。发表独龙族相关论文数量居前的学者是：周云水8篇，高志英4篇，杨文杰、闵红云、李根蟠、郭建斌各2篇。刊发独龙族相关论文数量居前3位的期刊是《思想战线》19篇、《民族艺术研究》9篇、《云南民族大学学报（哲学社会科学版）》8篇。又以"独龙"为检索词、"题名"为检索入口，在上述检索结果中二次检索，检出论文58篇。其中，《20世纪50年代以来独龙族研究述评》从独龙族族源、社会经济形态及语言教育、传统习俗、变迁与文化传承保护、发展与扶贫攻坚等五个方面，对20世纪50年代以来国内关于独龙族的研究作了评述。[①]

#### 3.2 中国知网

以"独龙族"为检索词、"主题"为检索入口，按"精确"方式检索知网学术期刊库，截至2020年9月2日，共检出论文1031篇，其中2020年已发表40篇。又以"独龙"为检索词、"篇名"为检索入口，在上述检索结果中检索，共检出论文348篇，其中被引用过的有190篇。这190

---

① 张可佳.20世纪50年代以来独龙族研究述评[J].广西民族大学学报（哲学社会科学版），2019，41（04）：106-111.

篇论文的总参考数是848、总被引数是1071、总下载数是45785，篇均参考数是4.46、篇均被引数是5.64、篇均下载数是240.97、下载被引比为0.02。[①]其中，被引次数居前3位的是：郑连斌等5人的《中国独龙族与莽人的体质特征》被引67次，张兴华等6人的《独龙族成人的Heath–Carter法体型研究》被引48次，张兴华等7人的《独龙族舌运动类型的人类学研究》被引39次。

### 3.3 复印报刊资料

以"独龙"为检索词、"主题词"为检索入口，检索复印报刊资料全文数据库，截至2020年9月2日，共检出1995—2020年的论文9篇，具体如下：《复印报刊资料：语言文字学》收5篇，其中4篇是杨将领的独著论文、1篇是其与他人合著的论文。《复印报刊资料：语言文字学》收录的杨将领的独著论文即：1999年07期《独龙语动词趋向范畴研究》，2001年12期《独龙语动词的使动范畴》，2004年11期《独龙语的情态范畴》，2012年05期《独龙语个体量词的产生和发展》；收录的合著论文即2008年01期罗仁地、杨将领合著的《通过亲属语言、方言的比较了解语言的历史发展》。《复印报刊资料：民族问题研究》收3篇：2002年10期侯远高的《独龙族社会经济发展研究》，2004年07期高志英、闵红云的《20世纪50年代以来独龙族调查研究回顾与前瞻》，2007年10期谢屹的《云南贡山独龙族怒族自治县贫困问题研究》。另外1篇为《复印报刊资料：民族研究》2000年07期解鲁云的《关于国内独龙族研究综述》。

## 4.学位论文

### 4.1 CALIS

以"独龙族"为检索词检索CALIS学位论文系统，截至2020年9月3日，核减1条重复记录后，实际检出学位论文58篇，其中硕士论文38篇、博士论文20篇，全部为汉文文献。检出的论文完成于1999—2013年

---

[①] 计量可视化分析—已选文献—中国知网[EB/OL].[2020-08-07].https：//kns.cnki.net/KVisual/ArticleAnalysis/index?t= 1604900191157。

间，其中1999年2篇为最早，2013年3篇为最新，以2012年的8篇为最多。检出题名含"独龙"的论文20篇，其中博士论文4篇：2003年郭建斌的《电视下乡：社会转型期大众传媒与少数民族社区——独龙江个案的民族志阐释》，2004年高志英的《从20世纪独龙族社会文化的变迁看其观念演变》，2009年崔霞的《独龙语系属比较研究》，2010年周云水的《独龙族社会结构变迁研究》。其余16篇为硕士论文：2001年何志魁的《西部大开发中贡山县独龙族怒族传统文化保存的教育策略初探》；2003年文彬的《贡山独龙族怒族自治县旅游资源开发探索》；2006年傅荣的《独龙语的语言状况和语言维持》，王翔的《二十世纪五十年代以来独龙族婚姻演变研究》；2007年白瑞燕的《独龙族妇女纹面考》，向伶的《独龙江流域土地利用变化研究》；2008年黄振华的《从疾病调查到疾病易感基因研究——云南怒族、独龙族疾病调查与怒族NOS2G-954C、C-1173T单核苷酸多态性研究》；2009年寸建平的《云南独龙江峡谷生态旅游发展对策研究》，陈柱的《独龙江地区生态与文化变迁——以云南省贡山县独龙江乡为例》，沈茹的《云南省怒江州独龙族HBV的检测与分析》；2011年聂优平的《独龙族怒族学生文学想象力培养的族际比较》，周文娟的《德昂族独龙族聚居区义务教育生师比调控的比较》；2012年陈爱丽《独龙族生态伦理研究》；2013年余金华的《云南省贡山独龙族怒族自治县民族关系研究》，逯叶飞的《贡山独龙族怒族傈僳族高三学生地理命题推理能力的人类学案例比较研究》，薛烨的《贡山独龙族怒族傈僳族高三学生数学问题解决能力的案例比较研究》。

### 4.2 NSTL

以"独龙族"为检索词检索"NSTL学位论文数据库"，截至2020年9月3日，共检出学位论文57篇，其中硕士论文40篇、博士论文17篇，全部为汉文印本资源，55篇收藏在中国科学技术信息研究所、2篇收藏在中国医科院医学信息研究所。学位授予单位来自30所高校及科研单位，其中中央民族大学以12篇居首，云南大学以10篇居其次，中山大学、云南财经大学、昆明医学院各3篇并列第三，其后有中国人民大学2篇、中南民族大学等24所高校和科研单位各1篇。

检出题名含"独龙"的论文27篇，对比在CALIS的检索结果，新检出的论文有12篇。其中，博士论文2篇：杨艳的《云南贡山独龙江乡的扶贫与发展研究》，耿彦飞的《独龙牛（Bos frontalis）野生饲用植物的民族植物学研究》。新检出题名含"独龙"的硕士论文10篇：王晓飞的《中国人口较少民族的贫困问题及扶持政策研究——以独龙族为例》、何婧的《高三独龙族学生古诗文提取能力研究》、冼祥芳的《我国人口较少民族扶持政策研究——以怒江州贡山县独龙族为例》、李慧洁的《扶持人口较少民族发展的政策及实践研究——以怒江独龙族为例》、唐莉的《中国独龙族人群中细胞色素P450 2C19基因多态性的研究》、王韵的《独龙族传统婚姻家庭道德生活研究》、尚菲霏的《半个世纪的追踪——纪录影像中的独龙族形象传播研究》、戴玉玲的《民族地区小学新生的文化适应研究——基于独龙江D小学的考察》、李宽的《对怒江州乡土民居的认知和保护开发策略——以普卡旺村独龙族为例》、蒋黎的《中国汉族人群HLA-C表达水平及云南独龙族HLA-KIR配受体分布研究》。

**4.3 参考咨询联盟**

以"独龙族"为检索词、"全部字段"为检索入口，通过"精确"方式检索"参考咨询联盟"的学位论文，截至2020年9月3日，共检出113篇。论文数量居前3位的学位授予单位是云南大学（22篇）、中央民族大学（14篇）、云南师范大学（8篇）。

又以"独龙"为检索词、"标题"为检索入口，通过"精确"方式检索，共检出学位论文60篇，其中硕士论文53篇、博士论文7篇。对比在CALIS和NSTL的检索结果，新检出标题含"独龙"的学位论文33篇，其中博士论文3篇，即云南大学杜星梅的《独龙族生计方式的民族志研究》、覃丽赢的《独龙语SWK和MLK的语言人类学研究》，中山大学张劲夫的《生存的动力：中缅边界独龙江流域的社会变迁研究》。另外30篇为硕士论文，其中云南大学为学位授予单位的有7篇，即高翠霞的《独龙毯（作品）》、侯蕊的《社会变迁背景下独龙族自杀问题研究》、李昕的《论独龙族物质生活民俗的变迁》、刘春呈的《基督教对独龙族的国家认同影响研究》、桑坤的《独龙族传统通婚圈的当代变迁——以贡山县独龙江乡D村为例》、张潇祎的《象征与权力：独龙族文面习俗的历史变迁及其意义》、张馨月的《共和国的见证：新闻背景与媒介记忆——基于2002—

2016独龙新闻的讨论》；中央民族大学为学位授予单位的有4篇，即高琼仙的《独龙族社会治理中的民意表达途径研究》、谷成杰的《云南省贡山独龙族怒族自治县中小学环境教育现状的分析与对策研究》、李思齐的《文化人类学视角下独龙族教育变迁研究》、肖万权的《贡山高三独龙族怒族傈僳族学生英语学习迁移能力的案例比较研究》；昆明医科大学为学位授予单位的有4篇，即蔡永年的《云南省独龙族农村居民艾滋病相关行为及HIV感染现况调查》、韩兴孟的《贡山县独龙族18—59岁成人膳食质量与健康状况调查》、张缙韬的《社会快速转型期独龙族的自杀问题及其影响因素研究》、郅晋升的《独龙族精神卫生现况调查》；云南师范大学为学位授予单位的有4篇，即董现南的《独龙族青少年的生命态度——兼与傈僳族、怒族和汉族青少年的生命态度比较》、蒋正顺的《基于婚姻家庭观念下独龙族人口安全问题研究》、王贞丽的《论云南少数民族酒歌的艺术特征、传承与发展——以彝族、藏族、独龙族酒歌为例》、苑文华的《独龙族传统文化保护区非物质文化遗产旅游价值评价及开发研究》；西北农林科技大学为学位授予单位的有2篇，即何百鋆的《河西走廊酿酒葡萄独龙干整形修剪技术及效果研究》、胡帆的《直立独龙蔓不同结果部位果实与葡萄酒质量的研究》；中国地质大学（武汉）为学位授予单位的有1篇，即刘广宁的《三峡库区巫峡口至独龙段高陡岸坡变形破坏机理分析》；中国地质大学（北京）为学位授予单位的有1篇，即苗壮的《内蒙古额济纳旗独龙包钼矿床地质特征及成因研究》。其他学位授予单位各有1篇，分别是大理大学罗潇的《云南省怒江州独龙牛微孢子虫和环孢子虫分子流行病学调查研究》，云南艺术学院顾政超的《首饰艺术的民族文化语境研究——独龙族文化对当代首饰艺术的创作启示》，中山大学胡青松的《HLA-A基因进化及云南独龙、傈僳和怒族HLA-Ⅰ类基因多态性研究》，中国科学院大学蒙洋的《独龙江流域植物群落物种空间相异性驱动因素分析》，西南林业大学王权龙的《高黎贡山北段怒族独龙族森林资源管理的传统知识调查研究》，安徽师范大学项一挺的《独龙族服饰文化研究》，云南农业大学谢林君的《基于PCR-DGGE技术对独龙牛瘤胃优势细菌群落结构的研究》。

### 4.4 国家图书馆

以"独龙"为检索关键词检索"国图博士论文库",截至2020年9月3日,检出独龙族相关博士论文2篇:一篇是2004年云南大学高志英的《从20世纪独龙族社会文化的变迁看其观念演变》,另一篇是2009年中央民族大学崔霞的《独龙语系属比较研究》。

### 4.5 中国知网

以"独龙族"为检索词、"主题"为检索入口,按"精确"方式检索"知网学位论文库",截至2020年9月3日,共检出学位论文134篇,其中硕士论文108篇、博士论文26篇。检出论文的总参考数是9550、总被引数是870、总下载数是93686,篇均参考数是71.27、篇均被引数是6.49、篇均下载数是699.15、下载被引比为0.01。[①]

又以"独龙族"为检索词、"题名"为检索入口,在上述检索结果中检索,检出论文41篇,其中硕士论文36篇、博士论文5篇。检出论文中,被引次数居前的4篇文章是:郭建斌的《电视下乡:社会转型期大众传媒与少数民族社区——独龙江个案的民族志阐释》被引108次,苑文华的《独龙族传统文化保护区非物质文化遗产旅游价值评价及开发研究》、王晓飞的《中国人口较少民族的贫困问题及扶持政策研究——以独龙族为例》、何志魁的《西部大开发中贡山县独龙族怒族传统文化保存的教育策略初探》各被引10次。

## 5.会议论文

### 5.1 NSTL

以"独龙族"为检索词检索"NSTL会议论文数据库",截至2020年9月4日,共检出会议论文17篇,全部为汉文印本资源,均收藏在中国科学技术信息研究所。检出论文收录于15种会议录中,其中《全球化背景下的多元文化教育国际研讨会论文集》收3篇,其他14种会议录各收

---

① 计量可视化分析—已选文献—中国知网[EB/OL].[2020-09-03].https://kns.cnki.net/KVisual/ArticleAnalysis/index?t=1605446884973。

1篇。检出题名含"独龙"的论文9篇：叶峻杰等的《中国独龙族人群中细胞色素 P450 2C19 基因多态性的研究》、孙伟的《独龙族传统体育文化保护、传承与发展的新思考》、彭李千慧等的《独龙江畔·充满野性的艺术奇葩》、聂优平的《基于独龙族怒族学生文学想象力比较的培养建议》、周文娟的《德昂族、独龙族聚居区义务教育生师比调控的对策研究》、把红梅的《独龙族文面的文化内涵探析》、姚欣等的《从独龙江乡集镇规划看民族文化传承与创新》、张仁军等的《官方媒体与自媒体中独龙族网络旅游形象比较研究》、郭凤鸣的《怒族基础教育现状调查分析——以贡山独龙族怒族自治县丙中洛乡为例》。

### 5.2 参考咨询联盟

以"独龙族"为检索词、"全部字段"为检索入口，检索"参考咨询联盟"中的会议论文，截至2020年9月4日，检出论文60篇。又以"独龙"为检索词、"标题"为检索入口，在上述检索结果中检索，核减5条重复记录后，实际检出论文21篇。对比在NSTL的检索结果，新检出的会议论文有13篇：杨毓骧的《"藏彝走廊"僜人、独龙和景颇的族体初探》、赵引弟等的《"太古之民"独龙族学生营养状况分析》、赵渊等的《独龙江流域安居房夏季室内热环境分析》、张波的《独龙族的原始意识与哲学思想萌芽探析》、赵引弟等的《独龙族等5个人口较少、直过民族学生的营养状况分析》、丁明等的《独龙族生育健康问题探析》、杨文杰的《独龙族摔跤活动文化内涵研究》、舒丽丽的《对贡山独龙族怒族自治县丙中洛乡茶腊村多元宗教文化的田野考察》、明芸等的《浅析新媒体时代独龙族"卡雀哇"节日口述传播发展策略研究》、高志英的《文化传统、国家力量与边疆人口特少民族社会发展：以云南独龙族、莽人为例》、周云水的《小民族的生计模式变迁与文化适应：独龙族社会结构变迁分析》、耿彦飞等的《野生饲用植物的民族植物学研究：以云南省独龙江乡独龙族半野生独龙牛（Bos frontalis）为例》、杨通汉等的《云南省独龙族主要红细胞血型的研究》。

### 5.3 中国知网

以"独龙族"为检索词、"主题"为检索入口，检索"知网会议论文库"，截至2020年9月4日，共检出会议论文41篇，其中题名含"独龙"

的有15篇。题名含"独龙"的论文中有3篇被引用过：郭建斌的《路与时空政治——以独龙江为个案》被引用2次，高志英的《文化传统、国家力量与边疆人口特少民族社会发展——以云南独龙族、莽人为例》、舒丽丽的《对贡山独龙族怒族自治县丙中洛乡茶腊村多元宗教文化的田野考察》各被引用1次。

### 6.报纸文献

以"独龙族"为检索词检索"中华数字书苑"报纸新闻，截至2020年9月5日，共检出新闻2239条，其中标题含"独龙族"的新闻55条。检出的2239条新闻出自240种报纸，其中报道数量居前3位的报纸是《云南日报》331条、《中国民族报》73条、《人民日报》70条。根据《人民日报》的报道，整理出4条信息：（1）2019年4月10日，中共中央总书记、国家主席、中央军委主席习近平给云南省贡山独龙族怒族自治县独龙江乡群众回信，祝贺独龙族实现整族脱贫，勉励乡亲们为过上更加幸福美好的生活继续团结奋斗。[①]（2）2019年9月17日，高德荣（独龙族）被授予"人民楷模"国家荣誉称号。[②]（3）据新华社北京2019年9月25日电，中央宣传部、中央组织部、中央统战部、中央和国家机关工委、中央党史和文献研究院、教育部、人力资源社会保障部、国务院国资委、中央军委政治工作部决定，授予高德荣（独龙族，云南省怒江傈僳族自治州人大常委会原副主任）等278名个人、22个集体"最美奋斗者"称号。[③]受到表彰的278名个人中，少数民族有43名，其中人口较少民族有4名，分别是：高德荣（独龙族）、邓前堆（怒族）、布茹玛汗·毛勒朵（女，柯尔克孜族）、那迪拜克·阿瓦孜拜克（塔吉克族）。（4）2019年4月19日，中国移动在云南省贡山独龙族怒族自治县独龙江乡进行5G试验基站调测，当地独龙

---

① 习近平回信勉励云南贡山独龙族群众同心协力建设好家乡守护好边疆 努力创造更加美好的明天[N].人民日报，2019-04-12（01）.
② 参见第三章第八节柯尔克孜族报纸文献。
③ 关于表彰"最美奋斗者"的决定[N].人民日报，2019-09-26（04）.

族群众现场体验5G虚拟现实。[①]2014年10月，独龙江乡6个村委会全部实现4G网络覆盖。2018年年底，独龙族实现整族脱贫。

以"独龙族"为检索词、"主题"为检索入口，检索"知网报纸全文数据库"，截至2020年9月5日，共检出独龙族相关文献571篇。报道数量居前3位的报纸是《云南日报》171篇、《中国民族报》59篇、《人民日报》26篇。检出文献中有学术性文献74篇，其中题名含"独龙族"的有9篇：于昊燕的《中国故事　民族之美——评〈与一条江相守千年：独龙族〉》，金佳绪的《习近平总书记对独龙族的牵挂》，怒江州委宣传部的《整乡推进、整族帮扶助力独龙族整族脱贫》，许波的《彰显独龙族发展的"天路"——评话剧〈独龙天路〉》，吴楚克等的《独龙族：加快发展是境内外面临的共同课题》，袁程炜等的《整乡推进整族帮扶：独龙江脱贫致富新路子》，周玉林的《文面女：独龙族传统文化的活化石——探访最后的独龙族文面女》，胡国云的《让独龙族群众早日过上小康生活——贡山县独龙江乡整乡推进、独龙族整族帮扶的基本经验和帮扶模式》，肖凤珍的《让老百姓知道法律的公正——访"最美检察官"、云南省贡山独龙族怒族自治县检察院检委会专职委员江德华》。

### 7.标准

以"独龙"为检索词检索"全国标准信息公共服务平台"，截至2020年6月1日，共检出怒族相关标准6项，全部为云南省地方标准，均为现行标准。其中，关于贡山独龙牛养殖的相关标准有5项，均由云南省质量技术监督局归口上报，主管部门均为怒江傈僳族自治州市场监督管理局；于2018年6月20日发布，自2018年9月20日起实施；国际标准分类号（ICS）65.020.30，中国标准分类号（CCS）B43；标准的主要起草单位均为贡山县畜牧兽医局、贡山县扶贫办、贡山县农业局、贡山县疾病预防控制中心、贡山县荣华农资土产有限责任公司、贡山县科学技术局、贡山县林业局、贡山县质量技术监督局；主要起草人有和又真、李玉兰、

---

[①] 云南独龙族群众体验5G虚拟现实[N].人民日报，2019-04-20（06）．

王剑、郑自春、和志军、张家龙、苏八七。这5项标准分别是《DB5333/T 2.1-2018 贡山县独龙牛养殖综合标准 第1部分：品种标准》适用于贡山县独龙牛品种繁育，《DB5333/T 2.2-2018 贡山县独龙牛综合标准 第2部分：选育》适用于独龙牛选育，《DB5333/T 2.3—2018 贡山县独龙牛养殖综合标准 第3部分：饲养管理》适用于贡山县独龙牛的饲养管理，《DB5333/T 2.4—2018 贡山县独龙牛养殖综合标准 第4部分：疫病预防》适用于独龙牛养殖疫病防治，《DB5333/T 2.5—2018 贡山县独龙牛养殖综合标准 第5部分：等级评定》适用于独龙牛等级评定。另外一项标准为《DB53/T 778-2016 独龙族服饰》，主管部门为云南省质量技术监督局，国际标准分类号（ICS）61.040、中国标准分类号（CCS）Y75，于2016年9月10日发布，自2016年12月1日起实施。

## 第三节 门巴族文献信息资源建设

中国的门巴族历史悠久、文化灿烂，无本民族文字，多通晓藏语，通用藏文。门巴语属汉藏语系藏缅语族藏语支。[①]

### 1.古籍

因无本民族文字，鲜有门巴族古籍文献传世。早期藏文历史文献记载了藏族、门巴族、珞巴族在远古、吐蕃时期及其以后的交往情况；17世纪中叶以后的藏文档案资料记载了西藏历代地方政权治理门、珞地区的史实；清代汉文历史文献对门隅、珞渝和察隅的民情风俗以及清末治边等也都有记述。门巴族口传古籍是门巴族古籍的重要组成部分。《门巴族民间文学资料》收集了门巴族神话、传说、故事共7篇，萨玛酒歌31首，民间古典情歌183首，以及民间叙事时《太波嘎列》、民间戏剧《阿拉卡

---

① 《中国少数民族》修订编辑委员会.中国少数民族[M].北京：民族出版社，2009：348.

教父子》。①《门巴族民间故事》收录神话2篇、传说10篇、故事85篇。②《珞巴族门巴族民间故事选》收录门巴族民间故事23篇。③调查未发现全面、系统的门巴族古籍整理成果出版，但据悉《中国少数民族古籍总目提要·门巴族珞巴族卷》即将出版。④

## 2.图书

门巴族图书调查以检索国家图书馆、民族图书馆、社科院图书馆、CALIS、西藏自治区图书馆等5家单位藏书目录的方式进行。以"门巴族"为检索词、按主题方式检索，核减各单位藏书目录中的重复和错误记录后，截至2020年9月6日，各单位收藏门巴族相关图书情况如下：国家图书馆38种、民族图书馆18种、社科院图书馆23种、CALIS 34种、西藏自治区图书馆6种。又以"门巴"为检索词、按题名方式检索，核减重复和错误记录后，截至2020年9月6日，各单位收藏门巴族相关图书情况如下：国家图书馆49种、民族图书馆25种、社科院图书馆33种、CALIS 52种、西藏自治区图书馆18种。CALIS系统中，创作门巴族相关图书数量较多的作者是：冀文正9册，吴从众4册，丹珠昂奔、张江华各3册。

上述5家单位共藏题名含"门巴"的图书67种，被同时收藏的有5种：（1）《错那门巴语简志》《仓洛门巴语简志》同属国家民委《民族问题五种丛书》之《中国少数民族语言简志丛书》，均由民族出版社出版。其中，《错那门巴语简志》由陆绍尊编著，1986年5月出版；《仓洛门巴语简志》由张济川编著，1986年9月出版。此外，在门巴族语言研究方面，5家单位还同时藏有《门巴、珞巴、僜人的语言》，孙宏开等著，中国社会科学出版社1980年12月出版。（2）《门巴族社会历史调查（一）》，属国家民委《民族问题五种丛书》之《中国少数民族社会历史调查资料丛刊》，西藏人民出版社1987年12月出版。2009年5月，民族出版社出版了该书的

---

① 于乃昌.门巴族民间文学资料[M].西藏民族学院科研处，1979.
② 冀文正.门巴族民间故事[M].成都：四川民族出版社，2012.
③ 李坚尚，刘芳贤编.珞巴族门巴族民间故事选[M].上海：上海文艺出版社，1993.
④ 唐启胜.春色满园花争艳[N].西藏商报，2020-09-02（03）.

修订版，5家单位也都全部收藏。

### 3. 期刊论文

#### 3.1 NSSD

以"门巴族"为检索关键字，检索NSSD 1920—2020年的论文，截至2020年9月7日，共检出论文115篇。论文数量居前3位的研究领域是历史地理32篇、文化科学29篇、经济管理25篇。从作者的工作单位上看，发文数量居前的是：西藏民族学院（今西藏民族大学）22篇，西藏大学5篇，云南大学、中山大学、中国社会科学院各2篇。发表门巴族相关论文数量居前的学者是：陈立明14篇，朱玉福4篇，吕昭义、脱慧洁、周云水各2篇。刊发门巴族相关论文数量居前3位的期刊是《西藏研究》15篇、《西藏民族学院学报（哲学社会科学版）》（今《西藏民族大学学报（哲学社会科学版）》）13篇、《西藏艺术研究》9篇。

又以"门巴"为检索词、"题名"为检索入口，在上述检索结果中二次检索，检出论文83篇。其中，《近三十年来国内门巴族文化的研究综述》首先介绍了门巴族综合性论著情况，又从门巴族戏曲文化研究、丧葬文化、宗教信仰文化研究、婚姻与家庭文化研究、民间文学的研究、文化变迁研究等6个方面，对门巴族专题性论著作了梳理，提出了门巴族文化研究的特点和问题。[①]《门巴族研究综述》从民族关系、宗教信仰、民俗文化、文学艺术、社会发展及发展趋势等6个方面对门巴族专题性研究作了梳理。[②]《门巴族民间文学概况》从神话与传说、萨玛酒歌、古典情歌、叙事诗、戏剧等5个方面，对门巴族民间文学作了介绍。[③]

#### 3.2 中国知网

以"门巴族"为检索词、"主题"为检索入口，按"精确"方式检索知网学术期刊库，截至2020年9月7日，共检出论文286篇。又以"门巴

---

① 乔永春.近三十年来国内门巴族文化的研究综述[J].四川民族学院学报，2015, 24（03）：22-29.

② 靳坤.门巴族研究综述[J].四川民族学院学报，2015, 24（02）：36-42.

③ 于乐闻.门巴族民间文学概况[J].西藏民族学院学报，1980（01）：63-81.

族"为检索词、"篇名"为检索入口重新检索，共检出论文97篇，其中被引用过的有72篇。这72篇论文的总参考数是225、总被引数是351、总下载数是15273、篇均参考数是3.12、篇均被引数是4.88、篇均下载数是212.12、下载被引比为0.02。[①]被引次数居前3位的是：郑连斌等5人的《珞巴族与门巴族的体质特征》被引37次，郑连斌等6人的《中国莽人、僜人、珞巴族与门巴族Heath–Carter法体型研究》被引24次，陈立明的《门巴族、珞巴族的历史发展与当代社会变迁》被引19次。

### 3.3 复印报刊资料

以"门巴"为检索词、"主题词"为检索入口，检索复印报刊资料全文数据库，截至2020年9月7日，共检出1995—2020年的论文4篇。其中，《复印报刊资料：民族问题研究》收录3篇：2005年01期陈立明的《近代我国门巴族、珞巴族的反侵略斗争》，2008年03期朱玉福的《西藏门巴、珞巴族全面建设小康社会探讨》，2009年03期陈立明的《我国门巴族、珞巴族研究的历史回顾》。另一篇为《复印报刊资料：体育》2005年10期收录丁玲辉的《略谈门巴族传统体育及其对门巴族传统文化的传承》。该文认为，门巴族传统体育与门巴族的习俗文化和藏民族历史文化环境有着直接关系，有些门巴族传统体育活动是藏族先民生活方式的再现或对现实生活方式的反映，藏传佛教文化的传入使具有宗教色彩的门巴族传统体育应运而生，门巴族传统体育展现着门巴族的民风、伦理道德观念和酒文化的特色，习俗舞蹈与门巴族传统体育有着紧密的联系。[②]

## 4.学位论文

### 4.1 CALIS

以"门巴族"为检索词，检索CALIS学位论文系统，截至2020年9月8日，共检出学位论文39篇，其中硕士论文25篇、博士论文14篇，汉

---

① 计量可视化分析 — 已选文献 — 中国知网[EB/OL].[2020-08-07].https：//kns.cnki.net/KVisual/ArticleAnalysis/index?t=1604909976558.

② 丁玲辉.略谈门巴族传统体育及其对门巴族传统文化的传承[J].西藏大学学报（汉文版），2005（02）：42-45.

文文献38篇、英文文献1篇。检出的论文完成于1997—2013年间，其中最早的1997年、最晚的2013年各1篇，以2011年的8篇为最多。检出论文中，题名含"门巴"的仅有2篇，全部为硕士论文。一篇是李旺旺的《墨脱门巴族文化变迁研究》，从物质文化、精神文化和制度文化三方面对墨脱门巴族的文化变迁进行了论述。其中，精神文化变迁以门巴族具有"混融性"特点的宗教信仰为切入点，对门巴族现代宗教信仰的变迁进行了分析。[①] 另一篇为向华娟的《勒布门巴族婚姻与家庭变迁研究》。

### 4.2 NSTL

以"门巴族"为检索词检索"NSTL学位论文数据库"，截至2020年9月8日，核减1条重复记录后，实际检出学位论文14篇，其中硕士论文9篇、博士论文5篇，全部为汉文印本资源。这14篇论文全部收藏在中国科学技术信息研究所，其中赵勉的博士论文《中国西部人群的源流探讨》在中国科学院文献情报中心亦有收藏。学位授予单位来自11所高校及科研单位，其中中央民族大学、西藏大学、中国科学院研究生院各2篇，另有中国人民大学等8所高校和科研单位各1篇。检出论文中，博士论文《藏门珞民族关系研究》从政治、经济和文化等方面对藏族、门巴族和珞巴族的民族关系进行了全面系统的研究。其中政治关系方面重点研究了西藏地方政权对门隅、珞瑜地区的治理，以及藏门珞人民反抗外国侵略者的斗争，用大量事实证明了门隅、珞瑜以及下察隅是中国神圣领土不可分割的一部分。[②]

### 4.3 参考咨询联盟

以"门巴族"为检索词、"全部字段"为检索入口，通过"精确"方式检索"参考咨询联盟"的学位论文，截至2020年9月8日，共检出28篇。论文数量居前3位的学位授予单位是中央民族大学、西藏大学和西藏大学（今西藏民族大学）各3篇。又以"门巴"为检索词、"标题"为检索入口，通过"精确"方式检索，共检出7篇，全部为硕士论文。对比在CALIS、NSTL的检索结果，新检出的论文有4篇：北京建筑大学李尚的《墨脱县

---

① 李旺旺.墨脱门巴族文化变迁研究[D].咸阳：西藏民族学院，2009.
② 陈立明.藏门珞民族关系研究[D].成都：四川大学，2003.

门巴族传统聚落空间研究》、西藏大学章小燕的《门巴族萨玛民歌研究》、西南民族大学梅朵措姆的《生态保护政策与民族生计方式变迁研究：以西藏墨脱县德兴村门巴族为例》和张转花的《墨脱县门巴族社会经济的历史与现状：以德兴乡为例》。

#### 4.4 中国知网

以"门巴族"为检索词、"主题"为检索入口，按"精确"方式检索"知网学位论文库"，截至2020年9月8日，共检出学位论文12篇，其中硕士论文11篇、博士论文1篇。从论文的年度分布上看，2018年、2016年、2011年各2篇，2017年、2014年、2012年、2010年、2009年和2004年各1篇。检出论文的总参考数是599、总被引数是71、总下载数是7195，篇均参考数是49.92、篇均被引数是5.92、篇均下载数是599.58、下载被引比为0.01。[①] 检出论文中，题名含"门巴"的有4篇，根据被引次数由高到低是：李旺旺的《墨脱门巴族文化变迁研究》被引8次，向华娟的《勒布门巴族婚姻与家庭变迁研究》被引2次，刘通的《精准扶贫战略视域下的西藏门巴族传统文化传承与发展研究》、李尚的《墨脱县门巴族传统聚落空间研究》各被引1次。

## 5. 会议论文

#### 5.1 NSTL

以"门巴族"为检索词，检索"NSTL会议论文数据库"，截至2020年9月9日，共检出会议论文6篇，全部为汉文印本资源，收录于6种会议录中，均收藏在中国科学技术信息研究所。这些论文包括周云水的《论西藏错那勒布门巴族文化与可持续发展——基于人类学田野调查的思考》、陈立明的《藏门珞民族关系的历史发展》、陈立明等的《从墨脱的教育现状看西藏边疆民族地区的教育事业发展》、郭维喜等的《用心灌溉民族团结融合之花——广东工业大学土木与交通工程学院民族生教育管理案

---

① 计量可视化分析—已选文献—中国知网[EB/OL].[2020-09-08].https://kns.cnki.net/KVisual/ArticleAnalysis/index?t=1605601603424。

例》、何耀华的《印度东喜马拉雅民族与中国西南藏缅语民族的历史渊源》、陈立明等的《西藏边疆民族地区现代化进程中的教育发展——墨脱县教育发展现状调查》。

**5.2 参考咨询联盟**

以"门巴族"为检索词、"全部字段"为检索入口，检索"参考咨询联盟"中的会议论文，截至2020年9月9日，共检出论文13篇。又以"门巴"为检索词、"标题"为检索入口，在上述检索结果中检索，检出论文7篇。对比在NSTL的检索结果，新检出会议论文5篇：赵勇的《人口较少民族发展政策——以西藏的门巴族和珞巴族为例》、陈莉娟的《西藏地区门巴族、珞巴族媒介接触情况调查分析》、吕昭义等的《色目村门巴族的生态文明》、张江华的《民主改革前墨脱门巴族的农奴制》、陈立明的《喜马拉雅山林的历史回声——门巴族民间戏剧的考察与研究》。

**5.3 中国知网**

以"门巴族"为检索词、"主题"为检索入口，检索"知网会议论文库"，截至2020年9月9日，核减1条重复记录后，实际检出会议论文13篇。其中，陈立明的《试论门、珞文化交流》介绍了两个民族的早期交往历史，梳理了两个民族的文化交融现象，并进一步分析了两个民族在宗教、民间文学方面的文化交流。[①] 检出论文中，题名含"门巴"的有7篇，但仅有陈莉娟的《西藏地区门巴族、珞巴族媒介接触情况调查分析》被引用过1次。

## 6. 报纸文献

以"门巴族"为检索词检索"中华数字书苑"报纸新闻，截至2020年9月10日，共检出新闻302条，其中标题含"门巴族"的新闻2条。检出的302条新闻出自94种报纸，其中报道数量居前3位的报纸是《西藏日报》71条、《西藏商报》27条、《中国民族报》13条。标题含"门巴族"

---

① 陈立明.试论门、珞文化交流[C]// 中国民族学学会.民族学研究第十一辑——中国民族学学会第五届学术讨论会论文集.中国民族学学会，1993：237–249.

的两条新闻，一条记述了门巴族首位博士生，即西藏农牧学院副教授罗红英带队驻村扶贫的故事；①另一条记述了广东省第九批援藏工作队墨脱县工作组2019年帮助门巴族青年益西治疗腿伤的故事。②302条新闻中，有大量关于西藏自治区林芝市墨脱县完全小学副校长、门巴族全国人大代表格桑德吉的报道：据新华社北京2019年2月26日电，全国妇联近日决定，授予10位杰出女性全国三八红旗手标兵荣誉称号，将升学率从30%提升到100%的门巴族"护梦人"格桑德吉受到表彰。③

以"门巴族"为检索词、"主题"为检索入口，检索"知网报纸全文数据库"，截至2020年9月10日，共检出门巴族相关文献196篇。其中，报道数量居前3位的报纸是《西藏日报》73篇、《中国民族报》25篇、《山南日报》（汉文版）11篇。检出文献中有学术性文献11篇，其中题名含"门巴族"的仅1篇，即吴楚克的《门巴族：从遥远的历史走来》。

## 第四节　德昂族文献信息资源建设

中国的德昂族有着悠久的历史和灿烂的文化。德昂族无本民族文字，多通傣语、汉语和景颇语。④德昂语属南亚语系孟高棉语族佤德昂语支，分为"布雷""汝买""若进"3种方言。云南省德宏傣族景颇族自治州芒市三台山德昂族乡是中国唯一的德昂族民族乡。

---

① 朱建华.门巴族首位博士生驻村扶贫[N].长江日报，2019-12-23（11）.

② 张猛，史金茹.广东佛山援藏队员爱心接力 帮助门巴族青年重新站起来[N].西藏日报，2019-10-14（7）.

③ 全国妇联授予阎锡蕴等10位杰出女性全国三八红旗手标兵荣誉称号[N].经济日报，2019-02-27（2）.

④ 《中国少数民族》修订编辑委员会.中国少数民族[M].北京：民族出版社，2009：614.

## 1.古籍

《中国少数民族古籍总目提要·德昂族卷》首次系统介绍了德昂族古籍的总体情况，基本上反映了德昂族古籍的概貌，共收录德昂族古籍条目229条，其中书籍类14条、讲唱类215条。书籍类古籍有《蛮书》、《元史》、（清乾隆）《东华录》、《从征缅甸日记》、《绥缅纪事》、《征缅纪闻》、《征缅纪略》、《缅甸史略弁言》、《清文献通考》、（清光绪）《永昌府志》、《清史稿》、《呈报腾冲十土司情形文》、《库本勐宛》、《穿越中南半岛：经历华南的勘探旅程》。[①] 讲唱类条目分为三个部分，包括神话传说44条、民间故事71条、长诗歌谣100条。

德昂族古籍整理研究方面的成果还有古永继编的《云南15种特有民族古代史料汇编》。该书摘编了清代至民国年间的德昂族相关史料，涉及古籍12种：《乾隆东华录》，（清乾隆）周裕《从征缅甸日记》，（清乾隆）王昶《征缅纪闻》，《清高宗实录》卷833、卷835、卷844、卷851，《清史稿》卷13《高宗本纪四》、卷528《属国列传三·缅甸》，（清乾隆）孙士毅《绥缅纪事》，（清光绪）黄炳堃《巡查边境情形上王制军书》，（清光绪）《永昌府志》卷57《群蛮志·种人》，《清德宗实录》卷53，（清乾隆）张廷玉等撰《清朝文献通考》卷289《大山土司》，（民国）《腾冲县志稿》卷7上《第三·舆地一·乡镇村寨》、卷12《第四·职官》、卷23《第十五·种人》、卷31《缅略·人民》，（清宣统）李根源著、（民国）李根法录《滇西兵要界务图注》卷1《甲线》。[②]

## 2.图书

德昂族图书调查以检索国家图书馆、民族图书馆、社科院图书馆、CALIS、云南省图书馆等5家单位藏书目录的方式进行。检索以"德昂族"

---

① 国家民族事务委员会全国少数民族古籍整理研究室.中国少数民族古籍总目提要·佤族卷布朗族卷基诺族卷德昂族卷[M].北京：民族出版社，2019：415-416.

② 古永继编.云南15种特有民族古代史料汇编（下）[M].昆明：云南大学出版社，2016：499-502.

为检索词,按主题方式检索,核减各单位藏书目录中的重复和错误记录后,截至2020年9月11日,各单位收藏德昂族相关图书情况如下:国家图书馆64种、民族图书馆27种、社科院图书馆24种、CALIS 50种、云南省图书馆44种。又以"德昂"为检索词,按题名方式检索,核减重复和错误记录后,截至2020年9月11日,各单位收藏德昂族相关图书情况如下:国家图书馆76种,其中汉文图书71种、藏文图书5种;民族图书馆31种;社科院图书馆29种;CALIS 56种;云南省图书馆55种。据云南省图书馆书目检索系统统计,该馆藏德昂族相关著作中数量最多的是黄光成的著作,有5部;根据《中国图书馆分类法》,云南省图书馆藏德昂族相关图书数量较多的为K类42种、I类5种、H和R类各3种,从出版时间上看,2019年2种、2017年3种、2016年1种。

上述6家单位共藏题名含"德昂"的图书92种,其中被同时收藏的有9种:(1)《德昂族简史》云南教育出版社1986年8月出版、民族出版社2008年10月修订版,《德昂族社会历史调查》云南民族出版社1987年12月出版、民族出版社2009年6月修订版。(2)傅仕敏主编《德昂族百年实录》,中国文史出版社2010年出版。(3)桑耀华著《德昂族》,民族出版社1986年12月出版;赵纯善、杨毓骧编著《德昂族概览》,云南大学出版社2006年9月出版。(4)王铁志著《德昂族经济发展与社会变迁》,民族出版社2007年3月出版。(5)姜科编《德昂族文化与社会变迁》,社会科学文献出版社2017年5月出版。

### 3.期刊论文

#### 3.1 NSSD

以"德昂族"为检索关键字,检索NSSD 1920—2020年的论文,截至2020年9月12日,共检出论文141篇。论文数量居前3位的研究领域是经济管理35篇、历史地理27篇、文化科学26篇。从作者的工作单位上看,发文数量居前的是云南大学12篇,云南民族大学10篇,昆明理工大学、云南省社会科学院、云南师范大学、保山学院各3篇。发表德昂族相关论文数量居前的学者是:李晓斌6篇,李全敏5篇,黄光成、杨东萱各

3篇。刊发德昂族相关论文数量居前3位的期刊是《民族艺术研究》10篇、《思想战线》8篇、《云南民族大学学报（哲学社会科学版）》7篇。

又以"德昂"为检索词、"题名"为检索入口，在上述检索结果中二次检索，检出论文118篇，其中德昂族研究综述方面的有周芳的《建国以来德昂族史研究概述》、罗吉华的《中国德昂族教育研究述评》、胡阳全的《近20年国内德昂族研究综述》、李发荣的《近十年国内德昂族研究综述》。

### 3.2 中国知网

以"德昂族"为检索词、"主题"为检索入口，按"精确"方式检索知网学术期刊库，截至2020年9月12日，共检出论文567篇。又以"德昂"为检索词、"篇名"为检索入口，在上述检索结果中检索，共检出论文253篇，其中有165篇被引用过。被引次数居前3位的是：王铁志的《人口较少民族的现代化——以德昂族经济和社会发展为例》被引23次，黄光成的《跨界民族的文化异同与互动——以中国和缅甸的德昂族为例》被引22次，杨东萱的《对口帮扶扶贫模式的作用与趋势的思考——以芒市三台山德昂族为例》被引21次。

### 3.3 复印报刊资料

以"德昂族"为检索词、"主题词"为检索入口，检索复印报刊资料全文数据库，截至2020年9月12日，共检出1995—2020年的论文4篇。《复印报刊资料：民族问题研究》2001年09期复印了胡阳全的《近20年国内德昂族研究综述》，2006年03期复印了王铁志的《人口较少民族的现代化——以德昂族经济和社会发展为例》，2006年06期复印了王铁志的《人口较少民族发展的结构性差异——以德昂族经济和社会发展为例》，2015年01期复印了陈瑞琪的《论生态文明视野中的德昂族水文化及其社区功能》。

## 4. 学位论文

### 4.1 CALIS

以"德昂族"为检索词检索CALIS学位论文系统，截至2020年9月

13日，共检出学位论文55篇，其中硕士论文43篇、博士论文12篇，全部为汉文文献。检出的论文完成于2002—2013年间，其中2002年1篇为最早，2013年3篇为最新，以2012年的11篇为最多。检出论文中，题名含"德昂"的有18篇，其中博士论文3篇，即2004王铁志的《德昂族经济发展和社会变迁》、2011年尹巧云的《德昂语长短元音研究》、2012魏国彬的《德昂族艺术的文化阐释》。另外15篇为硕士论文：2002年李全敏的《保山潞江坝大中寨德昂族水崇拜研究》；2006年杨东萱的《人口较少民族——德昂族经济社会发展与脱贫研究》；2007年李军的《德昂族受教育程度的现状、问题与对策研究》；2008年王鑫的《德昂族生育行为及其变迁研究——以三台山德昂族乡为个案的实证分析》；2009年李丽双的《德昂族教育史论》，李莹的《云南德昂族服饰艺术及其传承研究》，朱真莉的《德昂族妇女扫盲教育研究》，焦丹的《德昂族"上奘"仪式研究——以潞西市三台山乡出冬瓜村"出洼"仪式为个案》，赵燕梅的《德昂族创世史诗〈达古达楞格莱标〉文化内涵探析》；2010年赵琴的《德昂族民族关系研究（1949—2009）——以云南省潞西市三台山德昂族乡为例》；2011年周文娟的《德昂族独龙族聚居区义务教育生师比调控的比较》，毕彩华的《云南省扶持潞西市三台山德昂族乡脱贫发展政策研究》；2012年金玟廷的《德昂族管理和利用茶树的初步研究》，王帅的《基于德宏傣族德昂族初三学生英语图式清净能力族际比较研究》；2013年王燕的《选择与归属——口述史视野下德昂族的历史文化研究》。

### 4.2 NSTL

以"德昂族"为检索词检索"NSTL学位论文数据库"，截至2020年9月13日，共检出学位论文45篇，其中硕士论文38篇、博士论文7篇，全部为汉文印本资源，42篇收藏在中国科学技术信息研究所、2篇收藏在中国科学院文献情报中心、1篇收藏在中国医科院医学信息研究所。学位授予单位来自19所高校及科研院所，其中云南大学以16篇居首，中央民族大学以10篇居其次，中国科学院研究生院、江苏大学各2篇并列第三，另有云南民族大学等15所高校和科研单位各1篇。

检出题名含"德昂"的学位论文21篇，其中博士论文2篇、硕士论文19篇。对比在CALIS的检索结果，新检出博士论文1篇，即2014年王超的《社会中的技术：德昂族农业技术转移与变迁研究》。新检出硕士论文6篇，其中江苏大学为学位授予单位的有2篇，即2016年董岳的《云南德昂族银饰设计研究》、2017年谢润的《云南德昂族干栏建筑设计研究》；中央民族大学为学位授予单位的有1篇，即2014年吴偲的《云南潞西德昂族腰箍研究——以三台山德昂族乡为个案》；哈尔滨师范大学为学位授予单位的有1篇，即2016年杨旭的《德昂族酸茶制作技艺研究》；云南民族大学为学位授予单位的有1篇，即2016年周若然的《茶叶、橡胶与雷贡德昂族女性》；中国科学院昆明植物研究所为学位授予单位的有1篇，即2010年唐贵华的《德昂族药用植物调查及三种民族药成分研究》。

**4.3 参考咨询联盟**

以"德昂族"为检索词、"全部字段"为检索入口，通过"精确"方式检索"参考咨询联盟"的学位论文，截至2020年9月13日，共检出学位论文81篇。论文数量居前3位的学位授予单位是云南大学（21篇），中央民族大学（11篇），昆明理工大学、云南师范大学（各6篇）。

根据该系统的特点，又分别以"德昂族""德昂"为检索词、"标题"为检索入口，通过"精确"方式检索，并整合两次检索结果后，共检出德昂族相关学位论文39篇，其中硕士论文33篇、博士论文6篇。对比在CALIS、NSTL的检索结果，新检出论文15篇，其中博士论文2篇，即云南大学陈瑞琪的《冬村德昂族艺术变迁与身份构建》、贺勇的《三台山德昂族乡脱贫攻坚中的博弈问题研究》。另外13篇为硕士论文，其中中央民族大学为学位授予单位的有4篇，即田洋的《德昂语广卡话声母的声学研究》、倪娜的《德昂语广卡话疑问句语调研究》、周文娟的《德昂族独龙族聚居区义务教育生师比调控的比较》、王玲的《焦点的韵律编码方式：德昂语、佤语、藏语、汉语等语言比较研究》；《中山大学社会学与人类学学院》为学位授予单位的有4篇，即宋佳秀的《变迁体验中的顺应、逃逸与性情——西南边陲德昂村寨失地村民生活变迁之研究》、邓梵的《空间的生命——中国西南德昂社会的家、社区、道路与跨界》、程静的《生计经济、饮食方式与社会变迁——以云南西南德昂族村寨为例》、蒋孟洋的《腰箍套不住的女人——中缅边境一个德昂村落的女性社会角色研究》；云南大学为学位授予单位的有1篇，即邱志芳的《村落的"熟人"

与"陌生人"：以三台山乡德昂族村落中的教师为例》；云南师范大学为学位授予单位的有1篇，即李玉芳的《边疆地区汉族、彝族、德昂族初中生学习动机的对比研究——以云南省临沧市为例》；浙江理工大学为学位授予单位的有1篇，即杨晓轶的《德昂族服饰"稚拙"感风格特征在现代服装设计中的应用研究》；云南农业大学为学位授予单位的有1篇，即李昶罕的《德昂族酸茶制作技艺及文化研究》；昆明理工大学为学位授予单位的有1篇，即刘昆林的《基于德昂族茶文化的衍生产品设计》。

### 4.4 国家图书馆

以"德昂"为检索关键词检索"国图博士论文库"，截至2020年9月13日，检出德昂族相关博士论文1篇，即2004年王铁志的中央民族大学人类学专业博士论文《德昂族经济发展和社会变迁》。

### 4.5 中国知网

以"德昂族"为检索词、"主题"为检索入口，按"精确"方式检索"知网学位论文库"，截至2020年9月13日，共检出学位论文87篇，其中硕士论文70篇、博士论文17篇。检出论文的总参考数是5598、总被引数是510、总下载数是69864，篇均参考数是64.34、篇均被引数是5.86、篇均下载数是803.03、下载被引比为0.01。[1]

又以"德昂"为检索词、"题名"为检索入口，在上述检索结果中检索，检出论文24篇，其中硕士论文20篇、博士论文4篇。检出的论文中，被引次数居前的5篇论文是：王铁志的《德昂族经济发展和社会变迁》被引14次，王玲的《焦点的韵律编码方式——德昂语、佤语、藏语、汉语等语言比较研究》被引8次，王燕的《选择与归属——口述史视野下德昂族的历史文化研究》、田洋的《德昂语广卡话声母的声学研究》、朱真莉的《德昂族妇女扫盲教育研究》各被引7次；其中第一篇为博士论文，后4篇为硕士论文。

---

[1] 计量可视化分析—已选文献—中国知网[EB/OL].[2020-09-13].https://kns.cnki.net/KVisual/ArticleAnalysis/index?t=1605443213066。

## 5.会议论文

### 5.1 NSTL

以"德昂族"为检索词检索"NSTL会议论文数据库",截至2020年9月14日,共检出会议论文14篇,全部为汉文印本资源,均收藏在中国科学技术信息研究所。其中,题名含"德昂"的有7篇:卓婧等的《茶对德昂族重要意义的探讨》,杨民康的《德昂族情歌"阿坡翁"当代发展变异状况的考察与研究》,梁劲芸的《浅析德昂族织锦及其装饰艺术文化内涵》,王帅的《德宏傣族德昂族英语图式清净能力比较研究》,周文娟的《德昂族、独龙族聚居区义务教育生师比调控的对策研究》,付雪等的《从德昂族妇女腰箍中看社会性别意识的演进》,李全敏的《从自然崇拜看德昂族资源管理的传统知识》。

### 5.2 参考咨询联盟

以"德昂族"为检索词、"全部字段"为检索入口,检索"参考咨询联盟"的会议论文,截至2020年9月14日,检出论文43篇,其中题名含"德昂"的有18篇。对比在NSTL的检索结果,新检出题名含"德昂"的会议论文11篇:夏青等的《浅析德昂族农业生产的变迁》,张实的《跨境民族间经济文化互动研究:对云南省德宏州三台山乡德昂族的田野调查》,俞茹的《追寻佤族、德昂族、布朗族的先民:"苞满"、"闽濮"的历史溯源》,曹振辉、潘洪彬等的《德昂酸茶乳酸菌的体外益生功能及生物转化茶多酚研究》,曹振辉、王芙苡等的《德昂酸茶乳酸菌益生特性及发酵茶饮料工艺研究》,成功等的《德昂族酸茶传统知识的保护与可持续发展》,陈向权的《德昂族蔑弹弓的社会价值研究》,冯可汉等的《德昂族服饰文化及其前瞻》,殷俊的《德昂族传统体育文化研究》,何开仁等的《德昂族药外敷治疗风寒湿痹症92例临床观察》,陈笑等的《德昂族银饰纹样在文创产品设计中的运用和发展》。

### 5.3 中国知网

以"德昂族"为检索词、"主题"为检索入口,检索"知网会议论文库",截至2020年9月14日,共检出会议论文15篇。对比在NSTL和参考咨询联盟的检索结果,新检出题名含"德昂"的会议论文1篇,即张实的

《跨境民族间经济文化互动研究——对云南省德宏州三台山乡德昂族的田野调查》。

## 6.报纸文献

以"德昂"为检索词,检索"中华数字书苑"报纸新闻,截至2020年9月15日,共检出新闻342条,出自83种报纸,其中报道数量居前3位的报纸是《云南日报》106条、《中国民族报》35条、《青海日报》12条。检出的新闻报道中,有6条新闻的标题含"德昂",均为云南省德宏州芒市三台山德昂族乡产业扶贫相关的报道,《云南日报》的106篇报道大多为扶贫相关信息。调研发现4条德昂族相关古籍整理、信息资源建设方面的信息:(1)云南省加大对汉族题材并被少数民族群众接受和喜爱的民族文字典籍和口传文献的抢救保护力度,已编纂完成《云南少数民族中华文化认同文献典藏》10卷本大型套书,收录彝、傣、白、壮、瑶、苗、傈僳、阿昌、佤、基诺、怒等民族中流传的中华文化认同文献典籍40余部、1200余万字。[①](2)国家出版基金项目《云南少数民族经典作品英译文库》首次将云南省少数民族典籍成规模地译成英文出版,共10册,分别为《十二奴局》《查姆》《梅葛》《金笛》《白国因由》《召树屯》《支撒·甲布》《古歌》《目瑙斋瓦》和《帕米查哩》,涉及阿昌族、白族、傣族、德昂族、哈尼族、景颇族、拉祜族、苗族、纳西族、普米族、彝族11个少数民族。[②](3)《云南15种特有民族古代史料汇编》(上、中、下)将傣、纳西、白、哈尼、傈僳、普米、拉祜、佤、景颇、布朗、德昂、阿昌、怒、独龙、基诺等15个云南省特有民族合为一体,搜集了正史、别史、实录、游记、方志、档案、碑刻及田野调查等文献中记载的1911年前的史料。[③](4)2019年12月,云南省人口较少民族口头传统典藏计划启动,该项计

---

① 李成生.我省民族古籍抢救保护开启新领域[N].云南日报,2019-08-28(03).
② 陈怡希.《云南少数民族经典作品英译文库》系列图书出版[N].云南日报,2019-04-14(03).
③ 李悦春,李开义.《云南15种特有民族古代史料汇编》新书首发式举行[N].云南日报,2019-09-23(05).

划的最终目的是建成云南省独龙族、德昂族、基诺族、怒族、阿昌族、普米族、布朗族和景颇族等8个人口较少民族口头传统资源库。①

以"德昂族"为检索词、"主题"为检索入口，检索"知网报纸全文数据库"，截至2020年9月15日，共检出德昂族相关文献167篇。其中，报道数量居前3位的报纸是《云南日报》34篇、《中国民族报》32篇、《云南政协报》13篇。检出文献中有学术性文献12篇：曹园雅的《浅谈少数民族州党报记者编辑素质修养的提升》，贾磊的《德宏再发现——〈发现德宏〉观后感》，段体泽的《真实与艺术结合的张力》，蒋敏、王大林的《推进民族文化强省建设 塑造新时代云南精神——云南省第十一届社会科学学术年会主题专场研讨会综述》，吉木的《边界、认同与跨界民族发展——第五届跨界民族论坛综述》，黄绚的《多方位展示临沧发展风貌》，席锋宇的《国家应采取措施保证边境线地区文化安全——访十二届全国人大代表杨艳》，王珍的《民族地区如何打造"经济升级版"》，党文军的《彰显边关魅力 打造文化畹町》，国家民委经济司的《扶持人口较少民族发展，各省区有"高招儿"》，黄玲的《发出自己民族的独特声音——云南特有七个人口较少民族作家文学扫描》，聂乾先的《以展演带动云南"一族一舞"的建构》。

## 7.标准

以"德昂"为检索词检索"全国标准信息公共服务平台"，截至2020年6月1日，共检出德昂族相关标准1项，即云南省地方标准《DB53/T 777.1-2016 德昂族服饰 第1部分：镇康区域》。该标准为现行标准，国际标准分类号（ICS）61.040、中国标准分类号（CCS）Y75，主管部门为云南省质量技术监督局，于2016年9月10日发布，自2016年12月1日起实施。

---

① 李成生.我省8个人口较少民族口头传统典藏计划启动[N].云南日报，2019-12-04（03）.

## 第五节　基诺族文献信息资源建设

基诺族1979年被国务院正式确认为中国的一个单一民族，是中国最后一个被确认的少数民族。景洪市基诺山基诺族乡是中国唯一的基诺族乡。基诺语属汉藏语系藏缅语族彝语支，无本民族文字。①

### 1.古籍

《中国少数民族古籍总目提要·基诺族卷》首次系统介绍了基诺族古籍的总体情况，基本上反映了基诺族古籍的概貌，共收录基诺族古籍条目374条，其中书籍类8条、文书类3条、讲唱类363条。

书籍类古籍有（清道光）《云南通志》、（清道光）《普洱府志》、《云南种人图说》、《车里宣慰世系简史》、《车里》、《泐史》、《云南三迤百蛮图》、《御制外苗图》；文书类有《清云贵总督尹继善就筹办普思元新善后事宜疏》、《国民党云南省政府民政厅长李培天呈龙云报告》和《滇黔绥靖公署暂编第二大队致龙云报告》。②讲唱类条目分为四个部分，包括神话10条、传说60条、民间故事84条、长诗歌谣209条。

基诺族古籍整理研究方面的成果还有古永继编的《云南15种特有民族古代史料汇编》。该书摘编了清代基诺族相关史料，涉及古籍14种：（清道光）《云南通志稿》卷187《南蛮志三之六·种人六》，（清光绪）《续云南通志稿》卷162《南蛮志·种人三》，（清光绪）刘慰三《滇南志略》卷3《普洱府》，（清道光）《普洱府志》卷18《土司·种人附》，（清光绪）《续修普洱府志稿》卷46《南蛮志·种人》，（清光绪）《清代滇黔民族图

---

① 《中国少数民族》修订编辑委员会.中国少数民族[M].北京：民族出版社，2009：646-647.

② 国家民族事务委员会全国少数民族古籍整理研究室.中国少数民族古籍总目提要·佤族卷布朗族卷基诺族卷德昂族卷[M].北京：民族出版社，2019：309-313.

谱·云南种人图说》，（清道光）《云南通志稿》卷136《秩官志七之六·土司六·普洱府》，（清道光）《云南通志稿》卷34《建置志一之四·沿革四·普洱府》《请添设普洱流官营制疏》，（清道光）《云南通志稿》卷100《武备志一之二·兵制下·普洱镇》，（清嘉庆）师范《滇系》八之四《艺文》尹继善《筹酌普思元新善后事宜疏》，（清雍正）《云南通志》卷5《疆域·附形势》，（清雍正）《云南通志》卷26《古迹》，（清乾隆）倪蜕《滇云历年传》卷12，清光绪《续修普洱府志稿》卷49《古迹》。①

## 2.图书

基诺族图书调查以检索国家图书馆、民族图书馆、社科院图书馆、CALIS、云南省图书馆等5家单位藏书目录的方式进行。检索以"基诺族"为检索词，按主题方式检索，核减各馆藏书目录中的重复和错误记录后，截至2020年9月16日，各馆收藏基诺族相关图书情况如下：国家图书馆56种、民族图书馆26种、社科院图书馆28种、CALIS 47种、云南省图书馆31种。又以"基诺"为检索词，按题名方式检索，核减重复或错误记录后，截至2020年9月16日，各馆收藏基诺族相关图书情况如下：国家图书馆67种、民族图书馆35种、社科院图书馆33种、CALIS 59种、云南省图书馆43种。据云南省图书馆书目检索系统统计，编著基诺族相关图书数量较多的作者是：杜玉亭著7册，赵捷著4册，于希谦著3册。根据《中国图书馆分类法》，云南省图书馆藏基诺族相关图书数量较多的为K类40种、I类9种、J类4种。从出版时间上看，2019年1种、2014年4种、2012年2种。

上述5家单位共藏题名含"基诺"的图书85种，被同时收藏的有17种，占总数的20%，与其他人口较少民族相比，占比较高。被同时收藏的基诺族相关图书具体如下：（1）《基诺族普米族社会历史综合调查》，属国家民委《民族问题五种丛书》之《中国少数民族社会历史调查资料丛

---

① 古永继编.云南15种特有民族古代史料汇编（下）[M].昆明：云南大学出版社，2016：491-496.

刊》，民族出版社1990年12月出版、2009年5月修订版。基诺族相关的国家民委《民族问题五种丛书》中，5馆还同时收藏了《中国少数民族简史丛书》之《基诺族简史》、《中国少数民族语言简志丛书》之《基诺语简志》。（2）《王懿之学术文选——傣族基诺族历史文化论》收王懿之在基诺族历史文化方面的论文6篇，即《基诺族的历史与文化》《试论基诺族农村公社的特点》《基诺族社会历史调查报告》《基诺族父系家庭公社调查研究》《基诺族的刀耕火种》《基诺族的婚姻形态考察》。《和而不同的中国民族学探索：杜玉亭基诺族研究文论》，从杜玉亭51年间创作的147万字基诺族研究成果中选出约40万字形成此书，分为8章，编排极为精当。被同时收藏的基诺族传统文化研究方面的著作还有《最后的长房：基诺族父系大家庭与文化变迁》《基诺族传统爱情文化》《基诺族文化大观》《雾中的阿居：基诺族的亲属制度》《基诺族文学简史》《基诺族特懋克》。（3）另外还有王军著《基诺族起义》，云南人民出版社1982年10月出版；杜玉亭著《基诺族》，民族出版社1989年1月出版；吴应辉著《当代基诺社会研究》，云南大学出版社2000年6月出版；全国政协文史和学习委员会暨云南省政协文史委员会编《基诺族百年实录》，中国文史出版社2010年6月出版；蒋光友著《基诺语参考语法》，中国社会科学出版社2010年10月出版。

### 3.期刊论文

#### 3.1 NSSD

以"基诺族"为检索关键字，检索NSSD 1920—2020年的论文，截至2020年9月17日，共检出论文208篇。论文数量居前3位的研究领域是社会学68篇、经济管理67篇、历史地理36篇。从作者的工作单位上看，发文数量居前3位的是云南大学16篇、云南省社会科学院10篇、昆明学院6篇。发表基诺族相关论文数量居前3位的学者是董学荣7篇、朱映占6篇、罗维萍5篇。刊发基诺族相关论文数量居前3位的期刊是《思想战线》16篇、《民族艺术研究》13篇、《云南民族大学学报（哲学社会科学版）》11篇。

又以"基诺"为检索词、"题名"为检索入口，在上述检索结果中二次检索，检出论文146篇。其中，龚文龙的《论基诺族文献信息资源平台建设》，探讨了基诺族文献信息资源平台建设中涉及的资源类型的选择与采集、资源的加工标准与元数据的选取、基诺族特色的展现以及兼容性与开放性等问题。①

### 3.2 中国知网

以"基诺族"为检索词、"主题"为检索入口，按"精确"方式检索知网学术期刊库，截至2020年9月17日，共检出论文654篇。又以"基诺"为检索词、"篇名"为检索入口，在上述检索结果中检索，共检出论文321篇，其中被引用过的有222篇。被引次数居前3位的是：王洁如等的《基诺族传统食用植物的民族植物学研究》被引72次，尹绍亭的《基诺族刀耕火种的民族生态学研究》被引50次，杜玉亭的《基诺族识别四十年回识——中国民族识别的宏观思考》被引45次。

### 3.3 复印报刊资料

以"基诺族"为检索词、"主题词"为检索入口，检索复印报刊资料全文数据库，截至2020年9月17日，共检出1995—2020年的论文9篇。其中，《复印报刊资料：民族问题研究》5篇：2002年11期牛正勇的《基诺族DE民俗文化》，2009年02期董学荣、罗维萍的《基诺族与中国民族政策的价值取向》，2009年03期董学荣、罗维萍的《改革开放以来基诺族的发展研究》，2010年02期杜玉亭的《民族识别与马克思主义中国化——基诺人识别50年的历史哲学视角》，2012年12期郭家骥的《生计方式与民族关系变迁——以云南西双版纳州山区基诺族和坝区傣族的关系为例》。《复印报刊资料：民族研究》4篇：1996年03期韩忠太、彭多毅的《汉文化对基诺族青少年心理的影响》，1998年02期杜玉亭的《基诺族识别四十年回识——中国民族识别的宏观思考》，2000年06期张世富的《80年代以来云南西双版纳四个民族心理调查研究》，2000年12期胡阳全的《近二十年基诺族研究综述》。

---

① 龚文龙.论基诺族文献信息资源平台建设[J].内蒙古民族大学学报（社会科学版），2013，39（05）：110-112.

## 4.学位论文

### 4.1 CALIS

以"基诺"为检索词检索CALIS学位论文系统，截至2020年9月18日，核减1条重复记录后，实际检出学位论文83篇，其中硕士论文58篇、博士论文25篇，全部为汉文文献。检出的论文完成于1998—2013年间，其中1998年1篇、2013年3篇，2012年12篇为最多。检出题名含"基诺"的论文24篇，其中博士论文1篇，即2003年潘秋荣的《文化变迁与认同——赛夏族与基诺族的考察研究》。23篇题名含"基诺"的硕士论文为：1998年王洁如的《热带山地森林传统利用与管理的定点研究：云南基诺族的森林小产品的传统采集和利用》；2001年曾益群的《热带山地社区混农林业实践及其形成原因和机制研究——以西双版纳景洪市基诺族乡巴卡小寨为例》；2003年朱映占的《基诺族传统文化消失的释证与当代建构的实践研究》，郭万军的《基诺族地区饮酒情况及其相关精神卫生状况调查分析》；2004年帅凌鹰的《基诺族刀耕火种的民族生态学研究》；2005年刘惠琼的《对基诺族跨越式发展中机遇与挑战的思考》；2007年唐晓春的《基诺族的亲属制度》，懂学荣的《基诺族民居变迁与民族政策效益的实证研究》，梁丽君的《云南基诺族及汉族IGTCS与CLCN2基因相关性研究》，庄点的《对基诺族"大鼓舞"的研究》，陈壮飞的《云南汉族、基诺族色氨酸羟化酶2基因（TPH2）G1463A、rs1386494多态性及其单体型与精神分裂症关联研究》；2008年陈晓娟的《云南佤族、拉祜族、布朗族、基诺族及汉族IGTCS与CLCN2基因相关性研究》，谢敏的《基诺族传统音乐"生命力"及其现代性研究》，刘明明的《当代基诺族家计管理的社会性别分析》；2009年方媛媛的《从巴卡小寨基诺族的"砍刀布"看纺织品与族群性》，吕启博的《森林政策变化对基诺族与其生存环境之间关系的影响》；2011年骆艳的《基诺族小学民间美术乡土教材开发的行动研究》；2012年廖园美的《云南基诺山区按蚊行为和基诺族蚊帐使用情况及其影响因素研究》，郭少妮的《西双版纳基诺社会的疾病分类体系与"梦医生"神谕治疗》，武文静的《云南基诺族服饰图案在现代平面设计中的运用探索》，邹珍珍的《在中间：基诺族"考卜拉"性少数文化现象研究》，赵云艳的《基诺族大鼓舞的形态与流变》；2013年宋瑜的《对基诺族服饰艺术中时尚元素的解读》。

4.2 NSTL

以"基诺族"为检索词检索"NSTL学位论文数据库"，截至2020年9月18日，共检出学位论文51篇，其中硕士论文43篇、博士论文8篇，全部为汉文印本资源，47篇收藏在中国科学技术信息研究所、4篇收藏在中国科学院文献情报中心。学位授予单位来自23所高校及科研院所，其中云南大学14篇居首，昆明医学院6篇居其次，中国科学院研究生院4篇排第三。

对比在CALIS的检索结果，新检出题名含"基诺"的论文8篇。其中，博士论文1篇，即2015年杨琛的《基诺族七柯、布姑的调音与音响特性研究》；硕士论文7篇：2004年倪晓昉的《基诺族小学生社会技能发展状况及其影响因素的模型建构》，2007年李培凯的《5-HT1B受体基因G861C、A-161T位点多态性与基诺族酒依赖相关性研究》，2011年吴伟的《基诺族传统服饰的变迁与周边区域性文化的关系——以勐旺乡补远村基诺族女装为例》，2012年胡敏的《基诺族同性恋文化研究》、刘洪新的《基诺族药用植物研究》，2014年杨四英的《基诺族文化与乡土教材建设研究——基于小学德育课程的分析》，2016年陈代福的《文化变迁背景下基诺族文化传承问题研究》。

4.3 参考咨询联盟

以"基诺"为检索词、"全部字段"为检索入口，通过"精确"方式检索"参考咨询联盟"的学位论文，截至2020年9月18日，共检出100篇，其中硕士论文88篇、博士论文12篇。论文数量居前3位的学位授予单位是云南大学（19篇）、昆明理工大学（11篇）、昆明医学院（8篇）。

又以"基诺"为检索词、"标题"为检索入口，在上述检索结果中检索，核减2条重复记录后，实际检出论文48篇，其中硕士论文46篇、博士论文3篇。对比在CALIS、NSTL的检索结果，新检出题名含"基诺"的论文19篇。其中博士论文2篇，即蒋伏松的《云南基诺族成人糖尿病患病率调查及便携式糖化血红蛋白仪在该人群的应用价值探讨》、吴应辉的《当代基诺社会研究》；硕士论文17篇：王博怡的《基诺民俗文化中心绿色建筑设计策略探索：以西双版纳基诺山旅游度假中心核心区设计为例》，王蓉的《云南景洪市基诺族初中学生在合并后的新学校中学习适应调查》，崔雪艳的《基诺族长老制研究》，宋雨林的《云南少数民族人物造型装饰设计研究——以彝族、哈尼族、傣族、基诺族创作实践为例》，孟林的《基诺族大鼓舞传承的教育人类学研究》，秦明一的《西双版纳基诺族景观文化要素研究》，梁瑞娟的《基诺族传统民居装饰艺术研究》，李佳锬的《基诺族文化中的竹制气鸣吹管乐器》，孙绍洁的《基诺族成人礼后服饰变化探析》，庞月美的《基诺山寨及其民居更新的绿色建筑技术设计策略研究》，张怡的《"原真性"视角下西双版纳基诺山寨民俗旅游开发研究》，张瑛琪的《基诺山中的绝唱 基诺山基诺族民歌现状之田野调查》，张奥的《乡土社会环境下的基诺族村庄规划与设计研究——以洛特老寨为例》，张娇娇的《橡胶经济的衰落与生计转型——以西双版纳基诺族村庄为例》，杨海盈的《纪录片〈白腊先与基诺大鼓〉创作阐述》，谢金荣的《基诺族聚居区经济社会发展调查与对策研究》，马若予的《西双版纳基诺族传统民居营造技艺研究——以基诺乡洛特老寨为例》。

#### 4.4 国家图书馆

以"基诺"为检索关键词检索"国图博士论文库"，截至2020年9月18日，检出基诺族相关博士论文2篇，学位授予单位均为中央民族大学，一篇是1997年吴应辉的《当代基诺社会研究》，另一篇是2008年蒋光友的《基诺语参考语法》。

#### 4.5 中国知网

以"基诺族"为检索词、"主题"为检索入口，按"精确"方式检索"知网学位论文库"，截至2020年9月18日，共检出学位论文103篇，其中硕士论文88篇、博士论文15篇。检出论文的总参考数是7329、总被引数是764、总下载数是84237，篇均参考数是71.16、篇均被引数是7.42、篇均下载数是817.83、下载被引比为0.01。[①]

又以"基诺"为检索词、"题名"为检索入口，在上述检索结果中检

---

① 计量可视化分析—已选文献—中国知网[EB/OL].[2020-09-18].https：//kns.cnki.net/KVisual/ArticleAnalysis/index?t=1605437423821。

索，检出论文37篇，其中硕士论文35篇、博士论文2篇。检出的博士论文即蒋伏松的《云南基诺族成人糖尿病患病率调查及便携式糖化血红蛋白仪在该人群的应用价值探讨》、潘秋荣的《文化变迁与认同——赛夏族与基诺族的考察研究》。检出论文中，被引次数居前3位的是：骆艳的《基诺族小学民间美术乡土教材开发的行动研究》被引13次，刘晓丽的《民族村寨文化旅游原真性感知评价研究——以西双版纳基诺山寨为例》被引12次，郭少妮的《西双版纳基诺社会的疾病分类体系与"梦医生"神谕治疗》被引9次。

## 5. 会议论文

### 5.1 NSTL

以"基诺族"为检索词检索"NSTL会议论文数据库"，截至2020年9月19日，共检出会议论文17篇，收录于17种会议录中，全部为汉文印本资源，均收藏在中国科学技术信息研究所。检出题名含"基诺"的论文11篇：2005年曾勇等的《287名基诺族初中学生SCL-90调查分析》，2006年戴庆厦的《关于语言使用国情调查研究的几个问题——以基诺族语言使用个案调查研究为例》，2007年郑晓云的《基诺族火文化与现代消防》，2008年董学荣的《文化功能论域中的基诺族民居及其现代变迁》，2010年王元元的《基诺族民歌现状调查》，2011年张斯琦等的《浅谈基诺族日月花饰在现代首饰中的运用》，2012年杜娟等的《论基诺族社会性别多元化》、耿洪春等的《基诺族中学生自我意识现状分析》，2013年龚文龙的《基诺族文献信息资源平台建设研究》，2015年张敏的《试论古村落遗产的保护模式——以基诺族非遗纪录片项目众筹为例》、张珂等的《基诺山寨夏秋季常见药食两用植物调查》。

### 5.2 参考咨询联盟

以"基诺族"为检索词、"全部字段"为检索入口，检索"参考咨询联盟"的会议论文，截至2020年9月19日，检出论文71篇。又以"基诺"为检索词、"标题"为检索入口，在上述检索结果中检索，检出论文33篇。对比在NSTL的检索结果，新检出题名含"基诺"的会议论文有22篇：耿洪春等的《基诺族中学生自我意识现状分析》，王元元等的《基诺族民歌现状调查》，王洁如的《市场对基诺族庭园生物多样性的影响》，瞿明安的《傣族、白族、基诺族文化适应机制的比较研究》，方媛媛等的《基诺族的传统服饰与变迁》，朱映占的《一次基诺族丧礼的调查与分析》《消失与建构：对基诺族传统文化变迁与保护的解析》，朱宝田的《试论基诺族大房子》，沙毓英等的《基诺族初中学生的性格特点和发展及其与当地汉族学生的比较》，李薇的《基诺族的命名制》，李媛等的《基诺族旅游工艺品开发初探》，唐白晶的《文化人类学视野下基诺族民间舞蹈的传承现状》，林仲贤等的《汉族、基诺族及布朗族7—9岁儿童心理旋转能力的比较研究》，杜娟等的《论基诺族社会性别多元化》，杜玉亭的《基诺族母系制残余及其向父系制的过渡》，刘鹏的《云南基诺族小学生第一恒磨牙龋坏情况调查》，张春娥的《基诺族男性服饰图案的现象学阐释》，张世富的《云南省西双版纳傣族自治州克木人和基诺族德育心理调查》，杨志玲的《论四十年代初基诺族人民反抗国民党民族压迫的斗争》，赵旭东等的《基诺族酒精依赖综合征的危险因素及饮酒相关精神卫生状况恶化的原因调查分析》，赵云艳的《基诺族大鼓舞蹈的流变及形态》，韩忠太的《基诺族儿童思维方式的变迁》。

### 5.3 中国知网

以"基诺族"为检索词、"主题"为检索入口，检索"知网会议论文库"，截至2020年9月19日，共检出会议论文46篇。检出论文中，题名含"基诺"的有21篇，其中有4篇被引用过：杜玉亭的《基诺族母系制残余及其向父系制的过渡》被引用4次，朱宝田的《试论基诺族大房子》被引用2次，李薇的《基诺族的命名制》、方媛媛等的《基诺族的传统服饰与变迁》被引用1次。

## 6.报纸文献

以"基诺族"为检索词，检索"中华数字书苑"报纸新闻，截至2020年9月20日，共检出新闻334条，出自87种报纸，其中报道数量居前3位的报纸是《云南日报》91条、《中国民族报》33条、《春城晚报》16

条。检出标题含"基诺族"的新闻7条,大多是云南省西双版纳傣族自治州景洪市基诺山基诺族乡脱贫攻坚奔小康的相关报道,其中2条是对十二届全国人大代表、十三届全国政协委员、基诺山基诺族乡卫生院副院长资艳萍的采访。《云南日报》的91篇报道也大多为基诺族脱贫的相关报道,另发现基诺族相关图书出版信息1条:《新时期云南少数民族文学作品选》由云南民族出版社出版发行,收录布朗、基诺、德昂、独龙、白、怒、佤、景颇、普米、阿昌、拉祜、纳西、傈僳、傣、哈尼等15个云南独有民族和彝族、壮族、藏族、回族4个共有民族,共19个少数民族的文学作品735万余字。其中,录有小说195人218篇,散文370人523篇,诗歌285人852首。①

以"基诺族"为检索词、"主题"为检索入口,检索"知网报纸全文数据库",截至2020年9月20日,共检出基诺族相关文献136篇。其中,报道数量居前3位的报纸是《中国民族报》33篇、《云南日报》25篇、《云南政协报》8篇。检出文献中有学术性文献7篇:李芳等的《让群众掌握脱贫致富技能》、戴庆厦的《两全其美 和谐发展》、缪关永等的《西双版纳州"直过民族"精准扶贫依然任重道远》、李琦璐帆的《加快景洪基诺族乡产业结构调整》、袁钟瑞等的《生活中的语言文字(二)》、黄玲的《发出自己民族的独特声音》、桂蓉蓉的《在开发利用中 更好地保护和弘扬民族文化》。

### 7.标准

以"基诺"为检索词检索"全国标准信息公共服务平台",截至2020年6月1日,共检出基诺族相关标准1项,即云南省地方标准《DB53/T 779-2016 基诺族服饰》。该标准为现行标准,国际标准分类号(ICS)61.040、中国标准分类号(CCS)Y75,主管部门为云南省质量技术监督局,于2016年9月10日发布,自2016年12月1日起实施。

---

① 吴兴葵.云南少数民族文学创作集成与流香[N].云南日报,2020-06-26(04).

## 第六节　怒族文献信息资源建设

中国的怒族历史悠久，创造了绚丽多彩的民族历史文化。怒族无本民族文字，怒语属汉藏语系藏缅语族。① 云南省贡山独龙族怒族自治县是中国唯一的怒族自治县。

### 1.古籍

怒族口传古籍十分丰富，内容涉及怒族的政治、历史、经济、天文、历法、医药、教育、文艺、哲学、伦理、宗教和民俗等社会历史发展的各个领域。②《中国少数民族古籍总目提要·怒族卷》较全面、真实地反映了怒族现存古籍的全貌，共收录怒族古籍条目355条，其中书籍类31条、文书类1条、讲唱类323条。

书籍类古籍有《百夷传》、《南诏野史》、（明天启）《滇志》、《滇略》、《天下郡国利病书》、《滇夷图说》、《滇云历年传》、《丽江府志略》、《皇清职贡图》、《滇南新语》、《滇黔志略》、《维西见闻纪》、《滇小记》、《滇南闻见录》、《滇省夷人图说》、《滇省迤西迤南夷人图说》、（清乾隆）《腾越州志》、《滇海虞衡志》、《滇南夷情汇集》、《御制外苗图》、（清道光）《云南通志》、《云南营制苗蛮图册》、《云南三迤百蛮图》、《滇中琐记》、《怒俅边隘详情》、《清实录》、《新纂云南通志》、《征集菖蒲桶沿边志》、《纂修云南上帕沿边志》、《泸水志》、《永昌府文征》。③ 文书类古籍为《奏陈怒彝输诚折》。讲唱类条目分为三个部分，包括神话传说75条、民间故事

---

① 《中国少数民族》修订编辑委员会.中国少数民族[M].北京：民族出版社，2009：598.
② 国家民族事务委员会全国少数民族古籍整理研究室.中国少数民族古籍总目提要·傈僳族卷普米族卷怒族卷独龙族卷[M].北京：民族出版社，2019：450.
③ 国家民族事务委员会全国少数民族古籍整理研究室.中国少数民族古籍总目提要·傈僳族卷普米族卷怒族卷独龙族卷[M].北京：民族出版社，2019：467-473.

138条、长诗歌谣110条。①

怒族古籍整理研究方面的成果还有古永继编的《云南15种特有民族古代史料汇编》。该书摘编了唐代至民国年间的怒族相关史料，分为族源与分布、建置贡赋与军事特点、经济生活（农牧物产工商）、文化生活（语言教育）、社会生活（又分为衣食住行、习尚风俗）等。② 其中，族源与分布方面涉及古籍37种：（唐）樊绰《云南志》卷2《山川江源第二》，（元）刘应里等《大元混一方舆胜览》卷中《云南等处行中书省·镇康路》，《元史》卷30《泰定帝本纪二》、卷61《地理志四》，（明景泰）《云南图经志书》卷10李思聪《百夷传》，（明）钱古训《百夷传》，（明万历）诸葛元声《滇史》卷11，（明天启）《滇志》卷30《羁縻志·种人》，（清康熙）《云南通志》卷27《土司·种人》，（清）《古今图书集成·方舆汇编·职方典》卷1519《云南土司部汇考五》，《明史》卷46《地理志七·云南》、卷315《云南土司列传三》，（清）顾炎武《肇域志》第38册《云南·永昌军民府》，（清）顾祖禹《读史方舆纪要》卷113《云南一》，《清史稿》卷74《地理志二十一·云南》、卷80《地理志二十七·西藏》，（清乾隆）《丽江府志略》上卷《官师略·种人》，（清乾隆）吴大勋《滇南闻见录》上卷《人部·丽夷》，（明）杨慎编辑、（清）胡蔚订正《南诏野史》下卷《南诏各种蛮夷》，（清乾隆）谢圣纶《滇黔志略》卷15《云南·种人》，（清乾隆）倪蜕《滇小记·滇云夷种》，（清乾隆）余庆远《维西见闻纪·夷人》，（清嘉庆）师范《滇系》十之二《属夷系》，（清嘉庆）张若骙《滇云纪略》卷下《彝种》，（清道光）雪渔氏《鸿泥杂志》卷1，（清）乾隆朝官编绘《皇清职贡图》卷7，（清道光）《云南通志稿》卷106《武备志三之一·边防上·丽江》、卷184《南蛮志三之三·种人三·怒人》、卷185《南蛮志三之四·种人四·俅人》，（清光绪）《续云南通志稿》卷161《南蛮志·种人二》，（清光绪）刘慰三《滇南志略》卷3《丽江府》，（清光绪）杨琼《滇中琐记·怒子》，（清光绪）《清代滇黔民族图谱·云

---

① 国家民族事务委员会全国少数民族古籍整理研究室.中国少数民族古籍总目提要·傈僳族卷普米族卷怒族卷独龙族卷[M].北京：民族出版社，2019：459-464.
② 古永继编.云南15种特有民族古代史料汇编（下）[M].昆明：云南大学出版社，2016：307-343.

南种人图说·各种人》，（清光绪）《丽江府志稿》卷1《种人》，《乾隆五年十一月初十云贵总督庆复奏折》，（清光绪）姚文栋《云南勘界筹边记》上卷，《清史稿》卷154《邦交志二·英吉利》，（清宣统）李根源著、（民国）李根沄录《滇西兵要界务图注》卷2《乙线》，民国《维西县志稿》卷2《第十五·氏族·种族》，民国《丽江县志·边防》，民国《纂修云南上帕沿边志》（1）沿革、（5）种族，民国《征集菖蒲桶沿边志》第一《沿革及设治》、第十五《氏族·种族》。

建置贡赋与军事特点方面涉及古籍30种：《元史》卷30《泰定帝本纪二》，《明史》卷46《地理志七·云南》、卷315《云南土司列传三》，（清）顾炎武《肇域志》第38册《云南·永昌军民府》，（明天启）《滇志》卷30《羁縻志·种人》，（清康熙）《云南通志》卷27《土司·种人》，（清）《古今图书集成·方舆汇编·职方典》卷1519《云南土司部汇考五》，（清雍正）《云南通志》卷24《土司·附种人》，（清乾隆）吴大勋《滇南闻见录》上卷《人部·丽夷》，《清史稿》卷9《世宗本纪》、卷514《土司列传三·云南》，（明）杨慎编辑、（清）胡蔚订正《南诏野史》下卷《南诏各种蛮夷》，（清乾隆）谢圣纶《滇黔志略》卷15《云南·种人》，（清乾隆）倪蜕《滇小记·滇云夷种》，（清乾隆）余庆远《维西见闻纪·夷人》，（清嘉庆）师范《滇系》十之二《属夷系》，（清嘉庆）檀萃《滇海虞衡志》卷13《志蛮》，（清嘉庆）张若骕《滇云纪略》卷下《彝种》，（清道光）《云南通志稿》卷184《南蛮志三之三·种人三·怒人》、卷185《南蛮志三之四·种人四·俅人》，（清光绪）《续云南通志稿》卷161《南蛮志·种人二》，（清光绪）杨琼《滇中琐记·怒子》，（清光绪）《清代滇黔民族图谱·云南种人图说·各种人》，（清光绪）《丽江府志》卷1《种人》、卷3《食货志·课程》，《乾隆五年十一月初十云贵总督庆复奏折》，《钦定四库全书》史部《诏令奏议类·朱批谕旨》卷125之十四《朱批鄂尔泰奏折》，《清仁宗实录》卷117、卷119，民国《泸水志》第二章《大事记·中篇》，（民国）《泸水志》第二章《大事记·中篇》，《清史稿》卷25《宣统皇帝本纪》，（民国）《纂修云南上帕沿边志》（1）沿革、（7）性质、（10）管辖、（11）征收、（12）武器、（13）争斗，（民国）《征集菖蒲桶沿边志》第一《沿革及设治》、第四《舆地》、第十五《氏族》，（民国）《丽江县志·边防》。

经济生活（农牧物产工商）方面涉及古籍23种：（明景泰）《云南图经志书》卷10李思聪《百夷传》，（清雍正）《云南通志》卷24《土司·附种人》，（清乾隆）《丽江府志略》上卷《官师略·种人》、上卷《财用略·行盐》，（清乾隆）张泓《滇南新语·夷异》，（清乾隆）吴大勋《滇南闻见录》上卷《人部·丽夷》，（明）杨慎编辑、（清）胡蔚订正《南诏野史》下卷《南诏各种蛮夷》，（清乾隆）谢圣纶《滇黔志略》卷15《云南·种人》，（清乾隆）余庆远《维西见闻纪·夷人》，（清嘉庆）师范《滇系》十之二《属夷系》，（清嘉庆）张若骐《滇云纪略》卷下《彝种》，（清道光）雪渔氏《鸿泥杂志》卷1，（清道光）《云南通志稿》卷184《南蛮志三之三·种人三·怒人》、卷185《南蛮志三之四·种人四·俅人》，（清光绪）杨琼《滇中琐记·怒子》，（清光绪）《清代滇黔民族图谱·云南种人图说·各种人》，（清光绪）《丽江府志》卷1《种人》、卷3《食货志·课程》，《乾隆五年十一月初十云贵总督庆复奏折》，《乾隆十八年四月二十日云贵总督硕色奏折》，《清高宗实录》卷437、卷513，《乾隆二十一年五月十三日云南巡抚郭一裕奏折》，（清宣统）李根源著、（民国）李根沄录《滇西兵要界务图注》卷2《乙线》，（民国）《纂修云南上帕沿边志》（4）物产、（14）工艺、（15）交易、（18）人口，（民国）《征集菖蒲桶沿边志》第四《舆地》、第十一《农政》、第十二《工业》、第十七《礼俗》，（民国）《知子罗属地说明书》十二《物产》、十三《人口》、十四《产业》、十八《地方志》。

文化生活（语言教育）方面涉及古籍10种：（明景泰）《云南图经志书》卷10李思聪《百夷传》，（清乾隆）《丽江府志略》上卷《官师略·种人》，（清道光）雪渔氏《鸿泥杂志》卷1，（民国）《新纂云南通志》卷70《方言考五·怒子古宗栗粟语》，（民国）《征集菖蒲桶沿边志》第十六《方言》，（民国）《维西县志稿》卷2《第十六·方言·土音》、卷2《第十七·礼俗》，（民国）《永昌府文征》纪载卷23《清十二》夏瑚《怒俅边隘详情》，（民国）《纂修云南上帕沿边志》，（民国）《征集菖蒲桶沿边志》第九《教育》，（民国）《知子罗属地说明书》十三《人口》。

社会生活方面又分为衣食住行、习尚风俗两类，其中衣食住行方面有23种：（明天启）《滇志》卷30《羁縻志·种人》，（清康熙）《云南通志》

卷27《土司·种人》，（清）《古今图书集成·方舆汇编·职方典》卷1519《云南土司部汇考五》，（清雍正）《云南通志》卷24《土司·附种人》，（清乾隆）倪蜕《滇小记·滇云夷种》，（清乾隆）《丽江府志略》上卷《官师略·种人》，（明）杨慎编辑、（清）胡蔚订正《南诏野史》下卷《南诏各种蛮夷》，（清乾隆）谢圣纶《滇黔志略》卷15《云南·种人》，（清乾隆）吴大勋《滇南闻见录》上卷《人部·丽夷》，（清乾隆）余庆远《维西见闻纪·夷人》《维西见闻纪·道路》，（清乾隆）张泓《滇南新语·溜渡》，（清嘉庆）师范《滇系》十之二《属夷系》，（清嘉庆）檀萃《滇海虞衡志》卷13《志蛮》，（清嘉庆）张若骕《滇云纪略》卷下《彝种》，（清道光）《云南通志稿》卷184《南蛮志三之三·种人三·怒人》，（清光绪）《续云南通志稿》卷161《南蛮志·种人二》，（清光绪）杨琼《滇中琐记·怒子》，（清光绪）刘慰三《滇南志略》卷3《丽江府·维西厅》，中国历史档案馆藏《乾隆十八年四月二十日云贵总督硕色奏折》，（民国）《维西县志稿》卷2《第十七·礼俗》，（民国）《丽江县志·边防》，（民国）《纂修云南上帕沿边志》（7）性质、（8）风俗、（9）生活，（民国）《征集菖蒲桶沿边志》第十《交通》、第十七《礼俗》。习尚风俗方面有15种：（明）钱古训《百夷传》，（清乾隆）《丽江府志略》上卷《官师略·种人》，（清乾隆）谢圣纶《滇黔志略》卷15《云南·种人》，（清乾隆）余庆远《维西见闻纪·夷人》，（清嘉庆）师范《滇系》十之二《属夷系》，（清嘉庆）檀萃《滇海虞衡志》卷13《志蛮》，（清道光）《云南通志稿》卷184《南蛮志三之三·种人三·怒人》，（清光绪）《续云南通志稿》卷161《南蛮志·种人二》，（清光绪）杨琼《滇中琐记·怒子》，（清宣统）李根源著、（民国）李根法录《滇西兵要界务图注》卷2《乙线》，（民国）任乃强《西康图经民俗篇》下编《汉族与其他民族·滇边诸族·怒子与俅夷》，（民国）《维西县志稿》卷2《第十五·氏族·种族》、卷2《第十七·礼俗》，（民国）《纂修云南上帕沿边志》（7）性质、（8）风俗，（民国）《征集菖蒲桶沿边志》第四《舆地》、第十七《礼俗》、第十八《宗教》，（民国）《知子罗属地说明书》十三《人口》。

## 2.图书

怒族图书调查以检索国家图书馆、民族图书馆、社科院图书馆、CALIS、云南省图书馆等5家单位藏书目录的方式进行。检索以"怒族"为检索词，按主题方式检索，核减各单位藏书目录中的重复和错误记录后，截至2020年9月21日，各单位收藏怒族相关图书情况如下：国家图书馆79种、民族图书馆29种、社科院图书馆49种、CALIS 46种、云南省图书馆60种。又以"怒族"为检索词，按题名方式检索，核减重复和错误记录后，截至2020年9月21日，各单位收藏怒族相关图书情况如下：国家图书馆89种、民族图书馆42种、社科院图书馆50种、CALIS 89种、云南省图书馆74种。据云南省图书馆书目检索系统统计，编著怒族相关图书数量居前3位的是：贡山独龙族怒族自治县人民政府编10册，中国共产党贡山独龙族怒族自治县委员会编9册，怒江州文化局4册。根据《中国图书馆分类法》，云南省图书馆藏怒族相关图书数量较多的为K类40种，I类9种，D、F、J、Z类各4种。

上述单位共藏题名含"怒族"的图书132种，其中被同时收藏的有14种：国家民委《民族问题五种丛书》中有6种，即《中国少数民族社会历史调查资料丛刊》之《怒族社会历史调查》，有云南人民出版社1981年10月出版和民族出版社2009年6月修订版；《中国少数民族社会历史调查资料丛刊》之《傈僳族　怒族　勒墨人（白族支系）社会历史调查》，民族出版社2009年5月修订版；《中国少数民族自治地方概况丛书》之《贡山独龙族怒族自治县概况》，有云南民族出版社1986年11月出版和民族出版社2008年6月修订版；《中国少数民族简史丛书》之《怒族简史》，云南人民出版社1987年2月出版。5馆还同时藏有中国科学院民族研究所、云南少数民族社会历史调查组1963年10月编印的《怒族简史简志合编（初稿）》，段伶著、民族出版社1991年出版的《怒族》，云南省民族事务委员会编、云南民族出版社1999年出版的《怒族文化大观》，李月英著、民族出版社2005年出版的《"三江并流"区的怒族人家》，民族出版社2006年出版的《贡山独龙族怒族自治县志》，赵美编、中国社会科学出版社2009年出版的《流动的信仰：贡山县丙中洛乡查腊村怒族村民日记》，全国政协文史和学习委员会暨云南省政协文史委员会编、中国文史出版社2010年出版的《怒族百年实录》，张跃等主编、云南大学出版社2012年出版的《峡谷中的怒族社会》。

### 3.期刊论文

#### 3.1 NSSD

以"怒族"为检索关键字，检索NSSD 1920—2020年的论文，截至2020年9月22日，共检出论文113篇。论文数量居前3位的研究领域是经济管理36篇、社会学34篇、文化科学23篇。从作者的工作单位上看，发文数量居前3位的是云南大学17篇，云南师范大学、西南林业大学各5篇。发表怒族相关论文数量居前的学者是：陈海宏、谭丽亚各5篇并列第一，傅金芝、何林、宋建峰各4篇并居第二。刊发怒族相关论文数量居前的期刊为《云南民族大学学报（哲学社会科学版）》13篇，《思想战线》《民族艺术研究》和《大理学院学报（综合版）》（今《大理大学学报》）各6篇。

又以"怒族"为检索词、"题名"为检索入口，在上述检索结果中二次检索，检出论文96篇。其中，杨谨瑜的《怒族与藏族的民居文化交融——以云南怒江丙中洛地区为视角》指出：在丙中洛地区，民族文化之间的碰撞、吸收和融合形成了独特的民居形式和建房习俗；怒族传统的木楞房和木板房逐渐减少，而怒族和藏族相结合的房屋结构逐渐成为村寨建筑的主流；怒族和藏族的民居融合彼此的建筑特色，吸取双方的优势，既保留了各自的传统民居特点，又融入了对方的建筑风格。[①]

#### 3.2 中国知网

以"怒族"为检索词、"主题"为检索入口，按"精确"方式检索知网学术期刊库，截至2020年9月22日，共检出论文597篇。又以"怒族"为检索词、"篇名"为检索入口重新检索，共检出论文212篇，其中138篇

---

① 杨谨瑜.怒族与藏族的民居文化交融——以云南怒江丙中洛地区为视角[J].广西民族师范学院学报，2018，35（04）：35-38.

被引用过。被引次数居前3位的是：郑连斌等4人的《怒族的体质调查》被引66次，高志英的《唐至清代傈僳族、怒族流变历史研究》被引38次，刀志灵等3人的《云南高黎贡山怒族对植物传统利用的初步研究》被引37次。

### 3.3 复印报刊资料

以"怒族"为检索词、"主题词"为检索入口，检索复印报刊资料全文数据库，截至2020年9月22日，共检出1995—2020年的论文2篇。一篇是《复印报刊资料：幼儿教育导读（教育科学版）》2018年03期收录孙亚娟等的《怒族婴幼儿护佑习俗的教育人类学阐释》，另一篇是《复印报刊资料：民族问题研究》2007年10期收录谢屹的《云南贡山独龙族怒族自治县贫困问题研究》。

## 4. 学位论文

### 4.1 CALIS

以"怒族"为检索词检索CALIS学位论文系统，截至2020年9月23日，共检出学位论文51篇，其中硕士论文36篇、博士论文15篇，全部为汉文文献。检出的论文完成于2001—2013年间，以2001年的1篇为最早、2013年的4篇为最新、2012年9篇为最多。检出题名含"怒族"的学位论文16篇，其中博士论文1篇，即2010年中国农业大学傅荣的《少数民族发展中的话语分析——以一个怒族社区为例》。

题名含"怒族"的15篇硕士论文中，云南大学为学位授予单位的有6篇，即2003年文彬的《贡山独龙族怒族自治县旅游资源开发探索》，2007年舒丽丽的《查腊怒族社会中的多元宗教文化研究》，2011年和湍的《怒族传统节日"如密期"研究》，2012年李晓燕的《匹河怒族社会生活中的木文化》、程超的《怒族同心酒文化意义分析——以匹河乡老姆登村为例》，2013年韩汉白的《漆树与怒族社会的生态人类学研究》；中央民族大学为学位授予单位的有4篇，即2011年聂优平的《独龙族怒族学生文学想象力培养的族际比较》，2013年余金华的《云南省贡山独龙族怒族自治县民族关系研究》、逯叶飞的《贡山独龙族怒族傈僳族高三学生地理命题推理能力的人类学案例比较研究》、薛烨的《贡山独龙族怒族傈僳族高三学生数学问题解决能力的案例比较研究》；中山大学为学位授予单位的有2篇，即2005年谢翊的《云南傈僳族和怒族HLA二类抗原基因多态性研究及藏缅语族人群族源的探讨》，2010年温士贤的《怒族社会的生计模式——以怒江峡谷秋那桶为例》；西南师范大学为学位授予单位的有1篇，即2001年何志魁的《西部大开发中贡山县独龙族怒族传统文化保存的教育策略初探》；西安交通大学为学位授予单位的有1篇，即2002年高树辉的《云南怒族STR基因座遗传多态性研究》；昆明医学院为学位授予单位的有1篇，即2008年黄振华的《从疾病调查到疾病易感基因研究——云南怒族、独龙族疾病调查与怒族NOS2G-954C、C-1173T单核苷酸多态性研究》。

### 4.2 NSTL

以"怒族"为检索词检索"NSTL学位论文数据库"，截至2020年9月23日，共检出学位论文51篇，其中硕士论文38篇、博士论文13篇，全部为汉文印本资源，49篇收藏在中国科学技术信息研究所、2篇收藏在中国医科院医学信息研究所。学位授予单位来自26所高校及科研单位，其中云南大学13篇居首，中央民族大学8篇居其次，中山大学、昆明医学院各3篇并列第三，另有中国人民大学2篇、上海交通大学等21所高校和科研单位各1篇。检出论文中，题名含"怒族"的有18篇，其中15篇已在CALIS学位论文系统中检出，其余3篇均为硕士论文，分别是：2006年中山大学胡青松的《HLA-A基因进化及云南独龙、傈僳和怒族HLA-Ⅰ类基因多态性研究》，2016年西南大学李剑兰的《怒族"达比亚"舞蹈融入幼儿园课程的行动研究——以怒江地区A幼儿园为例》，2017年重庆交通大学梁有存的《"中国梦"宣传下的怒族文化传播问题研究》。

### 4.3 参考咨询联盟

以"怒族"为检索词、"全部字段"为检索入口，通过"精确"方式检索"参考咨询联盟"的学位论文，截至2020年9月23日，共检出109篇。论文数量居前3位的学位授予单位是云南大学（18篇），中央民族大学和云南师范大学（各10篇）。又以"怒族"为检索词、"标题"为检索入口，在上述检索结果中检索，共检出学位论文33篇，其中硕士论文31篇、博士论文2篇。标题含"怒族"的33篇论文中，在CALIS和NSTL中已检出18篇，新检出的15篇论文中有硕士论文14篇：云南师范大学杨云会的《怒族美育场域的现代建构》、孔晓聘的《电视与怒族日常生活研究——以福贡县匹河怒族乡老姆登村为例》、余少东的《怒江州怒族传统体育文化传承路径与创新发展研究》、董现南的《独龙族青少年的生命态度——兼与傈僳族、怒族和汉族青少年的生命态度比较》、中央民族大学肖万权的《贡山高三独龙族怒族傈僳族学生英语学习迁移能力的案例比较研究》、谷成杰的《云南省贡山独龙族怒族自治县中小学环境教育现状的分析与对策研究》，西南林业大学刘斌的《高黎贡山北段傈僳族怒族森林传统文化的传承与保护调查研究》、王权龙的《高黎贡山北段怒族独龙族森林资源管理的传统知识调查研究》，昆明理工大学胡天豪的《云南怒族传统建筑的形态与历史价值研究》，西南大学段雪玲的《怒族5—6岁幼儿早期阅读能力培养研究——以怒江地区福贡县L村为例》，云南艺术学院杨福慧的《怒江匹河乡怒族怒苏支系音乐地域特征研究》，昆明医科大学唐煌的《怒江州怒族中老年人群骨质疏松患病率调查及相关影响因素的分析》，天津师范大学罗东梅的《怒族体质人类学与人类群体遗传学研究》。另一篇为2006年高树辉的西安交通大学法医学专业博士论文《中国云南怒族群体遗传结构与亲缘关系研究》。2020年9月23日，在以"怒族"为检索关键词检索"国图博士论文库"时，仅检索到该篇论文。

**4.4 中国知网**

以"怒族"为检索词、"主题"为检索入口，按"精确"方式检索"知网学位论文库"，截至2020年9月23日，共检出学位论文130篇，其中硕士论文103篇、博士论文27篇。又以"怒"为检索词、"题名"为检索入口，在上述检索结果中检索，检出论文25篇，其中硕士论文24篇、博士论文1篇。陈海宏的博士论文《文化接触对怒苏语的影响》被引15次，次数最多。

## 5. 会议论文

### 5.1 NSTL

以"怒族"为检索词，检索"NSTL会议论文数据库"，截至2020年9月24日，核减"路怒族"等其他研究领域的2篇论文和1篇重复论文后，实际检出会议论文18篇，全部为汉文印本资源，均收藏在中国科学技术信息研究所。具体如下：《2011民族医药发展论坛论文集》收3篇，即谢薇等的《〈怒族神歌〉中的怒族疾病观》、向芯慰等的《怒族特色饮食的食疗价值》、王志红等的《怒族传统外治法简介》；《全球化背景下的多元文化教育国际研讨会论文集》收2篇，即聂优平的《基于独龙族怒族学生文学想象力比较的培养建议》、逯叶飞等的《多元文化背景下的民族地区教师教育行动研究——以云南怒江贡山一中高三教学成绩提高为例》；《中国人类学民族学2011年年会论文集》收2篇，即张跃的《从本土化语境看怒族传统节日"仙女节"的意义与功能》、何林的《缅甸"怒人"的族群建构与族群"想象"》；《第三届兰茂论坛暨2016年云南省中医药界学术年会论文集》收2篇，即俞永琼等的《怒族传统医药关于风湿病的常用医技及药物初步整理》、金锦等的《云南省五个特有民族医药的保护和调查研究探微》。其他9篇论文分别收录在9种会议录中，分别是王志红的《怒族民俗禁忌里的健康智慧》、郭凤鸣的《怒族基础教育现状调查分析——以贡山独龙族怒族自治县丙中洛乡为例》、张爱华的《怒族传统体育文化传承与发展研究》、赵伟的《多重语境下的怒族非物质文化遗产——以怒族民歌"哦得得"及"达比亚舞"为例》、曾商禹等的《基于数据挖掘的"藏羌彝走廊"南段少数民族验方组方规律研究》、何耀华等的《印度东喜马拉雅民族与中国西南藏缅语民族的历史渊源》、和丽峰的《云南少数民族语言文字的保护与发展》、蒋立松的《研究西南地区民族文化的两个重要理论评述》、张平的《怒江的明天更美好——兼论欠发达地区城乡协调发展》。

### 5.2 参考咨询联盟

以"怒族"为检索词、"全部字段"为检索入口，检索"参考咨询联盟"的会议论文，截至2020年9月24日，检出论文58篇。又以"怒族"为检索词、"标题"为检索入口再次检索，核减4条重复记录后，实际检出25篇。对比在NSTL的检索结果，新检出的会议论文有14篇：洪辉等的《怒江傈僳族怒族自治州的贫困特征、成因及脱贫策略》、时佑平的《怒族、傈僳族是否经历过氏族制？》、王志红等的《怒族的火塘崇拜与生命健康》、刘舒媛等的《云南白族和怒族Alu插入多态性的研究》、高志英等的《基督教与民族社会文化变迁：云南福贡傈僳族、怒族基督教发展态势调查研究》、赵沛曦的《原始崇拜中怒族的哲学意识探析》、高树辉等的《使用化学银染技术研究云南怒族3个X-STR位点遗传多态性》、贾仲益的《生存环境与文化适应：怒族社会-文化的文化生态学解读》、董兆梅等的《中国傈僳族和怒族群体HLA I类区域Alu插入多态性研究》、王晓东的《无文字民族传统文化的保护与传承的几个问题：以怒族、土家族建筑习俗为例》、杨鹤书的《布朗族怒族家长制家庭公社发展类型的比较》、尹绍清等的《傈僳族、白族与怒族初中生的民族认同与同伴交往的比较研究》、舒丽丽的《对贡山独龙族怒族自治县丙中洛乡茶腊村多元宗教文化的田野考察》、彭兆清的《试论怒族民间"塔巴"传说及其研究价值》。

### 5.3 中国知网

以"怒族"为检索词、"主题"为检索入口，检索"知网会议论文库"，截至2020年9月24日，共检出会议论文38篇。检出论文中，题名含"怒族"的有15篇，其中5篇被引用过：时佑平的《怒族、傈僳族是否经历过氏族制？》被引用3次，高志英等的《基督教与民族社会文化变迁——云南福贡傈僳族、怒族基督教发展态势调查研究》、杨鹤书的《布朗族怒族家长制家庭公社发展类型的比较》被引用2次，舒丽丽的《对贡山独龙族怒族自治县丙中洛乡茶腊村多元宗教文化的田野考察》、赵沛曦的《原始崇拜中怒族的哲学意识探析》被引用1次。

## 6. 报纸文献

以"怒族"为检索词，检索"中华数字书苑"报纸新闻，截至2020年9月25日，共检出新闻948条，其中标题含"怒族"的新闻20条。检出的948条新闻出自174种报纸，其中报道数量居前3位的报纸是《云南日报》271条、《人民日报》51条、《中国民族报》47条。检出新闻大多为脱贫攻坚方面的信息，另发现怒族相关图书出版方面的信息1条：2019年3月26日，《怒族语言系列词典》之《怒苏汉简明词典》首发仪式在云南省怒江傈僳族自治州举行，填补了怒族有史以来无本民族语言词典的空白。《怒苏汉简明词典》以福贡县匹河怒族乡怒苏口语为主，共收入怒族怒苏语常用词约6600条，主要内容包括怒苏语特点简介、怒苏语拼音与国际音标对照表、怒苏语常用词汇正文（常用词汇是按照怒苏语拼音方案字母顺序排列）、怒苏语常用词汇索引等。①

以"怒族"为检索词、"主题"为检索入口，检索"知网报纸全文数据库"，截至2020年9月25日，共检出怒族相关文献157篇。其中，报道数量居前3位的报纸是《云南日报》31篇、《中国民族报》17篇、《新华每日电讯》6篇。检出文献中有学术性文献44篇，其中以怒族为研究对象的仅7篇：李晓斌的《民族地区的博物馆建设实践——以云南怒族博物馆为例》，秋么尔布的《怒族不同支系各具特色的服饰》，黄玲的《发出自己民族的独特声音》，李金明的《迪麻洛：发展不能忽视怒族传统文化》，王志红的《怒族生命观的医学解读》，高志英的《中缅怒族与傈僳族的分化与交融》，金艺风的《怒族民谣"酒歌"》。其余37篇均为"网怒族""路怒族"等文明上网、文明驾驶方面的文章。

### 7.标准

以"怒族"为检索词检索"全国标准信息公共服务平台"，截至2020年6月1日，共检出怒族相关标准1项，即云南省地方标准《DB53/T 781.1-2016 怒族服饰 第1部分：怒苏支系》。该标准为现行标准，国际标准分类号（ICS）61.040、中国标准分类号（CCS）Y75，主管部门为云南省质量技术监督局，于2016年9月10日发布，自2016年12月1日起实施。

---

① 李寿华.《怒苏汉简明词典》在怒江出版发行[N].云南日报，2019-03-30（03）.

## 第七节 普米族文献信息资源建设

中国的普米族历史悠久，兰坪白族普米族自治县是中国唯一的普米族自治县。普米语属汉藏语系藏缅语族羌语支，有南、北方言之分。普米族无本民族文字，木里和宁蒗一带的普米族历史上曾使用过一种图画文字。另外，这里的普米族还使用一种用藏文字母拼写的文字，用来拼写普米语读音的原始宗教经典，用以记载本民族的历史传说、诗歌故事等，但主要是巫师（"韩规"）用于宗教活动，有学者称之为"韩规文"经典。近代以来，普米族地区已普遍使用汉文。[1]

### 1.古籍

普米族口传古籍丰富且独具特色。《中国少数民族古籍总目提要·普米族卷》全面展示了丰富多彩的普米族古籍，特别是口传古籍，共收录普米族古籍条目552条，其中书籍类122条、讲唱类430条。[2]

书籍类古籍中有汉文古籍31种，韩规古籍91种。所收汉文古籍即《博物志》、《宋史》、《经世大典》、《明史》、《蜀中广记》、（明景泰）《云南图经志书》、（明正德）《云南志》、（明万历）《云南通志》、《滇略》、（明天启）《滇志》、（清康熙）《云南通志》、《古今图书集成》、《南诏野史》、《明实录》、《土官底簿》、《滇黔志略》、《滇小记》、《滇云历年传》、《维西见闻纪》、（清乾隆）《丽江府志略》、《皇清职贡图》、《滇系》、（清道光）《云南通志》、（清道光）《云南志钞》、《滇南志略》、《滇中琐记》、《云南种人图说》、（清乾隆）《永北府志》、（清光绪）《永北直隶厅志》、

---

[1] 《中国少数民族》修订编辑委员会.中国少数民族[M].北京：民族出版社，2009：584.
[2] 《中国少数民族古籍总目提要·傈僳族卷普米族卷怒族卷独龙族卷》之《凡例》记述：共收录普米族古籍条目631条，其中书籍类100条、讲唱类531条。经笔者复核，共收录普米族古籍条目552条，其中书籍类122条、讲唱类430条。

《肇域志》、《读史方舆纪要》。①91种韩规古籍中有89种为普米族韩规教超度仪式经书，均不分卷，每种各1册。其中，《"弄卡"图经》等42种为旧抄本，抄写在自制土纸上；《韩规振》等47种为新抄本，抄写在黄纸上。另有普米族韩规教占算书《夏多吉杰》1册，不分卷，旧抄本，黄纸，梵夹装，墨书；普米族韩规教超度仪式画卷《塔郎》1幅，彩绘本，卷轴装，彩绘在上浆土白布上。②讲唱类条目分为三个部分，包括神话传说87条、民间故事157条、长诗歌谣186条。③

普米族古籍整理研究方面的成果还有古永继编的《云南15种特有民族古代史料汇编》。该书摘编了晋至民国年间的普米族相关史料，分为族源、分布与生活习俗，土官土司与军事两个类别。④其中，族源、分布与生活习俗方面涉及古籍36种：(晋)张华《博物志》卷3《异兽》，《宋史》卷496《蛮夷列传四·黎州诸蛮》，(元)赵世延、虞集等《经世大典·招捕总录·四川·西番》，《明史》卷90《兵志二·卫所》、卷311《四川土司列传一·宁番卫》、卷330《西域列传二·西番诸卫》，(明万历)曹学佺《蜀中广记》卷34《边防记·宁番卫》，(明景泰)《云南图经志书》卷4《永宁府》、卷4《蒗蕖州》、卷5《丽江军民府·巨津州》，(明正德)《云南志》卷8《永宁府》、卷11《丽江军民府》，(明万历)《云南通志》卷4《地理志·永宁府·风俗》、卷6《赋役志·北胜州》，(明万历)谢肇淛《滇略》卷9《夷略》，(明天启)《滇志》卷30《羁縻志·种人》、卷4《旅途志·陆路·建昌路考》，(清康熙)《云南通志》卷27《土司·种人》，(清)《古今图书集成·方舆汇编·职方典》卷1519《云南土司部汇考五》，(清康熙)《鹤庆府志》卷23《古迹·剑川州》，(明)杨慎辑、(清)胡蔚订正《南诏野史》下卷《南诏各种蛮夷》，(清雍正)《云南通志》卷24《土

---

① 国家民族事务委员会全国少数民族古籍整理研究室.中国少数民族古籍总目提要·傈僳族卷普米族卷怒族卷独龙族卷[M].北京：民族出版社，2019：297-302.
② 国家民族事务委员会全国少数民族古籍整理研究室.中国少数民族古籍总目提要·傈僳族卷普米族卷怒族卷独龙族卷[M].北京：民族出版社，2019：317.
③ 国家民族事务委员会全国少数民族古籍整理研究室.中国少数民族古籍总目提要·傈僳族卷普米族卷怒族卷独龙族卷[M].北京：民族出版社，2019：323-429.
④ 古永继编.云南15种特有民族古代史料汇编（下）[M].昆明：云南大学出版社，2016：393-404.

司·附种人》,(清乾隆)谢圣纶《滇黔志略》卷15《云南·种人》,(清乾隆)倪蜕《滇小记·吐番》《滇小记·滇云夷种》,(清乾隆)倪蜕《滇云历年传》卷12,(清乾隆)余庆远《维西见闻纪·夷人》《维西见闻纪·物器》,(清乾隆)《丽江府志略》上卷《官师略·种人》,(清乾隆)《皇清职贡图》卷7,(清乾隆)《永北府志》卷25《土司·种人附》,(清嘉庆)师范《滇系》十之二《属夷系》,(清道光)《云南通志稿》卷184《南蛮志三之三·种人三》,(清道光)王松《云南志钞》卷6《边裔志下·西藏载记》,(清光绪)《续云南通志稿》卷161《南蛮志·种人二》,(清光绪)刘慰三《滇南志略》卷3《丽江府》、卷4《东川府·巧家厅》、卷4《景东直隶厅》、卷6《永北直隶厅》,(清光绪)杨琼《滇中琐记》,(清光绪)《清代滇黔民族图谱·云南种人图说》,(清光绪)《永北直隶厅志》卷7《人物志下·土司·种人附》,(清)顾炎武《肇域志·云南·舆考》,(清)顾祖禹《读史方舆纪要》卷74《四川九》、卷74《四川九·附考》,(清咸丰)《冕宁县志》卷9《风俗志·夷俗》、卷末《夷歌志》,(清咸丰)《邛嶲野录》卷13《风俗·夷俗附》、卷75《西南夷类·说蛮》、卷75《西南夷类·纪异》,(清嘉庆)《四川通志》卷97《武备志·土司二》,(民国)《西昌县志》卷12《夷族志》。

土官土司与军事方面涉及古籍27种:《元史》卷6《世祖本纪三》、卷17《世祖本纪十四》、卷34《文宗本纪三》,(清)毕沅《续资治通鉴》卷206《元纪二十四》,(元)《经世大典·站赤篇》,(明万历)曹学佺《蜀中广记》卷34《边防记·宁番卫》,《明太宗实录》卷53、卷103、卷120,《明宣宗实录》卷59,《明英宗实录》卷28、卷130、卷153,《明孝宗实录》卷130、卷154,《明世宗实录》卷177,《明神宗实录》卷511,(明景泰)《云南图经志书》卷4《永宁府》,(明正德)《云南志》卷8《永宁府》,(明万历)《云南通志》卷4《地理志·永宁府·风俗》、卷16《羁縻志·分制吐番》,(明万历)谢肇淛《滇略》卷9《夷略》,(明嘉靖)《土官底薄·云南》,(明万历)诸葛元声《滇史》卷14,(明天启)《滇志》卷30《羁縻志·土司官氏》,《明史》卷313《云南土司列传一》,(清)《古今图书集成·方舆汇编·职方典》卷1514《永宁府土司考》,(清康熙)毛奇龄《蛮司合志·云南蛮司志》,《木氏宦谱·文谱》之《玉龙山灵脚阳伯那木氏贤子孙大族宦谱》,(清)顾炎武《肇域志·云南》,(清)顾祖禹《读史方舆纪要》卷74《四川九》、卷74《四川九·附考》、卷113《云南一》、卷117《云南五》,《清史稿》卷134《兵志五·土兵》、卷513《土司列传二·四川》、卷517《土司列传六·甘肃》、卷522《藩部列传五·青海额鲁特》,(清咸丰)《冕宁县志》卷10《边防志·土职》,(清嘉庆)《四川通志》卷97《武备志·土司二》,(清光绪)《永北直隶厅志》卷3《秩官志·文武职官·土司附》。

《云南少数民族古籍文献调查与研究》的第十章专就丽江市普米族韩规古籍作了调研,包括宁蒗县普米族韩规古籍调查、普米族韩规古籍重要附件、韩规经籍初步编目等3个部分的内容。[①]《云南少数民族古籍珍本集成·普米族韩规宝典》(一、二),对95种普米族韩规古籍进行了整理,并影印出版。其中,《普米族韩规宝典》(一)收《"弄卡"图经》《祭祀规程经》《沐浴净身经》等42种普米族韩规古籍,《普米族韩规宝典》(二)收《夏多吉杰》《韩规振》《则依》等53种普米族韩规古籍。[②]另有《云南少数民族古籍珍本集成·第十五卷 普米族》内容与《普米族韩规宝典》(一)一致,《云南少数民族古籍珍本集成·第十六卷 普米族》内容与《普米族韩规宝典》(二)一致。

## 2.图书

普米族图书调查以检索国家图书馆、民族图书馆、社科院图书馆、CALIS、云南省图书馆等5家单位藏书目录的方式进行。以"普米族"为检索词,按主题方式检索,核减各单位藏书目录中的重复和错误记录后,截至2020年9月26日,各单位收藏普米族相关图书情况如下:国家图书馆137种、民族图书馆28种、社科院图书馆62种、CALIS 58种、云南省图书馆85种。又以"普米"为检索词,按题名方式检索,核减重复和错误记录后,截至2020年9月26日,各单位收藏普米族相关图书情况如下:

---

[①] 李国文.云南少数民族古籍文献调查与研究[M].北京:民族出版社,2010.
[②] 胡忠文,胡文明主编.云南少数民族古籍珍本集成 普米族韩规宝典[M].昆明:云南人民出版社,2014.

国家图书馆110种[①]、民族图书馆45种、社科院图书馆62种、CALIS 116种、云南省图书馆101种。据云南省图书馆书目检索系统统计，编著普米族相关图书数量较多的作者是：殷海涛著6种，杨照辉著4种，严汝娴著3种，杨增才、胡文明主编各3种。根据《中国图书馆分类法》，云南省图书馆藏普米族相关图书数量较多的为K类50种、I类14种、J类11种。

上述5家单位共藏题名含"普米"的图书168种，其中被同时收藏的有15种：（1）国家民委《民族问题五种丛书》中有5种，即《中国少数民族社会历史调查资料丛刊》之《基诺族普米族社会历史综合调查》，包括民族出版社1990年12月出版和2009年5月修订版；《中国少数民族自治地方概况丛书》之《兰坪白族普米族自治县概况》民族出版社2008年3月修订版；《中国少数民族简史丛书》之《普米族简史》，包括云南人民出版社1988年9月出版和民族出版社2009年6月修订版。（2）地方志有3种，即《兰坪白族普米族自治县林业志》云南民族出版社1997年10月出版；《兰坪白族普米族自治县教育志》云南民族出版社2001年3月出版；《兰坪白族普米族自治县志（1978—2005）》云南人民出版社2010年12月出版。（3）宗教方面的有2种，即杨学政著《藏族 纳西族 普米族的藏传佛教——地域民族宗教研究》云南人民出版社1994年8月出版；熊永翔著《中国普米族宗教研究》中国社会科学出版社2015年8月出版。（4）杨照辉著《普米族文学简史》云南大学出版社2016年4月出版；严汝娴、陈久金著《普米族》民族出版社1986年2月出版；杨照辉译注、熊长麟编辑《普米族祭祀歌》云南民族出版社1990年5月出版；杨照辉主编《普米族文化大观》云南民族出版社1999年9月出版；全国政协文史和学习委员会暨云南省政协文史委员会编《普米族百年实录》中国文史出版社2010年6月出版。

---

[①] 以"普米"为检索词，按题名方式检索国家图书馆藏书目录，仅检出12种；遂以"普米族"为检索词检索。中国社会科学院图书馆检索情况与之相似，同样采用了数量较多的，即以"普米族"为检索词的检索结果。

## 3.期刊论文

### 3.1 NSSD

以"普米族"为检索关键字，检索NSSD 1920—2020年的论文，截至2020年9月27日，共检出论文124篇。论文数量居前3位的研究领域是经济管理45篇、社会学42篇、文化科学26篇。从作者的工作单位上看，发文数量居前的是云南大学、云南师范大学各9篇，四川大学、中央民族大学各3篇，云南民族大学等6所高校和科研院所各2篇。发表普米族相关论文数量居前的学者是：熊永翔5篇为最多，朱凌飞3篇居第二，李永勤、段红云、冯丁丁、宋建峰各2篇并列第三，其他学者均为1篇。刊发普米族相关论文数量居前的期刊是《西南民族大学学报（人文社会科学版）》9篇，《民族艺术研究》8篇，《思想战线》《民族文学研究》各6篇。

又以"普米"为检索词、"题名"为检索入口，在上述检索结果中检出论文81篇。其中，《国内普米族研究综述》从民族源流研究，社会经济研究，宗教、婚姻家庭、丧葬研究，语言文字、文学研究，民族民间文学、民族艺术研究，民族文化研究等方面，就普米族的学术研究状况作了综述。[①]《普米族韩规古籍的文化内涵及其价值》介绍了韩规经卷的收藏现状，论述了韩规古籍蕴含的文化内容。[②]

### 3.2 中国知网

以"普米族"为检索词、"主题"为检索入口，按"精确"方式检索知网学术期刊库，截至2020年9月27日，共检出论文487篇。又以"普米"为检索词、"篇名"为检索入口，在上述检索结果中检出论文208篇，其中被引用过的有126篇。被引次数居前的是：孙信茹的《微信的"书写"与"勾连"——对一个普米族村民微信群的考察》被引86次，孙信茹等的《媒介化社会中的少数民族村民传播实践与赋权——云南大羊普米族村的研究个案》、李明等的《云南普米族的体质特征》、戴庆厦等的《论

---

① 解鲁云.国内普米族研究综述[J].云南民族学院学报（哲学社会科学版），2003（01）：75-78.

② 奔厦·泽米，谭超，李洁，胡文明.普米族韩规古籍的文化内涵及其价值[J].云南师范大学学报（哲学社会科学版），2010，42（04）：85-89.

普米族的语言观念》被引40次。

### 3.3 复印报刊资料

以"普米"为检索词、"主题词"为检索入口，检索复印报刊资料全文数据库，截至2020年9月27日，共检出1995—2020年的论文8篇，其中以普米族为主要研究对象的有4篇：《复印报刊资料：语言文字学》收蒋颖的2篇论文，即2010年01期的《论普米语动词后缀的分析化趋势》，2013年04期的《论普米语复辅音的衰变》；《复印报刊资料：中国哲学史》1995年08期收章虹宇的《普米族的"八卦图"》；《复印报刊资料：民族问题研究》2019年03期收赵越云、樊志民的《传统与现代：一个普米族村落的百年生计变迁史》。另外4篇论文则为普米族学者独著或与他人合著的其他研究领域的论文。

## 4.学位论文

### 4.1 CALIS

以"普米族"为检索词检索CALIS学位论文系统，截至2020年9月28日，共检出学位论文42篇，其中硕士论文30篇、博士论文12篇，全部为汉文文献。检出的论文完成于1997—2013年间，其中1997年1篇最早、2013年5篇最新，2009年、2010年各9篇数量最多。检出论文中，题名含"普米"的有13篇，其中博士论文1篇，即2011年四川大学熊永翔的《普米族宗教研究》。题名含"普米"的12篇硕士论文中，云南大学为学位授予单位的有4篇：2004年丛云飞的《普米族中的"走婚"者——以宁蒗县永宁乡温泉村普米族自然村为例》，2009年刘庆华的《云南兰坪锣锅箐普米族柴薪的环境人类学研究》，2013年李雪的《普米族文化地域差异性研究》、熊歆的《宁蒗普米族韩规文化传承研究》；昆明医科大学为学位授予单位的有3篇（含昆明医学院2篇）：2004年黄小琴的《应用EB病毒转化技术建立拉祜族和普米族永生细胞库》，2007年张艺凡的《云南省迪庆州维西县500名普米族口腔健康调查》，2013年王心昕的《云南普米族膳食脂肪酸摄入及其构成与慢性病指标关系的研究》；其他高校为学位授予单位的各有1篇，即1997年西南师范大学么加利的《构建四翁普米族校内外教育互补结构的调查与研究》，2007年中国音乐学院金娜的《文化变迁中的兰坪普米族新型音乐传承方式探索——对〈土风计划—兰坪项目〉社区传承行为的考察与研究》，2009年昆明理工大学赵虎的《兰坪县罗古箐普米族村寨保护与发展探索研究》，2010年云南民族大学贾玉超的《永胜县散杂居普米族发展研究》，2013年中央民族大学张晓鑫的《云南省宁蒗县新营盘乡牛窝子村普米族丧葬仪式音乐研究》。

### 4.2 NSTL

以"普米族"为检索词检索"NSTL学位论文数据库"，截至2020年9月28日，共检出学位论文31篇，其中硕士论文26篇、博士论文5篇，全部为汉文印本资源，均收藏在中国科学技术信息研究所。学位授予单位来自12所高校，其中云南大学13篇数量最多，中央民族大学4篇居其次，昆明医学院3篇排第三。检出题名含"普米"的论文15篇，对比在CALIS的检索结果，新检出6篇。其中，云南大学为学位授予单位的有4篇：2011年冯丁丁的《云南普米族文化变迁研究——自元朝到中华民国时期》，2012年高杰的《兰坪白族、普米族自治县营盘镇乡镇政府职能与农村公共产品供给问题研究》、苏和平的《媒介与乡村社会空间——大古梅普米村寨的个案解读》，2014年张威的《云南省宁蒗县扶持普米族加快发展及其成效考察研究》；另外2篇分别是2014年中央民族大学何慧的《云南省宁蒗县牛窝子村普米族婚礼仪式音乐研究》、西南大学才让卓玛的《普米"熙布"仪式中的多元身份认同研究》。

### 4.3 参考咨询联盟

以"普米族"为检索词、"全部字段"为检索入口，通过"精确"方式检索"参考咨询联盟"的学位论文，截至2020年9月28日，共检出96篇，其中硕士论文81篇、博士论文15篇。论文数量居前3位的学位授予单位是：云南大学（22篇），昆明理工大学（9篇），中央民族大学和云南师范大学（各8篇）。

又以"普米"为检索词、"标题"为检索入口，通过"精确"方式检索，共检出学位论文41篇，其中硕士论文39篇、博士论文2篇。对比在CALIS、NSTL的检索结果，新检出题名含"普米"的论文23篇，其中中央民族大学朱琳的《普米族诗人鲁若迪基诗歌研究》、傅爱兰的《普米语动词的语法范畴》为博士论文，其他21篇为硕士论文。硕士论文中，学位授予单位为云南大学的有6篇：郭德志的《宁蒗县普米族韩规教管理研究》、蔡千的《云南省兰坪县普米族社会主义核心价值观认同研究》、吴春林的《食物主权视野下迪姑村普米族"黑谷"种植的人类学研究》、蒙薇夙的《一个普米族村落中学校与村落关系的民族志研究》、熊智媛的《"神变"、"增福"与传统的发明——对兰坪县河西乡普米族"白塔兴建"现象的人类学研究》、高孟然的《少数民族地区的资源、生态与社会转型——基于普米族村寨麦地坡的发展人类学研究》；北京理工大学为学位授予单位的有4篇：郭雯的《少数民族插画设计研究——以普米族为例》、田雪的《人文环境对普米族木楞房布局及形制演变的影响：以兰坪县、宁蒗县地区为例》、吴玮洁的《云南普米族服饰研究》、王一平的《对云南普米族四弦琴的研究——以怒江兰坪、丽江宁蒗地区为例》；云南师范大学为学位授予单位的有2篇：刘晓洁的《兰坪县普米族多语现象调查研究》、赵引弟的《云南省7—16岁摩梭人学生体质健康调查研究——与同地区纳西族、普米族学生比较研究》；昆明理工大学为学位授予单位的有2篇：王祎婷的《云南普米族、傈僳族传统民居的研究和比较》、范晏桃的《云南少数民族地区社区矫正执行困境与出路——以兰坪白族普米族自治县为例》。另外7篇论文分别是中央民族大学王云靓的《云南普米族生物多样性相关传统知识编目及传统林业管理案例研究》、东北师范大学郭勇的《普米族道德教育研究》、云南艺术学院雷济铭的《魂归指向：普米族"韩规教"中的图形研究》、昆明医科大学杜雨倩的《云南某矿区普米族居民铅、镉暴露评估的初步研究》、西南林业大学尹郭铭的《云南怒江州普米族传统村落罗古箐村景观研究》、台湾大学李文窈的《家的骨，人的根：中国滇西北永宁普米族人延续在地景上的人群构成》、中央音乐学院欧阳晶洁的《魂兮归去：关于普米族"给羊子仪式"音乐的调查与研究》。

**4.4 国家图书馆**

以"普米"为检索词检索"国图博士论文库"，截至2020年9月28日，检出普米族相关博士论文1篇，即1998年中央民族大学傅爱兰的《普米语动词的语法范畴》。

### 4.5 中国知网

以"普米"为检索词、"题名"为检索入口,按"精确"方式检索"知网学位论文库",截至2020年9月28日,共检出学位论文103篇,其中硕士论文85篇、博士论文18篇。2020年的5篇论文均为云南师范大学的硕士论文。其中,题名含"普米"的有2篇,即李大卫的《中国普米人"族别识异"视域下电影〈戎肯〉的民族文化呈现和文化认同研究》、李慧的《敬锅庄增强普米族人控制感的实验研究》;另外3篇分别是冉孟霖的《传承与适应:云南南传佛教与藏传佛教寺院教育比较研究》、曹晓剑的《小凉山诗人群诗歌创作研究》、刘艾吉的《怒江州少数民族传统体育项目与旅游融合发展研究》。

又以"普米"为检索词、"题名"为检索入口,在上述检索结果中检索,检出论文26篇,其中硕士论文25篇、博士论文1篇。检出的博士论文即朱琳的《普米族诗人鲁若迪基诗歌研究》。检出的论文中,被引次数居前的是:熊歆的《宁蒗普米族韩规文化传承研究》被引6次,张威的《云南省宁蒗县扶持普米族加快发展及其成效考察研究》、李雪的《普米族文化地域差异性研究》、赵虎的《兰坪县罗古箐普米族村寨保护与发展探索研究》各被引5次,熊智媛的《"神变"、"增福"与传统的发明》、赵引弟的《云南省7—16岁摩梭人学生体质健康调查研究——与同地区纳西族、普米族学生比较研究》、王祎婷的《云南普米族、傈僳族传统民居的研究和比较》、张晓鑫的《云南省宁蒗县新营盘乡牛窝子村普米族丧葬仪式音乐研究》各被引3次。

## 5. 会议论文

### 5.1 NSTL

以"普米族"为检索词检索"NSTL会议论文数据库",截至2020年9月29日,核减2条非相关论文后,实际检出会议论文8篇,均收藏在中国科学技术信息研究所。具体如下:"2003年城乡统筹发展与政策调研学术研讨会"会议录收张平的《怒江的明天更美好——兼论欠发达地区城乡协调发展》;2004年"首届全国民族文化论坛"会议录收蒋立松的《研究西南地区民族文化的两个重要理论评述》;《2006年全国非物质文化遗产保护试点工作经验交流会论文集》收马欣的《"普米族传统文化传习小组"部分经验总结》;2007年《中国民族研究西南论坛论文集》收何耀华等的《印度东喜马拉雅民族与中国西南藏缅语民族的历史渊源》;2010年《中国少数民族音乐学会第十二届年会论文集》收欧阳晶洁的《普米族"给羊子"仪式音乐(提纲)》;2013年《中国民间文学与民族历史记忆学术研讨会论文集》收吴晓东的《宁蒗普米族韩规传承与保护》,《第14届中国少数民族语言文字信息处理学术研讨会论文集》收李兰兰的《语言接触中的声调特征和声调对应——以维西普米语为例》;《第四届传统医学与现代医学比较国际学术大会暨中国中西医结合学会呼吸病专业委员会2015工作会议论文集》收张超等的《云南民族医药治疗肝病用药特色研究》。

**5.2 参考咨询联盟**

以"普米族"为检索词、"全部字段"为检索入口,检索"参考咨询联盟"的会议论文,截至2020年9月29日,检出论文50篇。又以"普米"为检索词、"标题"为检索入口,在上述检索结果中检索,核减2条重复记录后,实际检出论文20篇。

对比在NSTL的检索结果,新检出会议论文17篇。其中,1996年3篇,即张卫红等的《云南普米族的红细胞血型分布》、焦云萍等的《云南特有普米、傈僳、怒和纳西族四个少数民族补体$C_4$多态性的检测》、丁明等的《云南纳西、普米、怒和傈僳族四个少数民族B因子多态性检测》;1998年1篇,即陈瑞金的《谈普米族服饰的形成》;2000年1篇,即邹浪萍等的《云南普米族6个基因座的遗传多态性调查》;2002年1篇,即徐安龙等的《云南普米族HLA-DRB1基因多态性研究》;2005年2篇,即刘青的《普米族刻划符号与青海柳湾墓葬陶器符号比较研究》、程莉娜等的《论文化生态旅游在可持续发展理念中的重要性——以云南省兰坪普米族为例》;2006年1篇,即金娜的《二十年后,情人树下还有普米族的歌吗?——对〈土风计划—兰坪项目组〉村寨音乐传承行为的人类学考察》;2011年3篇,即杨武的《少数民族村民电视体验报告:大羊普米族村调查个案》、孙信茹等的《少数民族村寨语境中的传媒"赋权":云南大羊普米族村民传播实践》、熊永翔等的《普米族韩规教"人地和谐"的自然观》；2011年2篇，即郑向春的《迁徙于历史与想象之中：一个普米族村落的迁徙史与身份认同》、苏和平的《手机与乡村社会公共空间：基于普米族村寨大古梅的调查》；2012年1篇，即郑向春的《断裂的生态观：一个普米族村落生态问题的人类学研究》；2016年1篇，即周小燕的《云南省少数民族地区生态补偿机制建设途径研究——以兰坪白族普米族自治县为例》；2019年1篇，即宋晴阳等的《普米族Heath-Carter法体型研究》。

### 5.3 中国知网

以"普米族"为检索词、"主题"为检索入口，检索"知网会议论文库"，截至2020年9月29日，共检出会议论文30篇。其中，胡文明的《普米韩规古籍调研报告》指出：普米韩规古籍由口传经典和手缮典籍两个部分构成，其中韩规书面古籍从内容到形式和风格均受到藏族的深刻影响。根据其在普米族聚居区开展的田野调查情况指出，云南宁蒗、永胜等县境内普米族民间所藏韩规古籍（旧抄本）不超过100册；四川木里、盐源和九龙等县境内普米族民间私藏韩规经典则较多，仅木里依吉乡一带所见就在5000册以上；上述普米韩规古籍，经过初步整理编目去掉重复本，有1000余册。①

检出论文中有10篇被引用过，其中朱凌飞、胡仕海的《木楞房里的社会文化空间》被引次数最多，被引2次。其他9篇均被引1次，分别是宋晴阳等的《普米族Heath-Carter法体型研究》、郑向春的《迁徙于历史与想象之中——一个普米族村落的迁徙史与身份认同》、孙信茹等的《少数民族村寨语境中的传媒"赋权"——云南大羊普米族村民传播实践》、苏和平的《手机与乡村社会公共空间——基于普米族村寨大古梅的调查》、杨武的《少数民族村民电视体验报告——大羊普米族村调查个案》、曹霞的《少数民族语境下的手机使用》、金娜的《二十年后，情人树下还有普米族的歌吗？——对〈土风计划—兰坪项目组〉村寨音乐

---

① 胡文明. 普米韩规古籍调研报告[C]// 中央民族大学、北京市民族事务委员会、西南民族大学、中国民族古文字研究会.首届中国少数民族古籍文献国际学术研讨会论文集，2010：553-570.

传承行为的人类学考察》、李明等的《云南14个少数民族的体质特征》、陈瑞金的《谈普米族服饰的形成》。

### 6. 报纸文献

以"普米族"为检索词检索"中华数字书苑"报纸新闻，截至2020年9月30日，共检出新闻374条，其中标题含"普米族"的新闻2条。检出的374条新闻出自65种报纸，其中报道数量居前3位的报纸是《云南日报》166条、《中国民族报》24条、《人民日报》20条。根据《云南日报》的166篇报道，整理出2条信息：（1）2019年11月29—30日，中国人民银行在云南省怒江傈僳族自治州兰坪白族普米族自治县召开中央金融单位定点扶贫工作研讨会，总结交流中央金融单位定点扶贫工作规律和经验做法，提高中央金融单位定点扶贫工作质效。[①]（2）2019年12月12日，兰坪丰华通用机场试飞成功。该机场位于兰坪白族普米族自治县，机场标高2524.8米，跑道长1800米、宽30米，是云南省首个高原一类通用机场，于2017年4月14日正式动工，2019年12月10日通过民航专业工程竣工验收。[②]

以"普米族"为检索词、"主题"为检索入口，检索"知网报纸全文数据库"，截至2020年9月30日，共检出普米族相关文献141篇。其中，报道数量居前3位的报纸是《云南日报》27篇、《中国民族报》23篇、《云南经济日报》10篇。检出文献中有学术性文献11篇，其中题名含"普米族"的仅有3篇：谷疏博的《少数民族非遗保护，一个都不能少——访全国政协委员、普米族青年歌唱家茸芭莘那》、殷海涛的《挖掘普米族原始文化珍贵之作》、王宪昭的《普米族濒危文化的守护者——云南宁蒗普米族"韩规"文化调查札记》。

---

① 李寿华.中央金融单位定点扶贫工作研讨会在怒江召开[N].云南日报，2019-12-07（02）.
② 胡晓蓉.兰坪丰华通用机场试飞成功[N].云南日报，2019-12-17（03）.

## 7.标准

以"普米"为检索词检索"全国标准信息公共服务平台",截至2020年6月1日,共检出普米族相关标准1项,即云南省地方标准《DB53/T 782.1-2016 普米族服饰 第1部分:兰坪区域》。该标准为现行标准,国际标准分类号(ICS)61.040、中国标准分类号(CCS)Y75,主管部门为云南省质量技术监督局,于2016年9月10日发布,自2016年12月1日起实施。

# 第八节　阿昌族文献信息资源建设

中国的阿昌族历史悠久,传统文化多姿多彩。阿昌族有语言无文字,使用阿昌语,属汉藏语系藏缅语族缅语文,无文字,习用汉文和傣文。

## 1.古籍

《中国少数民族古籍总目提要·阿昌族卷》首次系统介绍了阿昌族古籍的总体情况,基本上反映了阿昌族古籍的概貌,共收录阿昌族古籍条目507条,其中书籍类34条、铭刻类2条、文书类2条、讲唱类469条。[①]

书籍类古籍有《蛮书》、《新唐书》、《资治通鉴》、《元混一方舆胜览》、《元一统志》、《云南志略》、《招捕总录》、《元史》、《百夷传》、(明景泰)《云南图经志书》、《大明一统志》、(明正德)《云南志》、《滇记》、(明万历)《云南通志》、《滇略》、(明天启)《滇志》、《云龙纪往》、《读史方舆纪要》、(清康熙)《大理府志》、《滇夷图说》、《明史》、《清续文献通考》、《皇清职贡图》、《云龙州志》、(清乾隆)《腾越州志》、《御制外苗

---

[①] 国家民族事务委员会全国少数民族古籍整理研究室.中国少数民族古籍总目提要·拉祜族卷景颇族卷阿昌族卷[M].北京:民族出版社,2019:381.

图》、《滇省夷人图说》、《滇南夷情汇集》、《云南三迤百蛮图》、(清光绪)《永昌府志》、(清光绪)《腾越厅志稿》、《片马紧要记》、《清史稿》、《腾越边地状况及殖边刍言》。铭刻类有碑刻《南诏德化碑》和《明季诰封世守漕涧武节将军墓志铭》。文书类有奏折《硕色处置秤戛等庭分隶奏折》和《奏派云南查办事件片稿》(案事编湖南巡抚岑)。讲唱类条目分为三个部分，包括神话传说104条、民间故事172条、长诗歌谣193条。

《云南15种特有民族古代史料汇编》摘编了唐至民国时期的阿昌族相关史料，涉及古籍49种：(唐)樊绰《云南志》卷2《山川江源》、卷3《六诏》、卷4《名类》、卷6《云南城镇》，(唐)《南诏德化碑》，(元)《元朝征缅录》，《元史》卷61《地理志四》、卷210《外夷列传三·缅》，《元一统志》卷7《云南诸路行中书省·丽江路军民宣抚司》，(元)《混一方舆胜览》卷中《云南等处行中书省·麓川路》、卷中《云南等处行中书省·金齿百夷诸路》，(明)钱古训《百夷传》，(明景泰)《云南图经志书》卷5《云龙州·风俗》、卷5《腾冲军民指挥使司·风俗》、卷10《传》李思聪《百夷传》，(明景泰)陈循等《寰宇通志》卷113《云南等处承宣布政使司·腾冲军民指挥使司》，(明天顺)李贤等《大明一统志》卷87《云南布政司·北胜州》、卷87《云南布政司·腾冲军民指挥使司》，(明正德)《云南志》卷3《大理府·风俗》、卷12《北胜州风俗》、卷13《金齿军民指挥使司·风俗》、卷13《腾冲军民指挥使司·建置沿革》、卷13《腾冲军民指挥使司·风俗》、卷13《腾冲军民指挥使司·山川》，(明嘉靖)《大理府志》卷2《地理志·风俗》，(明万历)谢肇淛《滇略》卷9《夷略》，(明万历)《云南通志》卷2《地理志·北胜州·风俗》、卷16《羁縻志·僰夷风俗》，(明万历)朱孟震《西南夷风土记》，(明天启)《滇志》卷30《羁縻志·种人》、卷30《羁縻志·属夷》，(清)顾炎武《天下郡国利病书·云南备录·属夷》，(明)杨慎编辑、(清)胡蔚订正《南诏野史》下卷《南诏各种蛮夷》，(清乾隆)谢圣纶《滇黔志略》卷15《云南·种人》，(清乾隆)倪蜕《滇小记·滇云夷种》《滇小记·永昌郡》《滇小记·早正妻》，(清)董善庆撰、王文凤整理《云龙记往·云龙记》，(清嘉庆)檀萃《滇海虞衡志》卷13《志蛮》，(清嘉庆)《滇云纪略》卷下《彝种》，(清嘉庆)师范《滇系》十之二《属夷系》，(清光绪)刘慰三《滇南志略》

卷2《大理府》、卷4《永昌府》，（清光绪）《清代滇黔民族图谱·云南种人图说·各种人》，（清康熙）《永昌府志》卷24《土司·附种人》，（清乾隆）《永昌府志》卷20《土司·附种人》，（清乾隆）《腾越州志》卷11《杂志》，（清光绪）《腾越厅志》卷4《人类》、卷8《秩官志下·土官》、卷15《诸夷志·种人》、卷18《文艺志中·论》、卷19《艺文志下1七言绝句》，（民国）《龙陵县志》卷13《诸夷志·种人》，（清雍正）《顺宁府志》卷9《风俗·彝俗》，（清光绪）《续修顺宁府志稿》卷34《杂志一·种人》，（清康熙）《大理府志》卷12《风俗》，（清）《古今图书集成·方舆汇编·职方典》卷1519《云南土司部汇考五》，（清康熙）《云南通志》卷27《土司·种人附》，（清雍正）《云南通志》卷24《土司·附种人》，（清）乾隆朝官编绘《皇清职贡图》卷7，（清道光）《云南通志稿》卷136《秩官志·土司六》、卷186《南蛮志三之五·种人五》，（清光绪）《续云南通志稿》卷162《南蛮志·种人三》，（清道光）《云南志钞》卷7《土司志上·永昌府》，《清高宗实录》卷943，（清嘉庆）《重修一统志》卷498《腾越直隶厅》，《清史稿》卷74《地理志·云南》，（民国）《新纂云南通志》卷177《土司考五·世官二》永昌府，（民国）《腾冲县志稿》卷4《第二·大事记四》、卷12《第四·职官》、卷23《第十五·种人》，（清宣统）李根源著、（民国）李根云录《滇西兵要界务图注》卷1《甲线》，（清雍正）《云龙州志》卷3《疆域志·形势》、卷5《风俗·附种人》，（清光绪）《云龙州志》卷5《秩官志·土司·附夷地风俗人情》老窝土司、卷9《风俗·附种人》。①

阿昌族古籍整理研究方面的成果还有《阿昌族民间故事集》，收入阿昌族民间故事136篇，分为神话3篇、传说56篇、故事73篇、寓言4篇。②

## 2.图书

阿昌族图书调查以检索国家图书馆、民族图书馆、社科院图书馆、

---

① 古永继编.云南15种特有民族古代史料汇编（下）[M].昆明：云南大学出版社，2016：473-486.

② 曹榕主编.阿昌族民间故事集[M].昆明：云南民族出版社，2007.

CALIS、云南省图书馆等5家单位藏书目录的方式进行。检索以"阿昌族"为检索词，按主题方式检索，核减各单位藏书目录中的重复和错误记录后，截至2020年10月1日，各单位收藏阿昌族相关图书情况如下：国家图书馆65种、民族图书馆32种、社科院图书馆22种、CALIS 56种、云南省图书馆40种。又以"阿昌"为检索词，按题名方式检索，核减重复和错误记录后，截至2020年10月1日，各单位收藏阿昌族相关图书情况如下：国家图书馆76种、民族图书馆37种、社科院图书馆36种、CALIS 68种、云南省图书馆56种。据云南省图书馆书目检索系统统计，编著阿昌族相关图书数量较多的作者是攸延春，著有3册；根据《中国图书馆分类法》，云南省图书馆藏阿昌族相关图书数量较多的为K类38种、I类7种、H类和J类各4种；从出版时间上看，2019年1种、2018年2种、2015年2种。

上述5家单位共藏题名含"阿昌"的图书99种，其中被同时收藏的有14种：（1）《阿昌族简史》，属国家民委《民族问题五种丛书》之《中国少数民族简史丛书》，5家单位均藏有云南人民出版社1986年10月出版和民族出版社2008年8月修订版。阿昌族史志方面，上述单位还同时藏有赵家培等主编、云南人民出版社2011年出版的《当代云南阿昌族简史》，傅仕敏主编、中国文史出版社2010年出版的《阿昌族百年实录》，以及中国科学院民族研究所1963年编印的《阿昌族简史简志合编（初稿）》。（2）《阿昌族社会历史调查》，属国家民委《民族问题五种丛书》之《中国少数民族社会历史调查资料丛刊》。上述单位均藏有云南民族出版社1983年9月出版、民族出版社2009年6月修订版，以及中国科学院民族研究所云南民族调查组、云南省历史研究所民族研究室1963年5月编的《云南省阿昌族社会历史调查资料：阿昌族调查材料》。（3）《阿昌语简志》，属国家民委《民族问题五种丛书》之《中国少数民族语言简志丛书》，戴庆厦、崔志超编著，民族出版社1985年10月出版。上述5馆同时收藏的阿昌语研究方面的著作还有袁焱著、民族出版社2001年5月出版的《语言接触与语言演变：阿昌语个案调查研究》，时建著、中国社会科学出版社2009年10月出版的《梁河阿昌语参考语法》。（4）龚佩华著《阿昌族》，属《民族知识丛书》之一，民族出版社1989年5月出版。（5）五馆同时收藏的还有曹先强主编、云南民族出版社1999年9月出版的《阿昌族文化大观》，以及阿昌族古籍部分提到的《遮帕麻和遮米麻（阿昌族史诗）》。

### 3. 期刊论文

#### 3.1 NSSD

以"阿昌族"为检索关键字，检索NSSD 1920 — 2020年的论文，截至2020年10月2日，共检出论文111篇。论文数量居前3位的研究领域是经济管理22篇、艺术19篇、历史地理17篇。从作者的工作单位上看，发文数量居前3位的是楚雄师范学院7篇，云南民族大学6篇，云南大学、保山学院各3篇。发表阿昌族相关论文数量居前的学者是：朱和双、李金莲各4篇并列第一，田素庆、杨荣涛、蒋红缨等3人各2篇随其后。刊发阿昌族相关论文数量居前的期刊是《宗教学研究》《民族艺术研究》《楚雄师范学院学报》《民族文学研究》《保山学院学报》，各5篇并列第一。又以"阿昌族"为检索词、"题名"为检索入口，在上述检索结果中检出论文85篇，其中研究综述性的论文有叶健的《国内近三十年来阿昌族研究综述》。

#### 3.2 中国知网

以"阿昌族"为检索词、"主题"为检索入口，按"精确"方式检索知网学术期刊库，截至2020年10月2日，共检出论文441篇。又以"阿昌"为检索词、"篇名"为检索入口，在上述检索结果中检出论文207篇，其中被引用过的有150篇。被引次数居前的是：戴庆厦、袁焱的《互补和竞争：语言接触的杠杆 —— 以阿昌语的语言接触为例》被引61次，李明等4人的《云南阿昌族的体质特征》被引54次，李金莲的《汉傣之间：阿昌族的民族认同与文化变迁》被引21次，李继梅等6人的《阿昌族与汉族维生素D受体基因Fok多态性》被引19次。

## 4. 学位论文

### 4.1 CALIS

以"阿昌族"为检索词检索CALIS学位论文系统，截至2020年10月3日，共检出学位论文50篇，其中硕士论文33篇、博士论文17篇，全部为汉文文献。检出的论文完成于2000—2013年间，其中2000年1篇为最早，2013年的4篇为最新，以2012年的10篇为最多。检出题名含"阿昌"的论文14篇，其中硕士论文11篇：2002年朱波峰的《云南阿昌族九个STR基因座遗传多态性分析》，2003年田素庆的《神圣的世俗生活智慧——阿昌族"上爨"研究》，2007年仲靖芳的《云南阿昌族10个X-STR位点遗传多态性研究》，2009年张蕾梅的《阿昌族口传文学的文化价值及传承问题研究——以梁河阿昌族地区的"活袍调"为例》，2010年姚勇的《阿昌族的传说、身份与认同——以户撒地区为中心的研究》、刀青原的《阿昌族户撒刀造型艺术研究》，2011年宋文贤的《德宏地区阿昌族南传佛教仪式音乐的研究：以陇川户撒芒旦寨为例》，2012年吴悠的《电视人文纪实节目对阿昌族文化传承的影响与启示》、谢黎蕾的《阿昌族户撒刀锻制技艺的保护与传承现状研究》，2013年何山河的《阿昌族人才现状与培养对策研究》、何雅云的《阿昌族"蹬窝罗"舞蹈的传承与演变研究》；博士论文3篇：2000年袁焱的《语言接触与语言演变：阿昌语个案调查研究》、2005年朱和双的《宽容与管制：村落视野中的权力与性——阿昌族婚姻关系的性人类学研究》、2012年熊顺清的《上座部佛教在户撒阿昌族聚居区的传播及影响》。

### 4.2 NSTL

以"阿昌族"为检索词检索"NSTL学位论文数据库"，截至2020年10月3日，共检出学位论文43篇，其中硕士论文36篇、博士论文7篇，全部为汉文印本资源，42篇收藏在中国科学技术信息研究所、1篇收藏在中国医科院医学信息研究所。学位授予单位来自19所高校及科研单位，其中云南大学15篇居首，中央民族大学8篇居其次，云南艺术学院、北京服装学院、西安交通大学各2篇并列第三，另有中南民族大学等14所高校和科研单位各1篇。检出题名含"阿昌"的论文18篇，对比在CALIS的检索结果，新检出7篇，全部为硕士论文：2012年寸晓红的《人口较少民族地区扶贫开发研究——以梁河县九保阿昌族乡横路村为例》，2014年孙媛的《阿昌族习惯法略论》、李瑞的《云南阿昌族民居空间形态探析》，2015年邵盼盼的《阿昌族传统服饰研究》，2016年马司静的《仁山村阿昌族的族群回归及其文化认同建构研究》、李航的《对云南省特有少数民族——阿昌族传统体育传承与发展的研究》，2018年文鹤立的《以"家园"概念理解少数民族的发展逻辑——以云南阿昌族为例》。

### 4.3 参考咨询联盟

以"阿昌族"为检索词、"全部字段"为检索入口，通过"精确"方式检索"参考咨询联盟"的学位论文，截至2020年10月3日，共检出82篇，其中硕士论文67篇、博士论文15篇。论文数量居前3位的学位授予单位是云南大学（19篇）、中央民族大学（11篇）、云南师范大学（8篇）。

又以"阿昌"为检索词、"标题"为检索入口，通过"精确"方式检索，共检出学位论文33篇，其中硕士论文32篇、博士论文1篇。对比在CALIS、NSTL的检索结果，新检出14篇，全部为硕士论文。其中，云南师范大学为学位授予单位的有4篇：李春的《阿昌族"蹬窝罗"运动的保护与传承研究》，何晶晶的《三语环境下阿昌族中学生语言态度、民族认同和学习倦怠与英语成绩之间关系的实证研究》，谢霄的《三语背景下阿昌族中学生的自我效能感、语言学习焦虑、元认知语言学习策略的使用和英语成绩的相关性研究》，杨茁的《阿昌族创世史诗〈遮帕麻和遮米麻〉研究》；中央民族大学为学位授予单位的有2篇：王亚楠的《阿昌族当代作家文学研究》，张楠的《阿昌族作家罗汉文学创作研究》；云南农业大学为学位授予单位的有2篇：王棋的《〈德宏阿昌族民间科学技术〉第二章食俗部分汉译英翻译报告》，林莉的《〈德宏阿昌族民间科学技术〉服饰章节"经锦纬锦"至"传承发展"汉译英翻译报告》；云南大学为学位授予单位的有2篇：赵倩的《梁河阿昌族活袒文化研究》，黄江红的《"阿昌族户撒刀锻制技艺"发展的社会文化影响研究——以新寨为例》；昆明理工大学为学位授予单位的有1篇，即吴桐的《新媒体语境下阿昌族户撒刀的媒介传播——以独立纪录片〈张恩东的七彩刀〉为例》；北京舞蹈学院为学位授予单位的有1篇，即岳月的《"传统节日的发明"对舞蹈的影响——梁河阿昌族"蹬窝罗"形态沿革研究》;云南民族大学为学位授予单位的有1篇,即温龙飞的《户撒芒旦寨阿昌族的礼物流动探究》;暨南大学为学位授予单位的有1篇,即岳扎丫的《阿昌语陇川方言仙岛话语音词汇研究》。

### 4.4 国家图书馆

以"阿昌"为检索关键词检索"国图博士论文库",截至2020年10月3日,检出阿昌族相关博士论文1篇:2008年时建的中央民族大学语言学及应用语言学专业博士论文《梁河阿昌语参考语法》。

### 4.5 中国知网

以"阿昌族"为检索词、"主题"为检索入口,按"精确"方式检索"知网学位论文库",截至2020年10月3日,共检出学位论文81篇,其中硕士论文64篇、博士论文17篇。检出论文中,文献信息资源建设方面的有6篇,其中学位授予单位为云南师范大学的1篇,即李秋奥的《少数民族信息资源领域知识图谱的构建及应用》;学位授予单位为云南大学的有5篇,即子志月的《云南少数民族口述档案开发利用研究》、许宏晔的《云南省国家综合档案馆少数民族历史档案征集研究》、袁纯奎的《云南省德宏州少数民族文献保护研究》、丁路的《云南省无文字少数民族非物质文化遗产档案式保护研究》、李娅佳的《云南少数民族档案信息资源开发利用研究》。

又以"阿昌"为检索词、"题名"为检索入口,按"精确"方式在上述检索结果中检出论文23篇,其中硕士论文22篇、博士论文1篇。检出论文中有10篇被引用过,其中被引次数居前的是:昆明理工大学刀青原的《阿昌族户撒刀造型艺术研究》、云南艺术学院宋文贤的《德宏地区阿昌族南传佛教仪式音乐的研究》各被引9次,昆明理工大学吴桐的《新媒体语境下阿昌族户撒刀的媒介传播——以独立纪录片〈张恩东的七彩刀〉为例》、中央民族大学熊顺清的《上座部佛教在户撒阿昌族聚居区的传播及影响》各被引8次。

## 5. 会议论文

### 5.1 NSTL

以"阿昌族"为检索词检索"NSTL会议论文数据库",截至2020年10月4日,共检出会议论文15篇,全部为汉文印本资源,均收藏在中国科学技术信息研究所。其中,题名含"阿昌"的有10篇,具体如下:"第三十四届国际汉藏语言暨语言学会议"会议录中袁焱的《阿昌语述宾结构初探》,《民族语文国际学术研讨会论文集》时建的《梁河阿昌族语言转用个案研究》,《2011民族医药发展论坛论文集》何开仁的《阿昌族医药的历史现状及发展的浅识》,《中国少数民族音乐学会第十二届年会论文集》王凤莉、宋文贤的《摆落(过火)——一个阿昌族寨子老佛爷升天祭拜的调查与研究》,曲靖师范学院《2012学校体育科学学术会议论文集》叶茂盛、沐玲的《原始宗教体系影响下的阿昌族民族体育文化》,《第十九届中国民居学术会议论文集》童兼、冯亚梅的《传承与创新传统民居与地域文化——阿昌族民居的地域文化与建筑特色分析暨阿昌现代新民居建筑的传承与发展》,《北京舞蹈学院建校60周年暨中国艺术人类学国际学术研讨会论文集》石裕祖、石剑峰的《石裕祖、石剑锋:西南少小民族的大智慧与信仰坚守——阿昌族"阿露窝罗节"及神话史诗〈遮帕麻和遮米麻〉调查研究》,《2014中国(宁夏)民族医药国际论坛论文集》何开仁的《对德宏地区阿昌族医药历史、现状与发展的浅识》,《2015年中国艺术人类学国际学术研讨会论文集》唐白晶的《舞蹈生态语境下的民间舞蹈传承与发展——以阿昌族舞蹈生态调查为例》,《第三届兰茂论坛暨2016年云南省中医药界学术年会论文集》赵景云等的《民族植物学与人类学相结合的方法在民族医药调研中的应用——以阿昌族医药调研为例》。

### 5.2 参考咨询联盟

以"阿昌"为检索词、"全部字段"为检索入口,检索"参考咨询联盟"中的会议论文,截至2020年10月4日,核减4条重复记录后,实际检出论文43篇。其中标题含"阿昌"的有17篇。对比在NSTL的检索结果,新检出标题含"阿昌"会议论文7篇:《全国"乡土建筑的评估与保护"学术研讨会暨2009建筑史年会论文集》郝倩茹的《阿昌族发源地仁山村在社会主义新农村建设中的保护与发展策略》,《文化研究》2015年11期何秋霞的《云龙漕涧阿昌族信仰习俗探析》,《回顾与创新：多元文化视野下的中国少数民族哲学——中国少数民族哲学及社会思想史学会成立30年纪念暨2011年年会论文集》罗秉森、罗莹的《阿昌族宗教信仰中的哲学思想萌芽》,《云南省第1—3届科学技术哲学与科学技术史研究生论坛优秀论文集》王佳、成文章的《阿昌族户撒刀的传承和保护》,《民族文化与文化创意产业研究论丛（第二辑）》吴悠的《阿昌族本族文字的缺席和文化保护课题》,《中国解剖学会2019年年会论文文摘汇编》向小雪等的《阿昌族与景颇族成人肥胖指标与内脏脂肪等级的关系》,《第三届中国云南濒危语言遗产保护国际学术研讨会论文集》谢红梅的《梁河阿昌语衰变现象探微》。

### 5.3 中国知网

以"阿昌族"为检索词、"主题"为检索入口，检索"知网会议论文库"，截至2020年10月4日，共检出会议论文17篇。检出论文的总参考数是24、总被引数是4、总下载数是1106，篇均参考数是1.41、篇均被引数是0.24、篇均下载数是65.06。[①]4篇被引用过的论文分别是向小雪等的《阿昌族与景颇族成人肥胖指标与内脏脂肪等级的关系》、唐白晶的《舞蹈生态语境下的民间舞蹈传承与发展——以阿昌族舞蹈生态调查为例》、谢红梅的《梁河阿昌语衰变现象探微》、李明等的《云南14个少数民族的体质特征》,各被引用过1次。

## 6.报纸文献

以"阿昌族"为检索词检索"中华数字书苑"报纸新闻，截至2020年10月5日，共检出新闻211条，其中标题含"阿昌族"的新闻9条。检出的211条新闻出自43种报纸，其中报道数量居前3位的报纸是《云南日报》94条,《中国民族报》《大理日报》各19条。检出文献大多为阿昌族

---

① 计量可视化分析—已选文献—中国知网[EB/OL].[2020-10-04].https：//kns.cnki.net/KVisual/ArticleAnalysis/index?t= 1605333653255。

脱贫攻坚相关信息，同时发现4条阿昌族相关图书出版信息。其中，《云南少数民族中华文化认同文献典藏》《云南少数民族经典作品英译文库》《云南15种特有民族古代史料汇编》的相关编辑出版信息已在德昂族文献信息资源建设调查研究部分作了介绍，新发现的1条信息：2019年12月25日，中国民间文学大系出版工程首批成果发布会在北京举行。首批示范卷成果包括《中国民间文学大系》"神话·云南卷（一）""史诗·黑龙江卷·伊玛堪分卷""长诗·云南卷（一）"等共12卷本1200多万字，以及300余幅图片和音视频资料。其中，"神话·云南卷（一）"选编了23个世居民族及其他聚居区少数民族神话作品近300篇，"长诗·云南卷（一）"选编阿昌族、白族、布朗族等23个民族近300篇神话作品。①

以"阿昌族"为检索词、"主题"为检索入口，检索"知网报纸全文数据库"，截至2020年9月5日，共检出阿昌族相关文献218篇。其中，报道数量居前3位的报纸是《云南日报》53篇、《中国民族报》22篇、《云南经济日报》14篇。检出文献中有学术性文献15篇，其中题名含"阿昌族"的有3篇，均刊发在《文艺报》上，分别是纳文洁的《民族记忆 乡土情怀——评阿昌族作家曹先强的文学创作》、杨春的《如何抒写民族发展进程中的困境——当代阿昌族作家访谈》和《保护阿昌族共同的精神家园——当代阿昌族作家访谈》。

### 7.标准

以"阿昌"为检索词检索"全国标准信息公共服务平台"，截至2020年6月1日，共检出阿昌族相关标准2项，分别是云南省地方标准《DB53/T 775.1-2016 阿昌族服饰 第1部分：陇川区域》和《DB53/T 775.2-2016 阿昌族服饰 第2部分：梁河区域》。这两个标准均为现行标准，国际标准分类号（ICS）61.040、中国标准分类号（CCS）Y75，主管部门为云南省质量技术监督局，于2016年9月10日发布，自2016年12月1日起实施。

---

① 彭丹.全景展现中国民间文学广阔体貌[N].文汇报，2019-10-26（3）.

## 第九节　布朗族文献信息资源建设

中国的布朗族历史悠久,传统文化丰富多彩。双江拉祜族佤族布朗族傣族自治县是中国唯一的布朗族自治县。布朗族有语言无文字。布朗语属南亚语系孟高棉语族布朗语支,分为布朗和阿尔佤两大方言区。①

### 1.古籍

《中国少数民族古籍总目提要·布朗族卷》首次系统介绍了布朗族古籍的总体情况,基本上反映了布朗族古籍的概貌,共收录布朗族古籍条目511条,其中书籍类91条、铭刻类7条、讲唱类413条。

书籍类古籍共分9个部分。其中,正史有6种,即《史记》《后汉书》《新唐书》《元史》《明史》《明史稿》;先秦提到濮或百濮的文献有2种,即《尚书》《春秋释例》;图志有5种,即《皇清职贡图》《滇苗图说》《夷人图说》《古滇土人图志》《清代民族图志》;志书有《华阳国志》《永昌郡传》《南中八郡志》等37种;汇纂类有5种,即《通典》《太平御览》《文献通考》《云南备征志》《永昌府文征》;地理类有8种,即《圣朝混一方舆胜览》《寰宇通志》《大明一统志》《大明一统名胜志》《读史方舆纪要》《天下郡国利病书》《嘉庆重修一统志》《徐霞客游记》;实录类有1种,即《明实录》;杂录类有《经世大典·招捕总录》《皇元征缅录》《南诏野史》等19种;文论类有8种,即《百濮考》《议恤录名臣疏》《顺镇沿边的濮曼人》《蒲蛮诗》《汉营走马》《滇南即事》《吊猛廷瑞》《谒猛公祠》。② 铭刻类有7种,即《凤庆琼英洞猛氏题刻》《保山市隆阳区大官庙碑》《恤忠祠记碑和恤忠祠》《澜沧县惠民乡芒洪八角塔石雕》《勐海县西定乡章朗村寺

---

① 《中国少数民族》修订编辑委员会.中国少数民族[M].北京:民族出版社,2009:552.
② 国家民族事务委员会全国少数民族古籍整理研究室.中国少数民族古籍总目提要·佤族卷布朗族卷基诺族卷德昂族卷[M].北京:民族出版社,2019:309-313.

院题刻壁画》《章朗村寺院傣汉文残碑》《勐海县西定乡章朗村寺院大殿天花板木板画》。讲唱类条目分为三个部分，包括神话传说101条、民间故事119条、史诗歌谣193条。

布朗族古籍整理研究方面的成果还有《云南15种特有民族古代史料汇编》，将所收布朗族相关史料分为族源、族称与分布，土官土司与军事两类。其中，族源、族称与分布涉及古籍77种：《尚书·周书·牧誓》，《逸周书》卷7《王会解》第五十九，《国语》卷16《郑语》，《春秋左传正义》卷20《文公十六年》、卷48《昭公十九年》，《史记》卷40《楚世家》、卷117《司马相如列传》，《汉书》卷38《地理志》，（晋）郭义恭《广志》，（晋）常璩《华阳国志》卷1《巴志》、卷3《蜀志》、卷4《南中志》，（梁）萧统《文选》卷4扬雄《蜀都赋》，（唐）樊绰《云南志》卷4《名类》、卷6《云南城镇》，（唐）杜佑《通典》卷187《边防三·南蛮上》，《新唐书》卷222下《南蛮列传下》，（北宋）李昉等《太平御览》卷791引《永昌郡传》，（元）李京《云南志略·诸夷风俗》，（元）刘应里等《大元混一方舆胜览》卷中《云南等处行中书省·大理路》，《元一统志》卷7《云南诸路行中书省·丽江路军民宣抚司》，《元史》卷61《地理志四》，（元）《经世大典·招捕总录·云南·大理金齿》，（明）钱古训《百夷传》，（明景泰）《云南图经志书》卷3《临安府·风俗》《马龙他郎甸长官司·风俗》、卷4《顺宁府·建置沿革》《顺宁府·风俗》、卷5《大理府·风俗》、卷6《金齿军民指挥使司·风俗》《外夷衙门》、卷10《传》李思聪《百夷传》，（明景泰）陈循等《寰宇通志》卷111《云南等处承宣布政使司·楚雄府》、卷113《云南等处承宣布政使司·顺宁府》《云南等处承宣布政使司·丽江军民府》《云南等处承宣布政使司·金齿军民指挥使司》，（明天顺）李贤等撰《大明一统志》卷87《云南布政司·顺宁府》《云南布政司·顺宁府·风俗》《云南布政司·金齿军民指挥使司》《云南布政司·车里军民宣慰使司》《云南布政司·镇康州》《云南布政司·镇沅府》《云南布政司·威远州》《云南布政司·大侯州》，（明正德）《云南志》卷7《景东府·建置沿革》、卷8《镇沅府·建置沿革》《顺宁府·建置沿革》《顺宁府·风俗》、卷13《金齿军民指挥使司·风俗》、卷14《镇康州》《大侯州·风俗》，（明万历）《云南通志》卷2《地理志·永昌军民府·风俗》、卷4《地理志·顺宁府·风俗》《地理志·镇康州·风俗》《地理志·大侯州·风俗》《地理志·新化州·风俗》、卷16《羁縻志·僰蛮风俗》《羁縻志·爨蛮风俗》,（明万历）朱孟震《西南夷风土记》,（明万历）谢肇淛《滇略》卷9《夷略》,（明天启）《滇志》卷2《地理志·沿革郡县名》、卷25《艺文志·考类》、卷30《羁縻志·种人》《羁縻志·属夷》、卷32《搜遗志·补群祀》、卷62《杂纪·轶事》,《明史》卷313《云南土司列传一》,（明）杨慎编辑、（清）胡蔚订正《南诏野史》下卷《南诏各种蛮夷》,（清康熙）毛奇龄《云南蛮司志》,（清康熙）《云南通志》卷27《土司·种人附》,（清康熙）《顺宁府志》卷1《地理志·风俗》,（清康熙）《阿迷州志》卷11《沿革·土司·种人附》,（清康熙）《大理府志》卷12《风俗》,（清康熙）《定边县志·风俗》,（清康熙）《楚雄府志》卷1《地理志·土人种类》,（清康熙）《广通县志》卷1《风俗》,（清康熙）《宁州郡志·风俗·彝俗》,（清康熙）《永昌府志》卷24《土司》《种人》,（清雍正）《云龙州志》卷3《疆域·附形势》,（清雍正）《云南通志》卷24《土司·附种人》,（清雍正）《顺宁府志》卷9《风俗·民风》《风俗·彝俗》,（清乾隆）谢圣纶《滇黔总略》卷15《云南·种人》,（清乾隆）倪蜕《滇小记·滇云夷种》,（清）乾隆朝官编绘《皇清职贡图》卷7,（清乾隆）《永昌府志》卷20《土司·附种人》,（清乾隆）《腾越州志》卷11《杂志》,（清乾隆）《景东直隶厅志》卷3《风俗·附种人》,（清嘉庆）檀萃《滇海虞衡志》卷13《志蛮》,（清嘉庆）师范《滇系》十之二《属夷系》,（清嘉庆）《重修一统志》卷483《云南志·顺宁府》、卷487《云南志·永昌府》、卷493《云南志·元江直隶州》、卷494《云南志·镇沅直隶州》、卷498《云南志·徼外附见》,（清嘉庆）《景东直隶厅志》卷22《种夷》,（清嘉庆）《滇云纪略》卷下《彝种》,（清嘉庆）《阿迷州志》卷6《风俗·种人》,（清道光）《云南通志稿》卷184《南蛮志三之三·种人三》、卷186《南蛮志三之五·种人五》,（清道光）《云南志钞》卷1《地理志》,（清道光）《普洱府志》卷18《土司·种人附》,（清道光）《威远厅志》卷3《风俗·夷俗》,（清光绪）《续云南通志稿》卷160《南蛮志·种人一》、卷162《南蛮志·种人三》,（清光绪）阙名辑绘《云南种人图说》,（清光绪）《续修顺宁府志稿》卷5《地理志三·风俗》、卷

34《杂志一·种人》，（清光绪）《蒙化乡土志》下卷《人类》，（清光绪）《鹤庆州志》卷5《风俗》，（清光绪）《腾越厅志稿》卷11《武备志四·戎事》、卷15《诸夷志·种人》，（清光绪）《腾越乡土志》卷4《人类》，（清光绪）《续修普洱府志稿》卷46《南蛮志一·种人》，（清光绪）刘慰三《滇南志略》卷2《楚雄府》、卷3《普洱府》《威远厅》、卷4《永昌府》《景东直隶厅》、卷5《澄江府》《顺宁府》、卷6《镇沅直隶厅》，（清）《古今图书集成·方舆汇编·职方典》卷1494《顺宁府峒蛮考》《顺宁府部汇考二·顺宁府风俗考》、卷1511《永昌府瑶僮峒蛮考·种人》、卷1519《云南土司部汇考五》，（清）董善庆撰、王文凤整理《云龙记往·云龙记》，（民国）《顺宁县志初稿》卷9《氏族·著姓纪略》，（民国）《景东县志稿》卷2《地理志·种夷》，（民国）《镇康县志初稿》第十五《氏族·种族》，（民国）《缅宁县志稿》卷15《氏族·种族》、卷17《礼俗》，（民国）《元江志稿》卷28《杂志之一·古迹》、卷29《杂志之二·冢墓》，（民国）《龙陵县志》卷13《诸夷志·种人》，（民国）《新纂云南通志》卷133《学制考三·古代学制三·学额》、卷135《学制考五·古代学制五·书院义学二》、卷169《族姓考一·氏族之衍变》，（民国）尹明德等《云南北界勘查记》卷3。土官土司与军事涉及古籍31种：（元）《经世大典·招捕总录·云南·大理金齿》，《元史》卷26《仁宗本纪三》、卷30《泰定帝本纪二》、卷34《文宗本纪三》、卷35《文宗本纪四》，《新元史》卷248《云南湖广四川等处蛮夷列传》、卷252《外国列传四·缅》，（明景泰）《云南图经志书》卷4《顺宁府·建置沿革》，（明景泰）陈循等《寰宇通志》卷113《云南等处承宣布政使司·顺宁府·建置沿革》，（明天顺）李贤等撰《大明一统志》卷87《云南布政司·顺宁府·建置沿革》，（明正德）《云南志》卷8《顺宁府·建置沿革》《顺宁府·宦迹》，（明嘉靖）《土官底薄·云南》，（明万历）诸葛元声《滇史》卷13、卷14，（明万历）沈德符《万历野获编》卷30《土司》，（明天启）《滇志》卷11《官师志·郡县宦贤·顺宁府》、卷30《羁縻志·土司官氏》，（明崇祯）徐弘祖《徐霞客游记·滇游日记十二》，《明太祖实录》卷143、卷159、卷248，《明太宗实录》卷234，《明宣宗实录》卷107、卷115，《明英宗实录》卷15、卷76、卷81、卷144、卷150、卷167，《明神宗实录》卷36、卷313、卷325、卷

338、卷346、卷366，《明史》卷46《地理志七·云南》、卷165《姜昂列传》、313《云南土司列传一》、卷314《云南土司列传二》、卷315《云南土司列传三》，（清康熙）毛奇龄《云南蛮司志》，（清康熙）《顺宁府志》卷2《秩官志·武职》，（清雍正）《顺宁府志》卷5《官师·土司》，（清乾隆）刘靖《顺宁杂著》，（清乾隆）谢圣纶《滇黔志略》卷15《云南·种人》，（清嘉庆）《重修一统志》卷483《云南志·顺宁府》，（清嘉庆）师范《滇系》八之四《艺文》尹继善《筹酌普思元新善后事宜疏》，（清道光）《云南志钞》卷1《地理志》、卷8《土司志下·废官》，（清道光）《云南通志稿》卷136《秩官志七之六·土司六》，（清光绪）《永昌府志》卷9《建置沿革》，（清·光绪）《续修顺宁府志稿》卷34《杂志一·种人》，（民国）《新纂云南通志》卷173《土司考一·废官一》，（民国）《元江志稿》卷28《杂志之一·古迹》、卷29《杂志之二·冢墓》。[①]

布朗族古籍整理研究方面的成果还有云南省少数民族古籍整理出版规划办公室编、普学旺主编的《云南少数民族古籍珍本集成·第七十卷 布朗族》，收录了《护宅经》《布朗族吉祥祝福词》《银殿的故事》等布朗族民间典籍[②]。

## 2.图书

布朗族图书调查以检索国家图书馆、民族图书馆、社科院图书馆、CALIS、云南省图书馆等5家单位藏书目录的方式进行。检索以"布朗族"为检索词，按主题方式检索，核减各单位藏书目录中的重复和错误记录后，截至2020年10月6日，各单位收藏布朗族相关图书情况如下：国家图书馆98种、民族图书馆40种、社科院图书馆46种、CALIS 64种、云南省图书馆68种。又以"布朗族"为检索词，按题名方式检索，核减重复和错误记录后，截至2020年10月6日，各单位收藏布朗族相关图书情况如下：国家图书馆88种、民族图书馆46种、社科院图书馆46种、CALIS

---

[①] 古永继编.云南15种特有民族古代史料汇编（下）[M].昆明：云南大学出版社，2016：261-302.

[②] 普学旺.云南少数民族古籍珍本集成.第70卷[M].昆明：云南人民出版社，2018.

81种、云南省图书馆72种。据云南省图书馆书目检索系统统计，编著布朗族相关图书数量较多的作者是王国祥、赵瑛，各著有3册。根据《中国图书馆分类法》，云南省图书馆藏布朗族相关图书数量较多的为K类44种、F类10种、T类6种。

上述单位共藏题名含"布朗"的图书121种，其中5家单位同时收藏的有14种：（1）国家民委《民族问题五种丛书》中有3种，即《中国少数民族自治地方概况丛书》之《双江拉祜族佤族布朗族傣族自治县概况》，有云南民族出版社1990年12月出版和民族出版社2008年5月修订版；《中国少数民族简史丛书》之《布朗族简史》，云南人民出版社1984年11月出版。此外，还同时藏有中国科学院民族研究所云南民族调查组、云南省民族研究所1963年编印的《云南省布朗族社会历史调查材料》，中国科学院民族研究所云南少数民族社会历史调查组1963年编印的《布朗族简史简志合编（初稿）》。（2）地方志有《双江拉祜族佤族布朗族傣族自治县志》，云南民族出版社1995年10月出版。（3）文化研究方面的有5种，即王国祥著《布朗族文学简史》，云南民族出版社1995年12月出版；赵瑛著《布朗族文化史》，云南民族出版社2001年5月出版；穆文春主编《布朗族文化大观》，云南民族出版社1999年9月出版；蔡红燕编著《故园一脉：云南施甸县布朗族村寨"和"文化考察》，民族出版社2008年12月出版；郗春媛著《社会变迁与文化传承：云南散杂居地区布朗族研究》，社会科学文献出版社2013年8月出版。（4）其他还有张晓琼著《变迁与发展：云南布朗山布朗族社会研究》，民族出版社2005年1月出版；全国政协文史和学习委员会暨云南省政协文史委员会编《布朗族百年实录》，中国文史出版社2010年6月出版；黄彩文著《仪式、信仰与村落生活：邦协布朗族的民间信仰研究》，民族出版社2011年12月出版。

### 3. 期刊论文

#### 3.1 NSSD

以"布朗族"为检索关键字，检索NSSD 1920—2020年的论文，截至2020年10月7日，共检出论文217篇。论文数量居前3位的研究领域是经济管理55篇、社会学46篇、历史地理45篇。从作者的工作单位上看，发文数量居前3位的是云南民族大学17篇、云南大学10篇、中央音乐学院6篇。发表布朗族相关论文数量居前的学者是：黄彩文9篇居首，其次有杨民康、郗春媛、赵瑛等3人各4篇。刊发布朗族相关论文数量居前3位的期刊是《保山学院学报》15篇、《云南民族大学学报（哲学社会科学版）》13篇、《思想战线》10篇。又以"布朗"为检索词、"题名"为检索入口，在上述检索结果中二次检索，检出论文164篇。其中布朗族文献信息资源建设方面有黄彩文、梁锐的《布朗族民族文化资源信息化初探》。

### 3.2 中国知网

以"布朗族"为检索词、"主题"为检索入口，按"精确"方式检索知网学术期刊库，截至2020年10月7日，共检出论文823篇。又以"布朗"为检索词、"篇名"为检索入口，在上述检索结果中检索，共检出论文380篇，其中被引用过的有256篇。被引次数居前3位的是：黄彩文的《民间信仰与社会变迁——以双江县一个布朗族村寨的祭竜仪式为例》被引36次，林仲贤等4人的《汉族、基诺族及布朗族7—9岁儿童心理旋转能力的比较研究》被引30次，吴兆录的《西双版纳勐养自然保护区布朗族龙山传统的生态研究》被引29次。

### 3.3 复印报刊资料

以"布朗族"为检索词、"主题词"为检索入口，检索复印报刊资料全文数据库，截至2020年10月7日，共检出1995—2020年的论文6篇。其中，《复印报刊资料：民族问题研究》5篇：2005年07期张晓琼等的《国家指导下的民族社会与文化变迁——以云南布朗山布朗族为例》，2006年09期韩忠太的《西双版纳布朗族两种脱贫模式研究》，2008年01期邵芬的《布朗族的发展与社会保障》，2008年10期刘文光的《布朗族全面建设小康社会面临的问题及对策》，2013年07期郗春媛的《教育变迁视野下人口较少民族文化传承路径及其困境——以云南布朗族为例》。另外一篇是《复印报刊资料：舞台艺术（音乐、舞蹈）》2011年03期杨民康的《云南布朗族风俗歌"索"的变异过程及其异文化解读》。

## 4. 学位论文

### 4.1 CALIS

以"布朗族"为检索词检索CALIS学位论文系统，截至2020年10月8日，共检出学位论文87篇，其中硕士论文61篇、博士论文26篇，汉文文献86篇、英文文献1篇。检出的论文完成于1999—2013年间，其中1999年2篇为最早，2013年9篇为最新，2010年数量最多，有17篇。检出题名含"布朗"的论文21篇，其中硕士论文16篇：2002年昆明医学院王继华的《云南省布朗族头面部器官微机测量与形态观察及相关对比研究》；2007年云南大学谢勇勤的《云南省勐海县布朗山乡布朗族传统教育研究》、张山的《施甸县布朗族民歌文化生态及"和"文化倾向》、董珺的《双江拉祜族佤族布朗族傣族自治县民族文化旅游资源开发探索》、王元元的《建设社会主义新农村，促进人口较少民族生活方式变革——以双江邦丙布朗族为例》；2008年昆明医学院陈晓娟的《云南佤族、拉祜族、布朗族、基诺族及汉族IGTCS与CLCN2基因相关性研究》，云南财经大学王帅的《布朗山布朗族继承方式变迁伦理意义》；2009年云南大学王郁君的《从口传文学与民俗生活看布朗族的茶文化艺术——以芒景村布朗族为例》、周德祥的《云南边疆地区民族乡政府能力建设研究——基于西双版纳州勐海县布朗山布朗族乡的分析》，云南农业大学张敦宇的《布朗族土著知识对地方稻种资源多样性影响研究》，云南民族大学李新华的《双江布朗语音位系统的实验研究》；2010年云南大学石安宏的《双江布朗族民间音乐研究》、云南艺术学院何华的《布朗族南传佛教音乐的人类学研究》、昆明医科大学陈金宝的《云南汉族、布朗族、傣族和哈尼族四个群体HLA-G基因14 bp插入/缺失多态性研究》；2011年云南大学邓成甫的《双江拉祜族佤族布朗族傣族自治县族际关系整合存在的问题和对策探析》；2013年云南大学高蕾的《大南直村布朗族蜂桶鼓舞研究》。博士论文4篇：2007年中国人民大学舒驰的《人口较少民族经济变迁研究——以赫哲族和布朗族为例》，2009年云南大学黄彩文的《双江县邦协布朗族的民间信仰研究》，2010年云南大学杨雪吟的《环境史视野下的布朗山文化生态变迁》，2012年中央民族大学安静的《布朗族民间信仰的功能研究》。

### 4.2 NSTL

以"布朗族"为检索词检索"NSTL学位论文数据库",截至2020年10月8日,共检出学位论文71篇,其中硕士论文57篇、博士论文14篇,全部为汉文印本资源,69篇收藏在中国科学技术信息研究所、1篇收藏在中国医科院医学信息研究所、1篇收藏在中国科学院文献情报中心。学位授予单位来自24所高校及科研单位,其中云南大学27篇居首,中央民族大学11篇居其次,云南财经大学4篇排第三。

检出题名含"布朗"的论文30篇,其中硕士论文25篇、博士论文5篇。对比在CALIS的检索结果,新检出题名含"布朗"的学位论文13篇。其中,硕士论文12篇:2010年云南大学方娟的《少数民族艺术在幼儿教育中的传承——双江拉祜族佤族布朗族傣族自治县中心幼儿园个案解析》,2012年云南大学张学俊的《族群认同的历史记忆与社会建构——以芒景布朗族茶祖节为例》、北京协和医学院中国医学科学院易薇的《西双版纳州傣族、布朗族地中海贫血基因突变类型研究》,2013年云南大学郭静伟的《嵌入在社会文化变迁中的普洱茶——以云南普洱市景迈山芒景布朗族村为例》、马祯的《礼物与村寨财富——曼班老寨布朗族南传佛教实践中的礼物流动研究》,2014年乐燕的《神话与家的延续——一个布朗族祭司家族的生活史研究》,2015年云南财经大学杨玲玲的《学校教育中民族文化传承困境研究——以勐海县布朗族乡中心校为个案》,2016年中国音乐学院张雪儿的《中缅边境地区布朗族民歌比较研究》、云南民族大学能利娟的《老曼峨布朗族的茶与社会文化研究》,2017年南京师范大学万旻的《纪录片〈布朗"西美"〉创作阐述》、云南财经大学尹国庆的《布朗族非物质文化遗产传承途径研究——基于社区教育视角》,2018年安徽大学张鑫的《电视在场:云南少数民族村寨传统文化变迁研究——以云南省布朗族村寨翁基社为例》。博士论文1篇,即2011年中央民族大学郝春媛的《人口较少民族社会文化变迁研究——以云南布朗族为例》。

### 4.3 参考咨询联盟

以"布朗族"为检索词、"全部字段"为检索入口,通过"精确"方式检索"参考咨询联盟"的学位论文，截至2020年10月8日，共检出211篇，其中硕士论文155篇、博士论文56篇。论文数量居前3位的学位授予单位是云南大学（34篇）、云南师范大学（20篇）、山东大学（18篇）。

又以"布朗"为检索词、"标题"为检索入口，通过"精确"方式检索，共检出学位论文74篇，其中硕士论文65篇、博士论文9篇。核减部分无效记录后，对比在CALIS、NSTL的检索结果，新检出题名含"布朗"的布朗族相关学位论文33篇，其中硕士论文31篇、博士论文2篇。硕士论文中，云南师范大学为学位授予单位的最多，有10篇：丛莉苹的《布朗族民歌教育价值研究》、黄娟的《云南省施甸县布朗族地区留守儿童的教育管理研究——以木老元民族中学和摆榔民族中学为例》、李献庆的《布朗族茶文化及其教育功能研究——以普洱市澜沧县芒景村布朗族为个案》、龙琼的《语言传播视野下的勐海边境"直过民族"布朗族普通话认同研究》、谭安的《红河州布朗族分支（莽人）直过区村寨政治的变迁》、汤雁的《少数民族地区地方政府绩效管理研究：以云南省临沧市双江拉祜族佤族布朗族傣族自治县为例》、杨韩的《农村少数民族初中毕业回乡青年物理需求及素养调查研究：以保山市布朗族、傈僳族为例》、杨建美的《云南保山布朗族传统体育的形成、演进与发展研究》、杨静微的《双江县布朗族民歌引入初中音乐课堂的可行性实践研究——以双江县第一完全中学为例》、周彦杞的《云南边境少数民族地方发展中学校地理教育功能的偏离和调适：以芒景村布朗族为例》。其他硕士论文的学位授予单位及数量情况分别是：云南大学5篇，昆明理工大学和西南林业大学各3篇，安徽大学、成都体育学院、厦门大学图书馆、陕西师范大学、西北民族大学、云南大学、云南农业大学、云南艺术学院、中央民族大学、中央音乐学院等各1篇。博士论文有2篇：2003年中央民族大学张晓琼的《变迁与发展：现代化背景下的云南布朗山布朗族社会研究》，2014年香港大学张石楠的《中国云南省傣族、布朗族少数民族群体口腔健康状况、知识和行为》。

#### 4.4 中国知网

以"布朗族"为检索词、"主题"为检索入口，按"精确"方式检索"知网学位论文库"，截至2020年10月9日，共检出学位论文144篇，其中硕士论文114篇、博士论文30篇。又以"布朗"为检索词、"题名"为检索入口，在上述检索结果中检索，共检出论文46篇，其中硕士论文42篇、博士论文4篇。检出论文的总参考数是2499、总被引数是161、总下载数是20363，篇均参考数是54.33、篇均被引数是3.5、篇均下载数是442.67、下载被引比为0.01。[①]检出论文中，被引次数居前3位的均为博士论文，即2009年中国农业科学院杨栋会的《西南少数民族地区农村收入差距和贫困研究——以云南布朗山乡住户调查数据为例》被引24次，2011年中央民族大学郝春媛的《人口较少民族社会文化变迁研究——以云南布朗族为例》被引21次，2012年中央民族大学安静的《布朗族民间信仰的功能研究——以西双版纳老曼峨村为例》被引被引18次。

## 5.会议论文

### 5.1 NSTL

以"布朗族"为检索词检索"NSTL会议论文数据库"，截至2020年10月10日，共检出会议论文9篇，全部为汉文印本资源，分别收录于9种会议录中，均收藏在中国科学技术信息研究所。具体为：《2015城市雨洪管理与景观水文国际研讨会论文集》收李卓熹等的《云南山区布朗族传统村落雨水利用系统的探究》，《第十九届中国民居学术会议论文集》收高蕾的《聚落的情景图示与解读——景迈山布朗族、傣族村落空间意象初探》，《中央民族大学民族学与社会学学院第六届研究生学术研讨会论文集》收李闯的《我们是谁——一项关于布朗族克木人族群认同的描述性研究》，《2006年全球化背景下的多元文化教育国际论坛论文集》收齐小平的《一项对山区少数民族基础教育发展问题的实证研究——云南布朗山布朗族基础教育发展问题个案分析》，《第四届国际教育研讨会论文集》收谢丹等的《多民族地区初中生族际友谊质量研究——云南西双版纳M镇中学实地调查》，"首届全国民族文化论坛"会议录收蒋立松的《研

---

[①] 计量可视化分析—已选文献—中国知网[EB/OL].[2020-10-09].https://kns.cnki.net/KVisual/ArticleAnalysis/index?t=1605171408134。

究西南地区民族文化的两个重要理论评述》,"第二届全国贝叶文化研讨会"会议录收彭多意的《文献资料搜集整理：中国南传佛教研究的基础工作》,《第三届兰茂论坛暨2016年云南省中医药界学术年会论文集》收金锦等的《云南省五个特有民族医药的保护和调查研究探微》,《第四届传统医学与现代医学比较国际学术大会暨中国中西医结合学会呼吸病专业委员会2015工作会议论文集》收张超等的《云南民族医药治疗肝病用药特色研究》。

### 5.2 参考咨询联盟

以"布朗族"为检索词、"全部字段"为检索入口,检索"参考咨询联盟"的会议论文,截至2020年10月10日,共检出论文60篇。又以"布朗"为检索词、"标题"为检索入口,在上述检索结果中检索,检出论文24篇。对比在NSTL的检索结果,新检出会议论文20篇：曹阳等的《布朗族成丁节对当代教育的启示》、张哲的《少小民族非遗传承现状与对策研究 —— 以西双版纳布朗族村落为例》、徐艳文的《布朗族的饮茶习俗》、黄新炎的《论当代中国少数民族发展的相关因素及其对策：以云南省勐海县布朗族为例》、易薇等的《云南傣族和布朗族地中海贫血基因突变研究》、杨晓等的《布朗族茶文化及其保护与传承研究》、朱红等的《布朗族、傈僳族学生的颜色偏好及其对汉语阅读的影响》、史荔等的《布朗族、哈尼族和傣族中HLA–Cw基因多态性研究》、李国文的《永德县落阿洼寨等村布朗族社会传统伦理道德观考察（上、下）》、颜思久的《布朗族农村公社的形成和特点》、傅云仙的《生活化的宗教仪式 —— 章朗村布朗族泼水节宗教仪式及其民俗探究》、杨鹤书的《布朗族怒族家长制家庭公社发展类型的比较》、胡耀池的《开发文化和文化开发：布朗族及彝族文化传承的困顿与责任》、黄映玲的《守望家园：不仅仅是建一个布朗族生态博物馆》、俞茹的《追寻佤族、德昂族、布朗族的先民："苞满"、"闽濮"的历史溯源》、王继华等的《云南布朗族头面部器官微机测量与形态观察研究》、林仲贤等的《汉族、基诺族及布朗族7—9岁儿童心理旋转能力的比较研究》、王颖等的《云南省布朗族成人最大呼气流量正常值的初步分析》、李其皓等的《云南省少数民族（布朗族）支气管哮喘流行病学调查分析》。

### 5.3 中国知网

以"布朗族"为检索词、"主题"为检索入口，检索"知网会议论文库"，截至2020年10月10日，共检出会议论文43篇。又以"布朗"为检索词、"篇名"为检索入口，在上述检索结果中检索，共检出论文18篇。其中，有4篇论文被引用过，即杨鹤书的《布朗族怒族家长制家庭公社发展类型的比较》被引2次，颜思久的《布朗族农村公社的形成和特点》、俞茹的《追寻佤族、德昂族、布朗族的先民——"苞满"、"闽濮"的历史溯源》、易薇等的《云南傣族和布朗族地中海贫血基因突变研究》各被引用1次。

## 6. 报纸文献

以"布朗族"为检索词，检索"中华数字书苑"报纸新闻，截至2020年10月11日，共检出新闻460条，其中标题含"布朗族"的新闻13条。检出的460条新闻出自94种报纸，其中报道数量居前3位的报纸是《云南日报》187条、《春城晚报》36条、《中国民族报》32条。检出的新闻大多为布朗族脱贫致富方面的信息。此外，《云南日报》2019年11月1日刊登了一篇题名为《史料精准 蔚为大观》的文章，推介了《云南15种特有民族古代史料汇编》。该书由古永继编著、云南大学出版社出版，收集了傣、白、纳西、哈尼、傈僳、普米、拉祜、佤、景颇、布朗、德昂、阿昌、怒、独龙、基诺等15个民族的古代史料。所辑史料以正史、别史、实录、方志、档案、碑刻及田野调查等载记为主，并兼及各种丛书、类书及专著等文献，其中尤以方志为重点。书中史料先按民族别源流分布、政治、军事、经济、文化、社会生活、世系家谱、综合史料八大部分进行分门别类，后又在各大部类之下据文献资料的多寡，分列行政建置、土官土司、改土归流、习惯法、种植业、手工业和商业、物产与贡纳、文化教育、医学科技、衣食住行、宗教信仰、婚姻家庭、风俗习尚、墓志碑刻等细目。书中对每一特有民族的族源分布、族名流变、民族交汇、民族融合、历史传承等都作了言简意赅的学术性阐述。①

以"布朗族"为检索词、"主题"为检索入口,检索"知网报纸全文数据库",截至2020年10月11日,共检出布朗族相关文献215篇。其中,报道数量居前3位的报纸是《云南日报》71篇、《中国民族报》28篇、《红河日报》19篇。检出文献中有学术性文献10篇,其中题名含"布朗"的仅2篇,均发表在《中国民族报》上:一篇是张晓琼、玉罕娇的《布朗山乡的"赊"》,另一篇是吴楚克的《布朗族:中国云南及东南亚地区最早的世居民族》。

### 7.标准

以"布朗族"为检索词检索"全国标准信息公共服务平台",截至2020年6月1日,共检出布朗族相关标准1项,即云南省地方标准《DB53/T 769.1-2016 布朗族服饰 第1部分:施甸区域》。该标准为现行标准,国际标准分类号(ICS)61.040、中国标准分类号(CCS)Y75,主管部门为云南省质量技术监督局,于2016年9月10日发布,自2016年12月1日起实施。

## 第十节 景颇族文献信息资源建设

中国的景颇族历史悠久,传统文化多姿多彩。景颇族有自己的语言和文字。景颇语属汉藏语系藏缅语族,5个支系分别使用5种不同语言,各支系语言在语支的归属方面存在差异。景颇支系使用的景颇语属汉藏语系藏缅语族景颇语支,载瓦支系使用的载瓦语、勒期支系使用的勒期语、浪峨支系使用的浪峨语、波拉支系使用的波拉语属于汉藏语系藏缅语族缅语支。景颇族文字有景颇文和载瓦文两种,两种文字都是以拉丁字母为基础

---

① 柴毅龙.史料精准 蔚为大观[N].云南日报,2019-11-01(11).

的拼音文字。目前，景颇文和载瓦文在景颇族聚居区均被广泛使用。①

## 1.古籍

有文字记载的景颇族古籍虽不多见，但景颇族人民以口耳相传的方式传承了本民族的悠久历史和灿烂文化，形成了丰富多彩的口传古籍。"景颇族的口传古籍包括散文体和韵文体两大类。散文体的口传古籍有神话、传说、故事、童话、寓言、笑话等；韵文体的口传古籍有创世史诗、叙事诗、抒情诗、祭祀歌、劳动歌、风俗歌、情歌、儿歌等。"②《中国少数民族古籍总目提要·景颇族卷》较为全面、真实地反映了景颇族古籍的全貌，共收录景颇族古籍条目423条，其中书籍类收汉文景颇族古籍条目11条，讲唱类收景颇族口碑古籍条目412条。书籍类古籍有《蛮书》、《新唐书》、《云南志略》、（明万历）《云南通志》、（清乾隆）《腾越州志》、《滇略》、（明天启）《滇志》、（清光绪）《永昌府志》、（清光绪）《腾越厅志》、《皇朝续文献通考》和《藏辔随记》。讲唱类条目分为三个部分，包括神话传说85条、民间故事194条、史诗歌谣133条。

《云南15种特有民族古代史料汇编》所收景颇族史料分为族源与分布、政治与军事、经济与习俗、世系家谱、综合史料附录等。其中，族源与分布涉及古籍34种：（唐）樊绰《云南志》卷2《山川江源》、卷4《名类》、卷6《云南城镇》，（元）李京《云南志略·诸夷风俗》，（元）刘应里等《大元混一方舆胜览》卷中《云南等处行中书省·金齿百夷诸路》，（明）钱古训《百夷传》，（明景泰）《云南图经志书》卷10《传》李思聪《百夷传》，（明万历）谢肇淛《滇略》卷9《夷略》，（明万历）朱孟震《西南夷风土记》，（明万历）《云南通志》卷16《羁縻志·僰蛮风俗》、卷16《羁縻志·爨蛮风俗》，（明天启）《滇志》卷30《羁縻志·种人》、卷30《羁縻志·属夷》，（明）杨慎编辑、（清）胡蔚订正《南诏野史》下卷《南诏各种蛮夷》，（清康熙）《永昌府志》卷24《土司·附种

---

① 《中国少数民族》修订编辑委员会.中国少数民族[M].北京：民族出版社，2009：536.
② 国家民族事务委员会全国少数民族古籍整理研究室.中国少数民族古籍总目提要·拉祜族卷景颇族卷阿昌族卷[M].北京：民族出版社，2019：234.

人》，（清乾隆）《腾越州志》卷11《杂志》，（清乾隆）倪蜕《滇小记·滇云夷种》，（清乾隆）硕色《处置秤戛等处分隶奏折》载民国《永昌府文征》纪载卷12《清一》，（清乾隆）王昶《征缅纪闻》载民国《永昌府文征》纪载卷17《清六》，（清嘉庆）师范《滇系》十之二《属夷系》，（清道光）《云南通志稿》卷187《南蛮志三之六·种人六》，（清道光）《云南志钞》卷1《地理志·永昌府》、卷8《土司志下·废官》永昌府，（清道光）《大姚县志》卷7《种人志》，（清道光）《寻甸州志》卷24《土司·附种人》，（清光绪）刘慰三《滇南志略》卷2《楚雄府·姚州》、卷4《东川府·巧家厅》、卷4《永昌府》，（清光绪）《清代滇黔民族图谱·云南种人图说》，（清光绪）《永昌府志》卷56《群蛮志·外夷》、卷57《群蛮志·种人》，（清光绪）《腾越厅志》卷15《诸夷志·种人》，（清光绪）《续云南通志稿》卷84《武备志·戎事杂记》、卷162《南蛮志·种人三》，（清宣统）李根源著、（民国）李根沄录《滇西兵要界务图注》卷1《甲线》、卷2《乙线》（清）《古今图书集成·方舆汇编·职方典》卷1511《永昌府瑶僮峒蛮考·种人》，（民国）《新纂云南通志》卷174《土司考二·废官二》永昌府，（民国）《镇康县志初稿》第十五《氏族·种族》，（民国）《腾冲县志稿》卷10《第四·职官》，（民国）尹明德《滇缅北段界务调查报告》，（民国）尹明德《云南北界勘查记》卷3，（民国）尹梓鉴《春草堂文稿》之《野人山调察记》，（民国）李学诗《罗生山馆文稿》之《滇边野人风土记》；政治与军事涉及古籍31种：（唐）樊绰《云南志》卷2《山川江源》、卷4《名类》、卷6《云南城镇》，（明万历）谢肇淛《滇略》卷9《夷略》，（明天启）《滇志》卷30《羁縻志·种人》、卷30《羁縻志·属夷》、卷30《羁縻志·土司官氏》永昌府，《明太宗实录》卷103，《明英宗实录》卷73，《明史》卷315《云南土司列传三》，（清）《古今图书集成·方舆汇编·职方典》卷1511《永昌府瑶僮峒蛮考·种人》、卷1519《云南土司部汇考五》，（清康熙）《永昌府志》卷24《土司·附种人》，（清雍正）《云南通志》卷24《土司·附种人》，（清乾隆）《腾越州志》卷11《杂志》，（清乾隆）张泓《滇南新语·剑川运粮记》，（清嘉庆）檀萃《漠海虞衡志》卷13《志蛮》，（清道光）《云南通志稿》卷187《南蛮志三之六·种人六》，（清道光）《云南志钞》卷1《地理志·永昌府》、卷8《土司志下·废官》永昌府,(清道光)《大姚县志》卷7《种人志》,(清道光)《寻甸州志》卷24《土司·附种人》,(清光绪)《续云南通志稿》卷84《武备志·戎事杂记》,(清光绪)《永昌府志》卷56《群蛮志·外夷》,(清光绪)《腾越厅志》卷11《武备志二·边防》《武备志四·戎事》、卷17《艺文志上·记》、卷18《艺文志》(中),(清光绪)邵之棠《皇朝经世文统编》卷16《地舆部·地球事势通论》,(清光绪)刘慰三《滇南志略》卷2《楚雄府·姚州》、卷4《永昌府》,(清光绪)《清代滇黔民族图谱·云南种人图说》,(清宣统)李根源著、(民国)李根沄录《滇西兵要界务图注》卷1《甲线》,《清仁宗实录》卷256、卷259、卷337,《清宣宗实录》卷468,《清文宗实录》卷13、卷18,《清德宗实录》卷53,(民国)《腾冲县志稿》卷3《第二·大事记三》、卷4《第二·大事记四》、卷10《职官·军制》、卷12《第四·职官》《职官·土职》,(民国)《新纂云南通志》卷162《边裔考一·边防·永昌府》、卷174《土司考二·废官二》永昌府,(民国)尹明德《滇缅北段界务调查报告》,(民国)李学诗《罗生山馆文稿》之《滇边野人风土记》;经济与习俗涉及古籍25种:(唐)樊绰《云南志》卷2《山川江源》、卷4《名类》,(元)李京《云南志略·诸夷风俗》,(元)刘应里等《大元混一方舆胜览》卷中《云南等处行中书省·金齿百夷诸路》,(明)钱古训《百夷传》,(明景泰)《云南图经志书》卷10李思聪《百夷传》,(明万历)谢肇淛《滇略》卷9《夷略》,(明万历)朱孟震《西南夷风土记》,(明万历)《云南通志》卷16《羁縻志·僰蛮风俗》、卷16《羁縻志·爨蛮风俗》,(明天启)《滇志》卷30《羁縻志·种人》,(明)杨慎编辑、(清)胡蔚订正《南诏野史》下卷《南诏各种蛮夷》,(清康熙)《云南通志》卷27《土司·种人附》,(清康熙)《永昌府志》卷24《土司·附种人》、卷25《艺文志·诗》,(清雍正)《云南通志》卷24《土司·附种人》,(清乾隆)倪蜕《滇小记·永昌府事钞》,(清乾隆)《腾越州志》卷11《杂志》,(清道光)《云南通志稿》卷187《南蛮志三之六·种人六》,(清道光)《大姚县志》卷7《种人志》,(清道光)《寻甸州志》卷24《土司·附种人》,(清光绪)《永昌府志》卷57《群蛮志·种人》,(清光绪)《腾越厅志》卷15《诸夷志·种人》,(清光绪)刘慰三《滇南志略》卷2《楚雄府·姚州》、卷4《东川府·巧家厅》，（清）《古今图书集成·方舆汇编·职方典》卷1511《永昌府瑶僮峒蛮考·种人》、卷1519《云南土司部汇考五》，（清宣统）李根源著、（民国）李根沄录《滇西兵要界务图注》卷2《乙线》，（民国）尹明德《滇缅北段界务调查报告》，（民国）尹明德等《云南北界勘查记》卷3；世系家谱收录景颇族山官李氏祖茔及其墓碑（1830年）和《盏西景颇族李氏、阎氏家谱》；综合史料附录收录：（清光绪）姚文栋《云南勘界筹边记》上下卷、（民国）《腾冲县志稿》卷23《第十五·种人·野人》、（民国）尹梓鉴《野人山调察记》、（民国）李学诗《滇边野人风土记》等。①

另有石木苗搜集整理的《德宏景颇族民间故事》，收集景颇族生活故事、爱情故事、神话传说故事等134首。② 此类成果还有雷正明搜集整理的《景颇族民间故事集》（载瓦文）、何木介搜集整理的《景颇族民间故事集》、童荣云收集整理的《景颇族民间故事》，以及金志强主编的《景颇族祝词》，闵建岚、荣腊科编的《景颇族董萨颂词》，朵示拥汤、排永明编的《景颇族史传经典古歌》等。

## 2.图书

景颇族图书调查以检索国家图书馆、民族图书馆、社科院图书馆、CALIS、云南省图书馆等5家单位藏书目录的方式进行。检索以"景颇族"为检索词，按主题方式检索，核减各单位藏书目录中的重复和错误记录后，截至2020年10月12日，各单位收藏景颇族相关图书情况如下：国家图书馆326种，其中汉文图书187种、景颇文图书92种、载瓦文图书20种、傈僳文图书8种、傣文图书7种、德宏傣文图书5种、彝文及其他文种图书7种；民族图书馆60种；社科院图书馆128种，其中汉文图书125种、景颇文图书3种；CALIS 104种；云南省图书馆432种。又以"景颇"为检索词，按题名方式检索，核减重复和错误记录后，截至2020年10月

---

① 古永继编.云南15种特有民族古代史料汇编[M].昆明：云南大学出版社，2016：103-175.

② 石木苗搜集整理.德宏景颇族民间故事[M].昆明：云南民族出版社，2005.

12日，各单位收藏景颇族相关图书情况如下：国家图书馆225种，其中汉文图书145种，景颇文图书65种，载瓦文图书13种，德宏傣文、傈僳文图书各1种；民族图书馆85种；社科院图书馆105种，其中汉文图书83种、含景颇文图书22种；CALIS 180种；云南省图书馆282种。据云南省图书馆书目检索系统统计，编著景颇族相关图书数量较多的作者是：全国人民代表大会民族委员会办公室编7种，云南省民族学会景颇族研究委员会、德宏傣族景颇族自治州文化局、德宏州民族宗教事务局各编6种，祁德川著6种。根据《中国图书馆分类法》，云南省图书馆藏景颇族相关图书数量较多的为K类102种、I类55种、H类38种。从出版时间上看，2019年6种、2018年10种、2017年9种。

上述单位共藏题名含"景颇"的图书385种，其中景颇文图书108种、载瓦文图书16种。被上述单位同时收藏的图书有16种：（1）《德宏傣族景颇族自治州概况》，属国家民委《民族问题五种丛书》之《中国少数民族自治地方概况丛书》，有德宏民族出版社1986年12月出版，民族出版社2008年6月修订版；以及全国人民代表大会民族委员会办公室于1957年、1963年编印的《云南省德宏傣族景颇族自治州社会概况》。（2）《景颇族简史》，属国家民委《民族问题五种丛书》之《中国少数民族简史丛书》，云南人民出版社1983年10月出版。景颇族史志方面，上述五馆还同时藏有云南民族出版社2000年出版的《德宏傣族景颇族自治州人民代表大会志：1950.4—1998.3》、2005年出版的《德宏傣族景颇族自治州政协志》，以及中国文史出版社2010年出版的《景颇族百年实录》、云南人民出版社2010年出版的《当代云南景颇族简史》。（3）《景颇族语言简志（景颇语）》《景颇族语言简志（载瓦语）》均属国家民委《民族问题五种丛书》之《中国少数民族语言简志丛书》，均由民族出版社出版。其中，《景颇族语言简志（景颇语）》由刘璐编著，1984年6月出版；《景颇族语言简志（载瓦语）》由徐悉艰、徐桂珍编著，1984年10月出版。在景颇族语言研究方面，上述五馆还同时藏有：中国科学院少数民族语言研究所编的《景颇语语法纲要》，戴庆厦、徐悉艰著《景颇语语法》，戴庆夏主编的《云南德宏州景颇族语言使用现状及其演变》。（4）龚庆进著《景颇族》，属《民族知识丛书》之一，民族出版社1988年7月出版。（5）《景颇族文化大观》，属《云南民族文化大观丛书》之一，由赵学先、岳坚主编，云南民族出版社1999年9月出版。

### 3. 期刊论文

#### 3.1 NSSD

以"景颇族"为检索关键字，检索NSSD 1920—2020年的论文，截至2020年10月13日，共检出论文427篇。论文数量居前3位的研究领域是经济管理126篇、社会学95篇、文化科学69篇。从作者的工作单位上看，发文数量居前的是云南大学、云南民族大学各17篇并居首位，其次有西南政法大学14篇，云南师范大学、中央民族大学各8篇。发表景颇族相关论文数量居前的学者是：赵天宝14篇为最多，傅金芝、杨东萱各3篇并列第二，其后有任旭林、冯丽艳、刘悦、李根蟠、戴庆厦等各2篇。刊发景颇族相关论文数量居前3位的期刊为《云南民族大学学报（哲学社会科学版）》28篇，《思想战线》《民族艺术研究》各21篇。又以"景颇族"为检索词、"题名"为检索入口重新检索，检出论文264篇。

#### 3.2 中国知网

以"景颇族"为检索词、"主题"为检索入口，按"精确"方式检索知网学术期刊库，截至2020年10月13日，共检出论文753篇。又以"景颇"为检索词、"篇名"为检索入口，在上述检索结果中检索，共检出论文543篇，其中被引用过的有360篇。被引次数居前的是：李明等7人的《云南景颇族的体质特征》被引41次，甘开鹏的《论非物质文化遗产的知识产权保护——以景颇族目瑙纵歌为例》、祁德川的《景颇族董萨文化研究》、金安鲁等5人的《云南省少数民族肤纹研究——Ⅰ.景颇族496例肤纹正常值测定》被引22次。

#### 3.3 复印报刊资料

以"景颇族"为检索词、"主题词"为检索入口，检索复印报刊资料全文数据库，截至2020年10月13日，共检出1995—2020年的论文4篇。又以"景颇"为检索词、"标题"为检索入口进行检索，检出论文9篇，其中《复印报刊资料：语言文字学》8篇，《复印报刊资料：民族研究》1篇。

《复印报刊资料：语言文字学》的8篇论文中，戴庆夏的独著论文有6篇：1998年01期的《景颇语词的双音节化对语法的影响》、1999年02期的《景颇语的结构助词"的"》、2000年04期的《论景颇语在藏缅语中的地位》、2000年09期的《景颇语重叠式的特点及其成因》、2010年05期的《景颇语词汇化分析》、2019年08期的《语言转型与词类变化：以景颇语句尾词衰变趋势为例》；戴庆夏的合著论文有1篇，即2016年07期与彭茹合著的《景颇语的基数词——兼与汉语等亲属语言比较》。另外1篇为2009年09期顾阳的《langai、mi与景颇语数名结构再析》。《复印报刊资料：民族研究》的论文为1997年08期胡阳全的《近年国内景颇族研究综述》。

### 4. 学位论文

#### 4.1 CALIS

以"景颇"为检索词检索CALIS学位论文系统，截至2020年10月14日，共检出学位论文107篇，其中硕士论文77篇、博士论文30篇，全部为汉文文献。检出的论文完成于1990—2013年间，其中1990年3篇为最早，2013年5篇为最新，以2007年的17篇为最多。检出论文中，题名含"景颇"的有13篇，其中硕士论文11篇、博士论文2篇。硕士论文中，云南大学为学位授予单位的有5篇，即2002年李怀宇的《景颇族传统教育研究》、2006年云南大学宋萍的《旅游开发中云南少数民族文化的传承与保护研究——以德宏州景颇族为例》、2010年康豪的《中缅边境地区景颇/克钦族社会经济发展研究》、2012年赵兴国的《当代景颇族利益表达研究》、2013年叶洁的《云南德宏州芒海镇景颇族牛的环境人类学研究》；中央民族大学为学位授予单位的有2篇，即2006年傅果生的《失"神"的社区及其重建之道——瑞丽市帮养村景颇族毒品和艾滋病危害的成因及其对策》、2007年闫萌萌的《景颇族长刀舞教材研究》；云南师范大学为学位授予单位的有2篇，即2006年宋梅的《景颇语与英语的语音比较》、2007年尤廷兰的《景颇族家庭教育现状研究》；北京大学为学位授予单位的有1篇，即2004年张文义的《循环的婚姻——中国云南盈江县金竹寨景颇人的亲属制度》；云南艺术学院为学位授予单位的有1篇，即2012年丘明秀的《云南德宏景颇族特色食品包装设计研究》。2篇博士论文的学位授予单位均是云南大学，分别是2005年陆云的《景颇族社会文化变迁与现代发展研究》、2010年杨慧芳的《冲撞与演进：中国景颇社会百年探究》。

### 4.2 NSTL

以"景颇族"为检索词检索"NSTL学位论文数据库"，截至2020年10月14日，共检出学位论文117篇，其中硕士论文90篇、博士论文25篇、博士后论文2篇，全部为汉文印本资源，114篇收藏在中国科学技术信息研究所、2篇收藏在中国医科院医学信息研究所、1篇收藏在中国科学院文献情报中心。学位授予单位来自35所高校及科研单位，其中云南大学45篇居首，中央民族大学21篇居其次，云南师范大学、云南艺术学院、云南财经大学、西南大学各3篇并列第三。检出论文中，题名含"景颇"的有46篇，其中博士论文9篇、硕士论文37篇。

对比在CALIS的检索结果，新检出题名含"景颇"的博士论文7篇。其中云南大学为学位授予单位的有3篇，即2007年潘骏玲的《调适与变迁——景颇族的"丈人种–姑爷种制度"》、2010年李胜利的《云南省德宏傣族景颇族自治州民族法制建设研究》、2011年余翠娥的《公共事务的合作共治——德宏傣族景颇族自治州艾滋问题治理模式研究》；中央民族大学为学位授予单位的有2篇，即2009年普永贵的《民族自治地方政府合作研究——以德宏傣族景颇族自治州为例》、2011年董强的《改革开放以来德宏傣族景颇族自治州跨界民族关系研究》；西南政法大学为学位授予单位的有1篇，即2009年赵天宝的《景颇族纠纷解决机制研究》；中国科学院昆明植物研究所为学位授予单位的有1篇，即2006年胡华斌的《云南德宏景颇族传统生态知识的民族植物学研究》。

### 4.3 参考咨询联盟

以"景颇"为检索词、"全部字段"为检索入口，通过"精确"方式检索"参考咨询联盟"的学位论文，截至2020年10月14日，共检出281篇，其中硕士论文226篇、博士论文55篇。论文数量居前3位的学位授予单位是云南大学（67篇）、云南师范大学（36篇）、中央民族大学（34篇）。

又以"景颇"为检索词、"标题"为检索入口，通过"精确"方式检索，共检出学位论文109篇，其中硕士论文94篇、博士论文15篇。论文数量居前3位的学位授予单位是云南大学（34篇）、云南师范大学（15篇）、云南艺术学院（13篇）。对比在CALIS、NSTL的检索结果，新检出标题含"景颇"的博士论文6篇。其中，中央民族大学为学位授予单位的有4篇，即1996年吴和得的《景颇语量词的词源研究》、1998年董艳的《景颇族双语教育的现状、历史与前景》、1999年王洪梅的《汉语—景颇语感叹句对比研究》、2015年覃明的《文化安全视域下跨界民族语言教育战略研究——以云南省德宏州景颇族为个案》；云南大学为学位授予单位的有2篇，即2015年李怀宇《町村景颇人的空间观探析》、2017年罗瑛的《景颇族视觉艺术与族群认同》。

### 4.4 国家图书馆

以"景颇"为检索词、"标题"为检索入口，通过高级检索方式"精确"检索"国图博士论文库"，截至2020年10月14日，检出景颇族相关博士学位论文6篇，已先后在CALIS、NSTL和"全国图书馆参考咨询联盟"中检出。

### 4.5 中国知网

以"景颇族"为检索词、"主题"为检索入口，按"精确"方式检索"知网学位论文库"，截至2020年10月14日，共检出学位论文89篇，其中硕士论文81篇、博士论文8篇。又以"景颇"为检索词、"题名"为检索入口，按"精确"方式重新检索，检出论文79篇，其中硕士论文72篇、博士论文7篇。检出论义的总参考数是4183、总被引数是293、总下载数是30407，篇均参考数是52.95、篇均被引数是3.71、篇均下载数是384.9、下载被引比为0.01。[①] 其中，被引次数居前3位的是：董强的《改革开放以来德宏傣族景颇族自治州跨界民族关系研究》被引22次，吕隽的《德宏傣族景颇族自治州跨境民族教育研究》被引16次，张洁的《德宏边境地区景颇族学生学业成就的现实困境及对策研究》被引14次。

---

① 计量可视化分析—已选文献—中国知网[EB/OL].[2020-10-14].https://kns.cnki.net/KVisual/ArticleAnalysis/index?t=1605195287648。

## 5. 会议论文

### 5.1 NSTL

以"景颇族"为检索词检索"NSTL会议论文数据库",截至2020年10月15日,共检出会议论文43篇,全部为汉文印本资源,均收藏在中国科学技术信息研究所。检出论文收录于39种会议录中,其中《中国少数民族音乐学会第十二届年会论文集》收录3篇,《2011年体育非物质文化遗产学术大会论文集》《云南财经大学国土资源与持续发展研究所成立十周年纪念暨2014中国土地开发整治与建设用地上山学术研讨会论文集》各收录2篇,《第十二次全国民族地区图书馆学术研讨会论文集》等36种会议录各收录1篇。其中,《第十二次全国民族地区图书馆学术研讨会论文集》收录的《德宏傣族景颇族自治州公共图书馆在保护开发利用边疆少数民族文化遗产中发展》认为:边疆民族地区图书馆要加强对语言和文字的保护,收藏民族文字的书刊和各种印刷品,保存和收集民族音乐以及有研究价值的各种用品和文物;收集保存民族文化资源要符合专业特点,保证资源的系统性和尽可能的完整性,建立完善科学的评价体系;要培养少数民族图书馆专业人才,加强资源的研究利用工作。[①]

### 5.2 参考咨询联盟

以"景颇"为检索词、"全部字段"为检索入口,检索"参考咨询联盟"中的会议论文,截至2020年10月15日,共检出论文160篇。又以"景颇"为检索词、"标题"为检索入口再次检索,检出论文62篇。其中有3种会议录各收2篇标题含"景颇"的论文,即《中国土地开发整治与建设用地上山研究》收邬志龙等的《西南边疆山区州级土地整治规划生态环境影响评价指标体系探讨:以云南省德宏傣族景颇族自治州为例》、贺一梅等的《我国西南边疆山区州级上轮土地开发整理规划实施评价:以云南省德宏傣族景颇族自治州为例》,《第38届国际汉藏语会议》收张麟声的《从日语的角度看景颇语(Kachin)的话题助词》、吴瑾玮的《景颇语中重叠

---

① 张云.德宏傣族景颇族自治州公共图书馆在保护开发利用边疆少数民族文化遗产中发展[C].//中国图书馆学会.第十二次全国民族地区图书馆学术研讨会论文集,2012:203-208

词音韵及构词互动分析》,《中国少数民族音乐学会第十二届年会论文集》收王馥艳的《结合地方素材搞活音乐教学：因地制宜把景颇民族音乐引入德宏音乐教学初探》、杨锦和等的《谈谈傣族景颇族民族音乐风格》。

**5.3 中国知网**

以"景颇族"为检索词、"主题"为检索入口，检索"知网会议论文库"，截至2020年10月15日，共检出会议论文35篇，其中题名含"景颇"的有28篇。28篇论文中，贺一梅等的《我国西南边疆山区州级上轮土地开发整理规划实施评价——以云南省德宏傣族景颇族自治州为例》、肖家成的《景颇族的亲属称谓与婚姻制度》被引3次，桑耀华的《景颇族山官问题初论》、龚佩华的《景颇族的山官和山官制度》、周长军等的《初二民族学生数学学习交流状况研究——对云南德宏傣族景颇族自治州潞西市三所初中的调研》被引2次，马居里的《广山景颇族基督教信仰的传播与发展》、马志萍的《挣扎与突破——纠结在传统文化与现代文化中的景颇族传统舞蹈》、贺一梅等的《我国西南边疆山区州（市）级土地整治重点区域研究——以云南省德宏傣族景颇族自治州为例》被引1次。

## 6. 报纸文献

以"景颇族"为检索词，检索"中华数字书苑"报纸新闻，截至2020年10月16日，共检出新闻1151条，其中标题含"景颇族"的新闻仅4条。检出的1151条新闻出自142种报纸，其中报道数量居前3位的报纸是《云南日报》579条、《中国民族报》49条、《春城晚报》45条。《云南日报》的579篇报道大多为德宏傣族景颇自治州经济社会发展方面的信息，重点整理出2条信息：（1）2019年1月31日，德宏州芒市机场开通首条国际航线"芒市—曼德勒—芒市"。[①]10月27日，芒市机场的第二条国际航线——芒市直飞仰光航线正式开通。[②]（2）德宏州生产总值从1952年的2653万元增至2018年的381.06亿元，增长1400多倍。财政总收

---

① 胡晓蓉.德宏芒市机场开通首条国际航线[N].云南日报，2019-02-02（08）.
② 李沛昀，管毓树.芒市开通至仰光航线[N].云南日报，2019-10-28（06）.

入由1952年的13万元增至2018年的64.57亿元，增长49668.2倍。全州工业总产值从1952年的1万元增至2018年的175.1亿元，农林牧渔业总产值从1952年的3080万元增至2018年的133.32亿元。贫困发生率从2014年的16.05%下降至2018年末的1.65%。2018年，德宏州与76个国家和地区建立贸易往来，口岸"四项指标"综合排名云南省第一，居全国前列。对外贸易进出口总额从1952年200万元增至2018年110.92亿美元，居云南省第2位，占全省对缅贸易额的70%左右，占中缅贸易额的30%左右。[①]

以"景颇族"为检索词、"主题"为检索入口，检索"知网报纸全文数据库"，截至2020年10月16日，共检出景颇族相关文献275篇。其中，报道数量居前3位的报纸是《云南日报》37篇、《中国民族报》22篇、《云南经济日报》10篇。检出文献中有学术性文献22篇，其中11篇为《云南省德宏傣族景颇族自治州自治条例》等德宏州制定的法律法规、德宏州人大会议公告及州人大常委会任免名单。另外11篇学术性文献中，《云南：更好的日子在后头》介绍了云南省扶持独龙、德昂、基诺、怒、阿昌、普米、布朗和景颇等8个人口较少民族脱贫的主要做法。[②]《梅干——保卫和建设边疆的民兵英雄》介绍了景颇族抗日英雄梅干的事迹。[③] 其他9篇文献为：吴光范的《高黎贡山与景颇族的渊源》，祁德川的《景颇族源与流》，王德华的《抢救傣族景颇族医药刻不容缓》，杨文江的《把民族优秀文化作为载体——德宏州培育践行社会主义核心价值观的探索与实践（二）》，赵科的《核心自我评价与生活满意度影响学生学业成就》，杨新旗的《云南边疆民族地区的"直接过渡"》，杨邵灵的《先行先试 奋力推进德宏沿边金融改革》，申晚香的《权力脱缰 人生脱轨》，蒋颖的《社会进步促片马茶山人多语和谐发展》。

---

[①] 李悦春.辉煌七十年成就展西双版纳大理德宏丽江专场分别在昆举办[N].云南日报，2019-11-15（04）.

[②] 云南：更好的日子在后头[N].中国民族报，2019-07-26（007）.

[③] 瑞丽市史志办.梅干——保卫和建设边疆的民兵英雄[N].德宏团结报，2019-07-08（001）.

## 7.标准

以"景颇"为检索词检索"全国标准信息公共服务平台",截至2020年6月1日,共检出景颇族相关标准1项,即云南省地方标准《DB53/T 780.1-2016 景颇族服饰 第1部分:陇川区域》。该标准为现行标准,国际标准分类号(ICS)61.040、中国标准分类号(CCS)Y75,主管部门为云南省质量技术监督局,于2016年9月10日发布,自2016年12月1日起实施。

# 第五章　中南东南地区人口较少民族文献信息资源建设

## 第一节　高山族文献信息资源建设

高山族是中国28个人口较少民族之一，主要居住在中国台湾，在中国其他省区市也有分布。由于语言、风俗习惯及传统的社会组织结构不同，高山族内部又分为阿美人、排湾人、泰雅人、赛夏人、布农人、邹（曹）人、雅美人、鲁凯人、卑南人、邵人、平埔人等。他们有自己的语言，无本民族的文字。高山族的语言属于南岛语系印度尼西亚语族，各族群之间的语言差别比较大，共同特点是都属于多音节的无声调的胶着语。[①]

### 1.古籍

高山族历史悠久，传统文化丰富多彩，但因其无本民族文字，相关古籍只能从其他民族文字记载的文献中挖掘。调查中未发现专就高山族古籍进行全面系统整理研究的著述，吴永章著《中国南方民族史志要籍题解》是调查发现的收录高山族相关史籍数量最多的一部。该书收录的高山族相关古籍文献主要有：（1）《临海水土异物志》一卷，吴沈莹撰，最早著录于《隐书·经籍志》，其后《旧唐书·经籍志》与《新唐书·艺文志》亦

---

① 《中国少数民族》修订编辑委员会.中国少数民族[M].北京：民族出版社，2009：866.

有记载，宋以后已佚，《说郛》《台州丛书后集》等丛书中收有辑本。书中记述了夷州民（今台湾高山族先民）的社会组织、经济、婚姻、习俗等，是第一部比较系统地记述台湾高山族的历史文献，是研究高山族与古越族的历史、文化的必读参考材料。①（2）明陈第撰《东番记》，收入沈有容《闽海赠言》中，是有关台湾的第一篇游记，是记述台湾的最为确实的早期地理文献，也是研究明代高山族的极为重要的参考著作。全文1400余字，主要记述台湾西南部高山族的分布、番社组织、历法、结绳、耕种、饮宴、装饰、屋室、婚姻、丧葬、忌讳、器物、食物、家畜、动物、狩猎、山居历史、贸易及作者评论。②（3）周婴《东番记》，收入其著作《远游篇》中，有明末刊本。周婴《东番记》的内容主要为三部分：一记"古裸国"即"东番"的地理位置及主要地名，二记高山族先民状况，三记"泉、漳间民"与世居居民之间的关系。吴永章先生指出，该书内容虽多袭自陈第《东番记》、张燮《东西洋考》，但仍有相异之处，可与陈第《东番记》参照阅读。③（4）《东西洋考》十二卷，明张燮撰，收入《惜阴轩丛书》《丛书集成初编》等丛书中。该书成于万历四十五年（1617年），是一部关于明代中西交通的重要著作。其卷五《东洋列国考》篇，附《鸡笼淡水》条，记"东番"的地理位置、社、性格、发饰与服饰、断齿文身、婚姻、丧葬、耕种、战斗、居住、会议、宴会、武器、狩猎、与内地往来、形胜、物产、交易、倭犯诸内容。对研究明代高山族社会，颇富史料价值。④（5）《台湾纪略》一卷，清林谦光撰，收入《说铃》《龙威秘书》《小方壶斋舆地丛钞》《丛书集成初编》诸丛书中。该篇为康熙二十二年（1683年）评定郑克塽以后所作。全文约4500字，分31条目，其中包括地理位置、历史、建置、山水、城镇、户口、钱粮、文教、兵员、气候、民族、禽兽、花果、海产、矿、盐诸内容。对"番"人的家族、服饰、婚姻、生死、居住、饮食、行走、社会经济与组织均作了概括的记载，对

---

① 吴永章.中国南方民族史志要籍题解[M].北京：民族出版社，1991：14-15.
② 吴永章.中国南方民族史志要籍题解[M].北京：民族出版社，1991：90-92.
③ 吴永章.中国南方民族史志要籍题解[M].北京：民族出版社，1991：92.
④ 吴永章.中国南方民族史志要籍题解[M].北京：民族出版社，1991：111-112.

研究清代高山族历史和早期发展阶段的人类历史均有参考价值。①（6）《采硫日记》，分上、中、下三卷，清郁永和撰，收入《粤雅堂丛书》《丛书集成初编》本。郁永和所著《采硫日记》《番境补遗》《海上纪略》均是研究台湾史志的有价值的资料。《采硫日记》为作者于清初赴台湾采办硫黄时所记，又名《神海记游》，或名《渡海舆记》，是有关台湾的最重要的行役记，也是继明陈第《东番记》之后，记述台湾高山族社会和习俗的又一部极有价值的著作。该书采用日记形式，由康熙三十六年（1697年）正月二十四日起，断续记录至十月十二日止。记录高山族的番社名称、位置、体貌、语言、居室、饮食、赋徭、经济生活、土官、文教、装饰、文身、婚姻等。卷下则集中详细记述了"野番"与"平地土番"情况。该书除反映清初台湾高山族的社会面貌外，还记述了族源传说。②（7）《番境补遗》一卷，清郁永和撰，收入《舟车所至》《小方壶斋舆地丛钞》等丛书中。全文约1900字，共13条。除记"番"人外，主要记"番境物产"，为银、硫、蛇、鹿、熊、山猪、乌木紫檀花梨铁栗诸木等。所记"番"人主要为"水沙廉番"与"斗尾龙岸蒂"。③（8）《台海使槎录》八卷，清黄叔璥撰，有乾隆年间刻本，收入《畿辅丛书》《丛书集成初编》本。康熙六十一年（1722年），始设巡视台湾御史，黄叔敬即任是职。该书成书于雍正二年（1724年），对台湾作了全面叙述，内容详细而丰富，其中材料为世人大量征引。该书与《采硫日记》同是研究清初台湾高山族的重要著作，记述了高山族居室、渔、猎、农业及手工业、日常器用、贸易、阶级状况等社会经济生活，高山族的各种家族形态，土官制和劳役制。④（9）《番社采风图考》一卷，清六十七撰，有乾隆十一年（1746年）刻本，收入《艺海珠尘》《昭代丛书》《小方壶斋舆地丛钞》《丛书集成初编》本。该篇是清代继《采硫日记》《台海使槎录》之后，记述台湾高山族的一部比较为世人所重的著作。它虽篇幅不长，但较全面和简明扼要地介绍了乾隆初年"番社"的政治、社会、经济、教育、婚姻、风土人情情况，特别

---

① 吴永章.中国南方民族史志要籍题解[M].北京：民族出版社，1991：143-144.
② 吴永章.中国南方民族史志要籍题解[M].北京：民族出版社，1991：156-158.
③ 吴永章.中国南方民族史志要籍题解[M].北京：民族出版社，1991：159-160.
④ 吴永章.中国南方民族史志要籍题解[M].北京：民族出版社，1991：166-168.

是着重描写了"番社"的经济生活,且内容多出自作者亲历。①(10)《东槎纪略》五卷,清姚莹撰,收入《中复堂全集》《申报馆丛书续集》。姚莹,出宰福建,嗣任职于台湾县,道光元年(1821年)署噶玛兰厅通判。该书是研究台湾地方史与民族史的重要参考著作,共分26目,其中埔里社纪略、噶玛兰原始、噶玛兰入籍、西势二十社、东势十六社诸目与台湾世居民族关系极为密切。这些篇目记述了当地番社的位置、社数、人数,开社经过,设官治理前后变化,以及番社的社会情况。②(11)《蠡测汇钞》,清邓传安撰,收入《豫章丛书》《丛书集成初编》等中。该书是作者台湾北路为官期间,四处走访,视察山川形势,考察民风土俗,后参考文献记载而成。所汇内容中,《台湾番社纪略》《水沙连纪程》《番俗近古说》《平傀儡山贼党记后叙》等均与台湾"番"族有关,颇具史料价值。③(12)《台湾番社考》一卷,清邝其照撰,收入《小方壶斋舆地丛钞》本。该篇首记"生番"人数在台地所占比重及其分布地;次分叙两种"生番",一为"平埔生番",另一为"岩穴生番";然后详记彰化境中偏西九社的经济生活、装饰、居住、饮食、婚姻、丧葬、交易、输饷等情况。该篇的特点是不笼统地叙述整个台湾番社,而是按其不同地区、不同历史发展状况,加以区别地叙述。对研究清代高山族,具有史料参考价值。④

此外,国家图书馆藏有《台湾地理全图》一幅,卷轴装,图幅纵42厘米、横438厘米,图中方位上东下西,遵循"陆在上,海在下"的原则。该图全称为《福建台湾地理全图》,清代乾隆年间绘制,为中国传统山水画法绘制的形象地图。该图所绘范围北起台湾岛北端的鸡笼山和鸡笼城(今基隆市),南至台湾岛南端的沙马矶头山(今恒春半岛南端),东抵阿里山等山川,西达澎湖列岛。该图为现存较早的手绘台湾地图,是研究台湾历史、地理、交通、民族以及中国地图学发展史的珍贵史料。此外,吴肃民著《中国少数民族古籍概论》指出,高山族古籍文献还包括歌谣、

---

① 吴永章.中国南方民族史志要籍题解[M].北京:民族出版社,1991:188-189.
② 吴永章.中国南方民族史志要籍题解[M].北京:民族出版社,1991:232-233.
③ 吴永章.中国南方民族史志要籍题解[M].北京:民族出版社,1991:234-235.
④ 吴永章.中国南方民族史志要籍题解[M].北京:民族出版社,1991:263-264.

神话、传说以及故事等①，并进行了简要的举例介绍。

## 2.图书

高山族图书调查以检索国家图书馆、民族图书馆、社科院图书馆、CALIS、河南省图书馆等5家单位藏书目录的方式进行。检索以"高山族"为检索词，分别按题名、主题两种方式检索，核减各单位藏书目录中的少量重复记录后，截至2020年6月16日，各单位收藏高山族相关图书情况如下：按题名检索，国家图书馆54种、民族图书馆29种、社科院图书馆32种、CALIS 56种、河南省图书馆63种；按主题检索，国家图书馆789种、民族图书馆24种、社科院图书馆104种、CALIS 15种、河南省图书馆6种。5家单位共藏题名含"高山族"的图书74种，其中河南省图书馆的藏量居首。在以主题方式检索时，检出国家图书馆藏789种，其原因是国家图书馆设有台港澳文献阅览室，该阅览室收藏了与高山族及台湾世居居民相关的图书629种。调查发现有19种图书同时被上述单位收藏：陈国强、田富达合著《高山族》，陈国强编《高山族神话传说》，陈国强、林嘉煌合著《高山族文化》，田富达、陈国强合著《高山族民俗》，《高山族简史》编写组编写的《高山族简史》及其修订本，中国科学院民族研究所福建少数民族社会历史调查组编写的《高山族简史简志合编（初稿）》，中央民族学院少数民族语言文学三系高山族语言文学教研室编写的《高山族语言文学》，何汝芬等编著的《高山族语言简志：阿眉斯语》，陈康、马荣生编著的《高山族语言简志：排湾语》，许良国、曾思奇编著的《高山族风俗志》，叶兴建编著的《台湾高山族》，吴文明主编的《台湾高山族与祖国之渊源》，洪永固编写的《台湾高山族民歌》，陈炜萍收集整理的《台湾高山族传说与风情》，张崇根著《台湾历史与高山族文化》，洪永固整理的《台湾岛上的青年石像：高山族民间故事》，中央民族学院研究室编的《中国少数民族简况（征求意见稿）12.黎族、畲族、高山族、京族》，以及陈国强所著《郑成功与高山族》等。陈国强先生在高山族

---

① 吴肃民.中国少数民族古籍概论[M].天津：天津古籍出版社，1995：148.

方面的相关著述最多，有9部著作，其中独著4部、合著4部、编辑整理1部。

## 3.期刊论文

调研发现，国家图书馆建有《台湾原住民期刊论文资料库》，收录1895—1945年间台湾早期世居居民各族期刊共30种，包括《东京人类学会杂志》《南方土俗》《民俗台湾》等当时著名之期刊，其中包含了日治早期著名的鸟居龙藏、伊能嘉矩、森丑之助等知名日本学人之著作。

### 3.1 NSSD

以"高山族"为检索关键字，检索NSSD 1920—2020年的论文，截至2020年6月19日，共检出论文359篇。论文数量居前3位的研究领域是社会学129篇、历史地理113篇、经济管理86篇。从作者的工作单位上看，发文数量居前3位的是厦门大学10篇、中央民族大学9篇、中国社会科学院7篇。发表高山族相关论文数量居前的学者有邢植朝5篇、周文顺4篇、陈国强3篇。刊发高山族相关论文数量居前的期刊是《中央民族大学学报（哲学社会科学版）》30篇、《厦门大学学报（哲学社会科学版）》25篇、《民族研究》21篇。

又以"文献"为检索词，以"题名"为检索入口，在上述检索结果中进行二次检索，共检出2篇：一篇是《台湾版高山族文献资源建设与组织》论述了高山族概况、文献资源价值以及做好高山族文献资源建设和标引工作的策略和方法。[①] 另一篇是彭昕的《台湾高山族日据时期重要文献简述》。

### 3.2 中国知网

以"高山族"为检索词、"主题"为检索入口，检索知网学术期刊库，截至2020年6月19日，共检出论文738篇，其中2020年7篇：罗礼平等的《造物记忆与族群认同：闽台崇蛇习俗的内涵与演变探析》，董建辉等的《七脚川事件与台湾花莲地区高山族族群关系》，郑航等的《山地起源

---

① 崔明明.台湾版高山族文献资源建设与组织[J].图书馆学刊，2009，31（12）：85-87.

与自然意趣：台湾高山族休闲文化研究》，周丽艳的《浅谈高山族卑南族群服饰纹样与色彩的艺术表现》，温程的《再造新国民的尝试：台湾光复初期高山族治理政策探讨》，周丽艳的《非遗视角台湾高山族鲁凯族群的传统服饰探究》，洪锦城的《融为一体 亲如一家——一位高山族老台胞的大陆情结》。

又以"文献"为检索词、"篇名"为检索入口，在上述检索结果中进行二次检索，检出论文3篇，新检出《中国少数民族研究在日本——以建国前日本有关中国少数民族研究文献为中心》。该文分鸟居龙藏研究成果、有关各民族地区研究文献、有关各民族研究文献等三个部分，对中华人民共和国成立前半个多世纪以来日本有关中国少数民族研究文献进行评介。其中，在鸟居龙藏研究成果部分介绍了鸟居龙藏在中国台湾的调查情况及研究成果。① 由此进一步调查发现，崔莲还发表了《中国少数民族研究在日本——以1949—1979年文献为中心》。该文分综合性文献、有关各民族地区研究文献、有关各民族研究文献等三个部分，对中华人民共和国成立以来到1979年的30年间日本对中国少数民族研究情况作了简析，介绍了许多日本研究人员在中国台湾少数民族方面的研究成果。②

同样以"高山族"为检索词，检索万方数据期刊库，截至2020年6月19日，共检出论文498篇，其中2020年已发表4篇。2020年的4篇论文中有2篇已在中国知网收录，另外2篇即任京民的《〈差别化政策的理论与实践研究〉简介》和陈小贞的《游戏课程化背景下本土资源的挖掘与运用——以华安县第二实验幼儿园为例》。后者介绍了华安县第二实验幼儿园挖掘本土资源，将高山族体育、高山族民歌引入教学内容的成功经验。

### 3.3 复印报刊资料

以"高山族"为检索词、"主题词"为检索入口，检索复印报刊资料全文数据库，截至2020年6月19日，共检出1995—2020年的论文6篇。

---

① 崔莲.中国少数民族研究在日本——以建国前日本有关中国少数民族研究文献为中心[J].西南民族大学学报（人文社会科学版），2003（08）：29-38.

② 崔莲.中国少数民族研究在日本——以1949-1979年文献为中心[J].西南民族学院学报（人文社会科学版），2003（01）：29-38.

《复印报刊资料：民族研究》1995年01期收陈国强的《〈四库全书·史部〉关于台湾、高山族的记述》。《复印报刊资料：出版工作、图书评介》1995年04期收吴永章等的《〈台湾历史与高山族文化〉评介》，对张崇根所著《台湾历史与高山族文化》一书作了评介。《复印报刊资料：民族研究》2000年05期收李亦园的《台湾高山族研究回顾与前瞻》。该文描述了台湾高山族的分布与现状，并从学术和行政的意义上就民族群体的划分作了比较研究。其他3篇论文是：《复印报刊资料：造型艺术研究》1996年02期曾思奇的《高山族的雕绘艺术与原始崇拜》；《复印报刊资料：民族问题研究》2001年09期陈茗的《台湾高山族经济现状的分析》；《复印报刊资料：投资与证券》2011年05期严琼芳、洪洋的《国际碳基金：发展、演变与制约因素分析》，该文的第二作者洪洋是河南南阳高山族人。

### 4.学位论文

#### 4.1 CALIS

以"高山族"为检索词检索CALIS学位论文系统，截至2020年6月19日，共检出学位论文14篇，全部为汉文文献。经复核，实际检出高山族相关学位论文10篇，其中硕士论文8篇、博士论文2篇。硕士论文是：韩玉的《台湾土著民族族称及分类》、杨梅的《台湾阿美语ni—型动词的结构及语义特点分析》、张媛媛的《日据时期的日本音乐学家对台湾本岛高山族音乐的研究》、王樱的《东亚南部土著原始制陶的考古学分析》、任静义的《历史记忆与认同的构建——邓州"台湾村"的族群认同》、曹春楠的《海南黎族和台湾高山族服饰图案艺术比较研究》、陈甜甜的《黎族与高山族文身的比较研究》、李昕的《台湾原住民经济政策研究》。博士论文是：叶红旗的《台湾高山族乐器研究》、彭维斌的《中国东南民间信仰的土著性》。

#### 4.2 NSTL

以"高山族"为检索词检索"NSTL学位论文数据库"，截至2020年6月19日，共检出学位论文16篇，全部为汉文印本资源，均收藏在中国科学技术信息研究所。经复核，实际检出高山族相关学位论文13篇，其中硕士论文10篇、博士论文3篇。学位授予单位来自10所高校，以厦门大学3篇居首、海南师范大学2篇居次，其他8所高校各有1篇。

对比在CALIS的检索结果，NSTL实藏的13篇学位论文中有8篇同时被CALIS收藏。其余5篇中有博士论文1篇，即2007年周典恩的《清代台湾拓垦中的族群关系研究——以"番"汉互动为中心》；有硕士论文4篇：2013年王征的《民族识别与族群认同研究——河南邓州"台湾村"高山族调查》，2017年张璐的《鸟居龙藏在中国的人类学研究》、龚启月的《高山族神话歌剧〈日月潭传奇〉中锦娘唱段的风格特点和演唱分析》、李凌楠的《"傩舞拜社稷，杵乐祭丰年"——关乃忠民族管弦乐〈丰年祭〉创作研究》。

### 4.3 参考咨询联盟

以"高山族"为检索词、"全部字段"为检索入口，通过"精确"方式检索"参考咨询联盟"中的学位论文，截至2020年6月19日，共检出学位论文42篇。论文数量居前的学位授予单位是厦门大学3篇，福建师范大学、中南民族大学、海南师范大学和中国社会科学院各2篇。最新的学位论文是2018年的2篇硕士论文：罗玄极的《台湾高山族传统体育文化传承与发展研究》和杨柳的《台湾排湾语群原住民头饰研究》。检出论文中有13篇来自中国台湾地区的高校。早年的有1954年的《台湾高山族的人口变迁》、1969年的《泰雅族噶噶的研究》，其他11篇是《清代台湾中部屯区沿山地带开垦之研究》《从欧洲到台湾：道明会玫瑰省台湾传教研究》《清代康熙年间治台策研究》《台湾摇篮曲之研究》《台东县境内布农族部落颅骨学的研究》《清末横山地区的地缘社会》《台南乌山头遗址出土古代人类DNA序列分析》《实质平等之追求与困境：从两则判决来看原运后法制实践》《台湾地区鹿字地名文化研究》《钟肇政大河小说中的殖民地经验》《台南地区西拉雅族祀壶文化与其壶器》。

### 4.4 国家图书馆

以"高山族"为检索词、"标题"为检索入口，按"精确"方式检索"国图博士论文库"，截至2020年6月19日，检出高山族相关学位论文2篇：一篇是郗玲芝的《日据时期台湾高山族与汉族的互动（1895—1945）》，另一篇是2008年叶红旗的《台湾高山族乐器研究》。

### 4.5 中国知网

以"高山族"为检索词、"主题"为检索入口,按"精确"方式检索"知网学位论文库",截至2020年6月19日,共检出学位论文45篇,其中硕士论文34篇、博士论文11篇。最新的一篇论文是2019年刘秋梦的《台湾兰屿地区达悟族人形纹饰研究》。45篇论文中,题名含"高山族"的有8篇,其中6篇此前已检出,新检出的2篇是阮永明的《民间舞蹈类非物质文化遗产的濒危评价与保护性旅游利用研究——以闽台高山族拉手舞为例》、荣珏的《漳州华安高山族"杵舞"的舞蹈研究》,全部是福建师范大学的硕士论文。

## 5. 会议论文

### 5.1 NSTL

以"高山族"为检索词检索"NSTL会议论文数据库",截至2020年6月20日,共检出会议论文6篇,分别收录于6种会议录中,全部为汉文印本资源,均收藏在中国科学技术信息研究所。检出的论文是:岳森的《台湾高山族影像纪录和民族志电影》,陈秋隆的《中国台湾高山族番石榴心叶复方之研究成果》,邓月娥等的《独特的福建少数民族民间医药》,古小彬的《台湾客家古氏源流暨"根文化"成果概述》,宋国桢的《亦从"台湾的根在河南"谈起》,汤蕙华的《台湾当代药师佛信仰的现状与意义》。

### 5.2 参考咨询联盟

以"高山族"为检索词、"标题"为检索入口,检索"参考咨询联盟"中的会议论文,截至2020年6月20日,共检出论文16篇;又以"高山族"为检索词、"关键词"为检索入口,检出论文4篇。整合两次检索的结果,实际共检出高山族相关论文18篇。其中,陈国强的论文最多,独著有《高山族古代史的几个问题》《抗战胜利后台湾当局对高山族政策》《台湾高山族传统节日的特点》《台湾高山族的婚俗》《台湾建省初期刘铭传与高山族》等5篇,合著第一作者有《台湾高山族的崖葬》《清朝对高山族教化政策述评》等2篇。邢植朝的论文数量居其次,有独著《民族文化与情感的历史彩绘:对黎族与高山族文身艺术的探究》1篇,合著第一作者

《高山族和黎族的槟榔文化及人文价值》1篇。其他9篇论文是陈秋隆的《中国台湾高山族番石榴心叶复方之研究成果》、丁晔的《悲壮的雾社起义　不朽的英雄诗篇——记高山族人民最大的一次抗日斗争》、郭志超的《清代汉族与高山族的贸易关系》、黄行的《语言接触与语言区域性特征》、蓝万清的《台湾光复后当局对高山族的措施与政策》、蓝雪霏的《高山族歌舞艺术的变迁》、雷弯山的《牢牢把握主题　促进民族和谐》、肖林榕的《台湾高山族医药》、杨彦杰的《台湾高山族的酿酒与饮酒文化》。

### 5.3 中国知网

以"高山族"为检索词、"主题"为检索入口，检索"知网会议论文库"，截至2020年6月20日，共检出会议论文33篇，其中国际会议3篇、中国国内会议30篇。这33篇论文的总参考数是78、总被引数是7、总下载数是2446，篇均参考数是2.36、篇均被引数是0.21、篇均下载数是74.12、下载被引比是349.43。[①] 检出的论文中，下载次数最多的是王樱、吴春明2003年在《海峡两岸五缘关系学术研讨会论文集》发表的《海峡两岸蛇崇拜的民族考古观察》，目前已被下载290次，同时也是被引次数最多的一篇，已被引3次。被引1次的论文有第三届闽台文化学术研讨会论文集《闽台文化研究》收录的两篇文章：一篇是魏定榔的《陈第〈东番记〉评述》；另一篇是张品端的《台湾高山先住民源流考》。

## 6. 报纸文献

以"高山族"为检索词，通过登录国家图书馆读者门户检索"阿帕比报纸资源库"，截至最后更新日期，共检出标题含"高山族"的新闻29篇，内容含"高山族"的新闻1010篇，检出高山族相关图片27幅。经复核，标题含"高山族"的29篇新闻中有2篇不属于人口较少民族高山族的相关信息，其他27篇标题含"高山族"的新闻中，有16篇来自《闽南日报》，其中15篇与华安县高山族有关。根据检索结果，整理出5条信息：

---

① 计量可视化分析—已选文献—中国知网[EB/OL].[2020-06-20].https://kns.cnki.net/KVisual/ArticleAnalysis/index?t=1592703584112。

（1）乾隆五十五年（1790年），正值乾隆八旬盛典。高山族头目怀目怀等十二人前来为乾隆皇帝祝寿，并带来了樟脑、乌龙茶等贡品。乾隆命要官照料前来者，并要求怀目怀等人来承德避暑山庄。据乾隆五十五（1790年）年五月的宫廷奏折中记载："台湾高山族狮仔等社头目怀目怀等十二人，吁恳祝鳌，并带来了樟脑、乌龙茶等贡品……于四月九日自鹿耳门开船，由厦门登陆，二十八日抵省城"。①（2）1930年10月27日，台湾雾社爆发高山族同胞反抗日本侵略者的雾社起义，击毙击伤占领台湾的日本军队近千人，后被日本殖民政府残酷镇压，起义领导人及2000多名高山族同胞被杀害。②（3）2012年12月27日，福建省漳州市华安县仙都镇送坑村高山族特色村寨奠基，项目概算总投资2000万元，是全国高山族唯一试点项目。③（4）2013年6月18日，华安县高山族村——华丰镇大燕村文化活动中心完成主体工程建设。该项目作为福建省扶持人口较少民族高山族发展项目，被列入2012中央预算投资计划，总投资130万元，建筑面积640平方米，配套有医疗所、活动室、图书馆、书报阅览室等活动场所。④（5）2014年11月1—3日举行的福建省第八届少数民族传统体育运动会上，华安高山族代表队以《抛陀螺》和《竿球》两个传统体育项目分获表演项目金奖、银奖。⑤

以"高山族"为检索词、"主题"为检索入口，检索"知网报纸全文数据库"，截至2020年6月14日，共检出高山族相关文献88篇。检出文献出自27种报纸，其中刊文数量居前3位的是：《中国民族报》27篇，占30.68%；《闽南日报》13篇，占14.77%；《人民日报海外版》6篇，占6.82%。刊文数量居前3位的年度是：2003年13篇，2008年9篇，2006年、2009年各8篇。陈建樾的《海峡两岸的台湾原住民研究的历史与现状》被下载的次数最多，达92次。古燕昕的《高山族传统服饰》被引次数最多，被引2次。

---

① 乾隆曾在避暑山庄接见高山族头目[N].承德日报，2013-08-26（A05）.
② 高山族同胞起义[N].青岛早报，2007-10-21（21）.
③ 黄阿彬，蒋燕松.全国高山族唯一特色村寨奠基[N].闽南日报，2012-12-28（11）.
④ 陈仕禄.大兴高山族村落文化建设[N].闽南日报，2013-06-21（3）.
⑤ 陈佳平，黄阿彬.高山族代表队在省民运会上摘金夺银[N].闽南日报，2014-11-07（8）.

## 第二节　京族文献信息资源建设

京族主要分布在广西壮族自治区东兴市江平镇。山心、巫头、氿尾三个海岛上，语言系属未定。绝大部分人通用汉语、汉字，并在汉字的基础上创造并使用过喃字。

### 1.古籍

京族历史悠久，民族文化资源丰富，凡是历史上用喃字或汉字抄写的民间宗教经书、民歌手抄本、谱牒、碑刻、文书，以及京族民间口头传承的神话、传说、故事、歌谣等，均属京族古籍的范畴。①

《中国少数民族古籍总目提要·京族卷》收录京族古籍条目191条，其中书籍类60条、铭刻类5条、文书类12条、讲唱类114条。书籍类收录京族传统叙事长歌唱本《宋珍歌》《金云翘传》2种、京族民间宗教经书58种。收录的民间宗教经书包括刻本1册、印本2册、抄本55册。其中，喃字刻本1册、抄本10册，喃字、汉文合璧抄本7册，喃字、汉文混合抄本3册，汉文抄本35册、印本2册。铭刻类收清代钟铭1件、石碑2通，收录民国初年的乡规民约碑、功德碑各1通。文书类收清代契约文书8纸、民国契约文书4纸。

京族古籍整理研究方面的成果还有：《京族喃字史歌集》分为三部分，包括京族史歌8篇、京族哈节唱词40篇、京族传统叙事歌8篇，均用喃字记载。②《京族喃字民歌集（一）》收京族喃字民歌近百首，均为民间原创作品，分为劳动歌、情歌、贺婚歌、友谊歌、感恩歌、散歌等几个部

---

① 国家民族事务委员会全国少数民族古籍整理研究室.中国少数民族古籍总目提要·毛南族卷、京族卷[M].北京：中国大百科全书出版社，2009：144.
② 陈增瑜.京族喃字史歌集[M].北京：民族出版社，2007.

分。①《京族社会历史铭刻文书文献汇编》收集和翻译了京族历史上用喃字和汉字抄写的碑刻、文书、文献，内容反映了京族历史文化、经济状况和社会生产、生活状况等。②此外，吴肃民在其《中国少数民族古籍概论》中对京族古籍也作简介。

### 2.图书

京族图书调查以检索国家图书馆、民族图书馆、社科院图书馆、CALIS、广西壮族自治区图书馆、防城港市图书馆等6家单位藏书目录的方式进行。检索以"京族"为检索词，分别按题名、主题两种方式检索，核减各单位藏书目录中的少量重复记录后，截至2020年6月12日，各单位收藏京族相关图书情况如下：按题名检索，国家图书馆62种、民族图书馆27种、社科院图书馆30种、CALIS 62种、广西壮族自治区图书馆52种、防城港市图书馆15种；按主题检索，国家图书馆55种、民族图书馆26种、社科院图书馆45种、CALIS 90种、广西壮族自治区图书馆51种、防城港市图书馆20种。6家单位共藏题名含"京族"的图书81种，国家图书馆、CALIS、广西壮族自治区图书馆的藏量居前。题名含"京族"的图书中，有4种图书被上述单位同时收藏：民族出版社2008年出版的《京族简史》（修订本）、2009年出版的《广西京族社会历史调查》（修订本），社会科学文献出版社2014年出版的《京族人的族群认同与国家认同》，广西民族出版社2018年出版的《京族喃字史歌集》。

### 3.期刊论文

#### 3.1 NSSD

以"京族"为检索关键字，检索NSSD 1920—2020年的论文，截至2020年6月9日，共检出论文324篇。论文数量居前3位的研究领域是文

---

① 沈燕琼，陈增瑜.京族喃字民歌集（一）[M].南宁：广西民族出版社，2018.
② 京族字喃文化传承研究中心.京族社会历史铭刻文书文献汇编[M].南宁：广西人民出版社，2014.

化科学106篇、经济管理80篇、社会学66篇；从作者的工作单位上看，发文数量居前3位的是广西师范大学、广西民族大学各23篇，中央民族大学11篇。发表京族相关论文数量居前3位的学者是吕俊彪8篇、王小龙6篇、陈时见4篇。刊发京族相关论文数量居前3位的期刊是《歌海》31篇，《钦州学院学报》26篇，《广西民族研究》24篇。

在上述检索结果中，检出题名含"文献"的论文3篇：廖鑫欣的《中国京族研究文献综述》、张灿等的《中越边境线上的京色音声——广西京族音乐文化研究的中文文献综述》、阮苏兰的《越南京族庙会民间演唱活动研究——基于汉喃文献资料考察》。

### 3.2 中国知网

以"京族"为检索词、"主题"为检索入口，检索知网学术期刊库，截至2020年6月9日，共检出论文854篇，其中2020年已发表6篇：刘成的《京族与海》、曹富强的《京族翁村制民间纠纷调解职能的变迁和现代价值——以广西壮族自治区WW村为例》、李丽凤的《基于京族特色广西金滩景观吸引力提升探析》、韦庆炳的《越南国家音乐学院独弦琴教学之启示》、杨熊炎的《京族海洋文化元素转译研究》、刘文荣的《古今同名乐器考（十五）——独弦琴》。

### 3.3 复印报刊资料

以"京族"为检索词、"主题词"为检索入口，检索复印报刊资料全文数据库，截至2020年6月9日，共检出1995—2020年的论文7篇。其中，《复印报刊资料：民族问题研究》收3篇：2007年09期李澜的《人口较少民族经济发展模式转型研究——以广西壮族自治区京族经济发展模式为例》，2009年05期杨军的《京族经济发展模式变迁及启示》，2013年06期杜树海的《人口较少民族生产方式转型的模式研究——以环北部湾广西京族为例》。《复印报刊资料：民族研究》收2篇：1995年08期杨一江的《京族宗法制存在形态初探》，1996年05期陈时见的《中国京族古代的教育活动论略》。另外两篇是《复印报刊资料：经济史》2001年01期吴小凤（京族）的《唐代商品经济与征榷》，《复印报刊资料：中国现代、当代文学研究》2016年05期黄玲的《中越跨境民族京族的迁徙史歌与家园意识》。

## 4.学位论文

### 4.1 CALIS

以"京族"为检索词检索CALIS学位论文系统，截至2020年6月6日，共检出学位论文52篇，全部为汉文文献，其中硕士论文38篇，占73.08%，博士论文14篇，占26.92%。根据CALIS的学术统计，在学位论文的学科分布上，论文数量居前的学科是：法学占19.40%，教育学占8.96%，民族学、政治学各占5.97%。2013年的论文最新，有4篇；2010年数量最多，有10篇；1994年最早，有1篇。1994年的论文是广西医科大学杨坚德的硕士论文《广西京族人红细胞PGM、EsD、GLO及血清HP的遗传多态性》。2010年的10篇学位论文中有博士论文2篇，分别是黄爱莲的《北部湾区域旅游合作创新研究》和潘武俊英的《越语参考语法》，学位授予单位都是中央民族大学。

### 4.2 NSTL

以"京族"为检索词检索"NSTL学位论文数据库"，截至2020年6月6日，共检出学位论文68篇，其中硕士论文49篇、博士论文19篇，全部为汉文印本资源，67篇收藏在中国科学技术信息研究所、1篇收藏在中国科学院文献情报中心。学位授予单位来自27所高校，论文数量居前的是中山大学、广西医科大学、广西大学、广西师范大学，各8篇。校址在广西的高校有8所，占27所高校的29.63%，具体是：广西医科大学（8篇）、广西大学（8篇）、广西师范大学（8篇）、广西中医药大学（1篇）、广西师范学院（今南宁师范大学，1篇）、广西民族学院（今广西民族大学，1篇）、桂林医学院（1篇）、桂林理工大学（1篇），论文合计29篇，占学位论文总数的42.65%，反映出广西高校在京族相关研究领域的优势。

NSTL中的学位论文较CALIS有明显更新，目前已收至2018年（2篇），且在2017年（9篇）、2016年（8篇）、2015年（1篇）、2014年（4篇）均有收录，2013年（7篇）也比CALIS多3篇。相较CALIS，NSTL增加的2013年学位论文是：何芳东的硕士论文《广西东兴市京族海洋文化研究》、武洪述的博士论文《中越京族符咒文化比较研究》，以及（越）阮玉协（NGUYEN NGOC HIEP）的博士论文《越南阵朝禅宗三书研究——

以文献、文字、词汇为中心》。NSTL中的2018年度学位论文是两篇硕士论文，一篇是广西大学骆洋的《海洋文化视角下的京族民间文学研究》，另一篇是广西医科大学高辉的《广西京族与汉族人群VLDLR rs3780181 SNP与血脂水平的关系》。

### 4.3 参考咨询联盟

以"京族"为检索词、"全部字段"为检索入口，检索"参考咨询联盟"的学位论文，截至2020年6月6日，共检出学位论文151篇，其中硕士论文127篇、博士论文24篇。论文数量居前的学位授予单位是广西民族大学26篇，广西师范大学22篇，广西大学、广西医科大学各12篇。论文数量居前3位的年度是2017年（22篇）、2013年（17篇）、2012年（17篇）。参考咨询联盟中的学位论文已收至2019年，且全部是硕士论文，即广西民族大学李佳慧的《京族哈节节日文化传播研究》、龚彦阳的《北仑河口京族世居地红树林生态变迁与保护探析》，南宁师范大学黄景懋的《"推普脱贫"背景下广西东兴边境居民语言使用情况调查研究》、杨润春的《全域旅游视阈下广西民族节庆旅游发展研究》，云南师范大学邹会敏的《广西南部地区京族传统体育的传承与发展研究》、张烨的《越南中南部明乡人的演变研究》，以及广西医科大学陈兴才的《广西少数民族中老年人骨质疏松性少肌性肥胖与高血压的关联性研究》、桂林理工大学黄碧宁的《广西跨境民族文化旅游合作的驱动机制及对策研究》、西南大学杨卉霖的《广西"京族三岛"地区基础教育价值取向"偏离"现象研究》。

### 4.4 中国知网

以"京族"为检索词、"主题"为检索入口，检索"知网学位论文库"，截至2020年6月6日，共检出学位论文180篇，包括硕士论文159篇、博士论文21篇，其中2019年度有10篇，均为硕士论文。对比在CALIS、NSTL、"参考咨询联盟"和"国图博士论文库"的检索结果，新检出2019年的论文3篇：卢意的《海岸带农户生态环境认知与土地利用适应行为研究——以江平镇4个典型村为例》、刘兰的《"美好生活"视域下民族文化教育的反思与改进》、麦西的《乡村振兴视域下的生态博物馆建设——以广西民族生态博物馆为例》。

## 5. 会议论文

### 5.1 NSTL

以"京族"为检索词检索"NSTL会议论文数据库",截至2020年6月7日,共检出会议论文23篇,全部为汉文印本资源,收录于15种会议录中。其中,《中国少数民族音乐学会第十二届年会论文集》收录的京族相关论文数量最多,有6篇,其次是《2013中国-东盟文化论坛论文集》收3篇,《第五届国际双语学研讨会论文集》收2篇,位列第三位,其他12种会议录各收1篇。论文数量居前3位的会议均在广西南宁召开。从时间分布上看,最早的两篇论文分别是朱武的《关于在京族地区实施双语教育的设想》和韦茂繁的《京越双语教学刍议》,均收录于《第五届国际双语学研讨会论文集》,会议于2006年11月在广西南宁召开。最新的一篇论文是杨刚等的《我国南方少数民族鱼文化拾零》,收录于《中国水产学会渔文化分会第二届年会论文集》。

### 5.2 参考咨询联盟

以"京族"为检索词、"全部字段"为检索入口,检索"参考咨询联盟"中的会议论文,截至2020年6月7日,共检出论文44篇。其中最早的是潘安2000年在《国际人类学与民族学联合会(IUAES)2000年中期会议论文集》发表的《越南民族学家对高棉族人的研究》,作者潘安为越南越族民族学家。最新的一篇是《农村初中英语课堂教学有效性的探索》,收录于《教师教育论坛(第二辑)》。

### 5.3 中国知网

以"京族"为检索词、"主题"为检索入口,检索"知网会议论文库",截至2020年6月7日,共检出会议论文20篇,其中国际会议6篇、中国国内会议14篇。这20篇论文的总参考数是0、总被引数是7、总下载数是1934,篇均被引数是0.35、篇均下载数是96.7、下载被引比为276.29。[①]
其中,被下载次数最多的是蓝武芳的《北部湾海洋文化保护——以广西

---

① 计量可视化分析—已选文献—中国知网[EB/OL].[2020-06-07].https://kns.cnki.net/KVisual/ArticleAnalysis/index?t=1591629298094。

京族为例》，收录于《中国海洋学会2007年学术年会论文集》，目前已被下载344次。被引次数最多的是袁少芬的《民族文化的保护开发与经济互动——来自京岛的报告》，收录于《民族文化与全球化学术研讨会论文集》，目前已被引2次。最早发表的是刘翠兰的《发展边境民族教育提高边境民族文化素质——关于广西防城港市文化教育情况的调查》，2001年收录于《第十次全国民族理论专题学术讨论会论文集》。

### 6.报纸文献

以"京族"为检索词，通过登录国家图书馆读者门户检索"阿帕比报纸资源库"，截至最后更新日期，共检出新闻1056条，检出标题含"京族"的新闻41条、内容含"京族"的新闻1056条、京族相关图片91幅。经复核，标题含"京族"的新闻中有2条为无效数据：一篇是《衡阳日报》2011年12月28日的报道《衡阳校园何时更多些"追京族"？》，主要介绍京剧进校园活动的开展情况；另一篇是《金陵晚报》2013年06月24日的报道《梦回大明　天龙屯堡的"南京族"》，主要介绍南京旅游线路。

以"京族"为检索词、"主题"为检索入口，检索"知网报纸全文数据库"，截至2020年6月4日，共检出29种报纸刊发的京族相关文献163篇。其中，刊文数量居前3位的是：《广西日报》44篇，占26.99%；《中国民族报》23篇，占14.11%；《中国文化报》13篇，占7.98%。刊文数量居前3位的年度是：2019年、2011年各15篇，2013年14篇。张敏等的《广西东兴边境旅游发展中的京族文化保护传承与社区旅游治理》被下载的次数最多，达225次。陈锋的《兴边富民背景下中越跨境民族农民政治认同研究——基于对广西海村京族的调研与思考》被引次数最多，被引3次。该文在深入广西京族三岛开展田野调查的基础上，介绍了广西海村京族农民的政治认同行为，以及在兴边富民政策下京族农民政治认同的不断强化，同时对进一步增强广西海村京族农民政治认同的路径提出了建议。①

---

① 陈锋.兴边富民背景下中越跨境民族农民政治认同研究[N].中国民族报，2015-7-10(8).

## 7.标准

以"京族"为检索词检索"全国标准信息公共服务平台",截至2020年6月1日,共检出京族相关标准1项,即广西壮族自治区地方标准《DB45/T 1923-2018 京族服饰》。该标准为现行标准,国际标准分类号(ICS)61.020、中国标准分类号(CCS)Y76,由广西壮族自治区标准技术研究院提出,广西壮族自治区民族事务委员会归口,广西壮族自治区市场监督管理局于2018年12月20日发布,自2018年12月31日起实施。广西壮族自治区标准技术研究院、广西民族博物馆、东兴市市场监督管理局、广西纺织工业学校、内蒙古自治区标准化院为标准的起草单位;周志权、王全永、黄世棉等19人为标准的主要起草人。

《京族服饰》标准以传统服饰款式为主,对京族服饰进行如实记录,对服饰的特征元素进行固化,确保服饰的整体风貌得以传承,从而有效保护和传承京族服饰文化,推动当地京族服饰文化产业发展。该标准规定了京族服饰的术语和定义、造型、号型规格、服饰款式(包括帽子及头饰、长衫、上衣、裤子、鞋等)[1],并配以服饰效果图、服饰裁剪图例、服饰实物图共计24幅,适用于京族服饰的制作和推广。

---

[1] 广西壮族自治区民族事物委员会:京族服饰DB45/T 1923-2018[S]广西壮族自治区市场监督管理局,2018.

## 第三节　毛南族文献信息资源建设

毛南族的称谓有其长期的演变过程。从宋代开始，汉文史籍中已有称为"茅滩""茆滩""茅难""冒南"的记载，清乾隆以后，碑文中出现"毛难""毛南"之名。1956年7月，经民族识别，正式确定毛南族为单一民族，称为"毛难族"。1986年6月，经国务院批准，改称"毛南族"。① 毛南族有本民族的语言，毛南语属汉藏语系壮侗语族侗水语支，无方言、土语之分。毛南族无本民族的文字，历史上曾创造过以汉字为基础，拼写记录毛南语的"土俗字"。广西壮族自治区河池市环江毛南族自治县是中国唯一的毛南族自治县。贵州省黔南布依族苗族自治州平塘县卡蒲毛南族乡是中国唯一的毛南族乡。

### 1.古籍

毛南族古籍是毛南族传统文化的重要组成部分。凡是用"土俗字"及汉文书写的，反映毛南族历史上的物质活动和精神活动内容的手抄本、文献、挂图、谱牒、碑刻、文书、楹联，以及毛南族民间通过口头传承的史诗、神话、传说及较具特色的传统古歌谣等，均属毛南族古籍的范畴。②

《中国少数民族古籍总目提要·毛南族卷》收录毛南族古籍条目321条，其中书籍类75条、铭刻类28条、文书类2条、讲唱类216条。书籍类收毛南族民间歌书7种、医药书3种、契约书1种、宗教经书64种。歌书中收有现存最早的毛南族民间山歌抄本，为清光绪三十一年（1905年）抄本，用毛南族土俗字记录了毛南族情歌中的"比严"（热恋歌）1卷、20叶，佚名撰，绵纸，册页装，楷体，墨书，有蓝色布质护封，2009年

---

① 《中国少数民族》修订编辑委员会.中国少数民族[M].北京：民族出版社，2009：797.
② 国家民族事务委员会全国少数民族古籍整理研究室.中国少数民族古籍总目提要·毛南族卷、京族卷[M].北京：中国大百科全书出版社，2009：13.

6月列入《第二批国家珍贵古籍名录》①。医药书中年代最早的是《医方摘要·内外科备要全集》，不分卷，1册，74页，清末民初谭云锦②（1854—1921）撰，现存民国十二年（1923年）谭乾体重抄本。所收契约书为《毛南族民间契约书》，不分卷，1册，34页，佚名撰，收入广西壮族自治区环江毛南族自治县下南乡谭姓家族自清代中后期至民国时期的各种契约31份。③

铭刻类收摩崖石刻1处、告示碑1通、族谱碑2通、功德碑6通、村规民约碑2通、土地山林判决文书碑1通、木匾2件、墓碑9通，均用汉字记录；另有棋盘碑4通，均无字，只刻有棋盘。所收摩崖石刻即《沙世坚招抚茆难莫文察碑》，刻在今广西壮族自治区河池市宜州区南郊南山寺双门洞摩崖上，宋绍熙四年（1193年）佚名撰文，郭衍书写，为宋广西路总管兼宜阳郡（今宜州）守尉沙世坚招抚茆难（今毛南族）首领莫文察的记事碑。所收告示碑即《世代粮规碑》，明神宗万历十四年（1586年）佚名撰文，佚名抄刻，碑文记述明代皇朝县衙向农民摊派征粮的细则规定，反映了明代毛南地区的粮赋制度。木匾即《"妙手婆心"匾》和《"世袭云骑尉"匾》。其中，《"妙手婆心"匾》由清光绪二年（1876年）广西庆远协右管二司把总李某撰文，佚名抄刻，赞颂广西环江毛南族民间医师谭清修老人的医德医术；《"世袭云骑尉"匾》，清佚名撰文、抄刻，表彰毛南人谭寿仪（又写作谭受益）英勇作战的精神。④文书类收清代契约文书、缴税凭证各1纸。

## 2.图书

毛南族图书调查以检索国家图书馆、民族图书馆、社科院图书馆、

---

① 《第二批国家珍贵古籍名录》将其列为古壮字写本古籍。
② 谭云锦（1854—1921），思恩县（今广西壮族自治区环江毛南族自治县）下南乡波川村人，清末民初毛南族著名民间医生。
③ 国家民族事务委员会全国少数民族古籍整理研究室.中国少数民族古籍总目提要·毛南族卷、京族卷[M].北京：中国大百科全书出版社，2009：28-29.
④ 国家民族事务委员会全国少数民族古籍整理研究室.中国少数民族古籍总目提要·毛南族卷、京族卷[M].北京：中国大百科全书出版社，2009：45-51.

CALIS、广西壮族自治区图书馆、贵州省图书馆等6家单位藏书目录的方式进行。检索以"毛南"为检索词，分别按题名、主题两种方式检索，核减各单位藏书目录中的少量重复记录后，截至2020年6月16日，各单位收藏毛南族相关图书情况如下：按题名检索，国家图书馆89种、民族图书馆36种、社科院图书馆42种、CALIS 45种、广西壮族自治区图书馆76种、贵州省图书馆28种；按主题检索，国家图书馆86种、民族图书馆34种、社科院图书馆38种、CALIS 53种、广西壮族自治区图书馆67种、贵州省图书馆24种。上述单位共藏题名含"毛南"的图书137种，其中国家图书馆、广西壮族自治区图书馆的藏书量居前。

调查发现有3种题名含"毛南"的图书被上述单位同时收藏：莫家仁的《毛南族》、蒙国荣等的《毛南族风俗志》，以及中国大百科全书出版社2009年出版的《中国少数民族古籍总目提要·毛南族卷、京族卷》。除CALIS外，其他5家图书馆还同时收藏了2种图书：一是民族出版社2009年出版的《广西仫佬族毛南族社会历史调查》（修订本）；二是《汉族题材少数民族叙事诗译注·壮族、仫佬族、毛南族卷》，收录汉族题材毛南族民间长诗《龙女与汉鹏》一首，共76行，与壮族长诗《龙女与汉鹏》内容基本相同，但稍短。《龙女与汉鹏》最早的故事原型出自东晋陶潜撰《搜神后记》中的《白水素女》，是一篇螺精助人的故事。[1]

调查发现毛南族相关文献收集整理方面的著作一部，即《中国毛南族研究文献题录》。该书属《中国民族研究文献题录集成》丛书之一，收录了2014年12月前公开发表、出版或内部印刷的有关毛南族及其自治地方研究的中文文献，分为书籍、期刊论文、学位论文、报纸文章、析出文献、会议论文六大类别。[2]其中，书籍题录95条、期刊论文题录925条、学位论文题录70条、报纸文章题录138条、析出文献题录292条、会议论文题录33条。

---

[1] 蓝柯.汉族题材少数民族叙事诗译注 壮族、仫佬族、毛南族卷[M].北京：民族出版社，2011：77，467.

[2] 冯涛.中国毛南族研究文献题录[M].武汉：华中科技大学出版社，2015.

## 3.期刊论文

### 3.1 NSSD

以"毛南"为检索关键字，检索NSSD 1920—2020年的论文，截至2020年6月15日，共检出论文280篇。论文数量居前3位的研究领域是经济管理82篇、社会学65篇、文化科学64篇。从作者的工作单位上看，发文数量居前3位的是黔南民族师范学院25篇，广西民族大学10篇，河池学院8篇。发表毛南族相关论文数量居前的学者有孟学华13篇，刘世彬5篇，刘雪珍4篇。刊发毛南族相关论文数量居前的期刊是《黔南民族师范学院学报》29篇、《贵州民族研究》23篇、《广西民族研究》20篇。又以"文献"为检索词、"题名"为检索入口，在上述检索结果中再次检索，共检出1篇，即邱翠云的《毛南族研究文献计量分析（1985—2014）》。

### 3.2 中国知网

以"毛南"为检索词、"主题"为检索入口，检索知网学术期刊库，截至2020年6月15日，共检出论文842篇。其中，2020年已发表17篇，内容涉及毛南族聚居地区脱贫攻坚的6篇，毛南族音乐2篇、传统体育3篇、传统手工艺3篇、文学创作1篇，遗传学论文1篇，以及研究当代中国少数民族国家认同状况的论文1篇，即《梳理与检视：当代中国少数民族国家认同状况评估——基于文献检索、个案分析与实证调研的非介入性分析》。又以"文献"为检索词、"篇名"为检索入口，在上述检索结果中二次检索，对比在NSSD中检索结果，新检出龙国庆的《变迁与重构："佯僙人"的民族识别与族群认同——以官方档案、民间文献为中心》、邱翠云的《广西少数民族文献信息资源整合建设构想》2篇论文。后者阐述了广西少数民族文献信息资源整合建设的意义、现状，提出了整合策略：成立组织机构，明确整合建设目标；多渠道获取资金支持，统一建设标准；分工合作，构建整合模式；建立统一检索服务平台等。[①]

---

① 邱翠云.广西少数民族文献信息资源整合建设构想[J].图书馆学刊，2015, 37（06）: 42–45.

### 3.3 复印报刊资料

以"毛南"为检索词、"主题词"为检索入口，检索复印报刊资料全文数据库，截至2020年6月15日，共检出1995—2020年的论文13篇。其中，《复印报刊资料：语言文字学》收9篇：张景霓、李胜兰的《下南乡毛南族稳定使用毛南语的成因探析》，张景霓的《毛南语个体量词的语义语法特征分析》，韦名应的《毛南语{H1AA903.JPG}声母与声调》，陆天桥的《毛南语的类别名词》，田洋、赵姣的《毛南语送气音声母产生发展的原因》，刘婷婷、周旭东、李筠的《毛南语声母与普通话声母的比较研究》，周旭东的《毛南语、汉语述补结构比较研究》《贵州毛南语汉语四音格词语音结构类型比较研究》，银云忠的《毛南语词末鼻音和塞音与英语相关语音的对比分析》。周旭东有3篇论文被收录，其中独著2篇、合著1篇；张景霓有2篇论文被收录，独著、合著各1篇。此外，《复印报刊资料：教育学》收陈时见等的《壮、京、毛南、仫佬族教育：发展、问题与展望》，《复印报刊资料：民族研究》收石毅刚的《平塘县卡蒲毛南民族乡教育发展的思考》，《复印报刊资料：舞台艺术（戏曲、戏剧）》收谭为宜的《毛南傩戏的戏剧艺术探微》。

## 4.学位论文

### 4.1 CALIS

以"毛南族"为检索词检索CALIS学位论文系统，截至2020年6月18日，共检出学位论文84篇，全部为汉文文献，其中硕士论文56篇、博士论文28篇。经复核，其中27篇与毛南族无关，CALIS实藏毛南族相关硕士论文43篇、博士论文14篇，实藏合计57篇。系统中最新的毛南族相关学位论文是2013年的4篇论文，其中博士论文1篇，即吕瑞荣的《神人和融的仪式——毛南族肥套研究》。其他3篇为硕士论文：曹红玉的《广西环江县毛南族傩面具艺术研究》、杨帆帆的《侗台语被动标记研究》、林俊良的《广西古宾河都川段表层沉积物重金属污染评价》。

### 4.2 NSTL

以"毛南族"为检索词，检索"NSTL学位论文数据库"，截至2020

年6月18日，共检出学位论文62篇，其中硕士论文48篇、博士论文14篇，全部为汉文印本资源，均收藏在中国科学技术信息研究所。学位授予单位来自33所高校和中国科学院亚热带农业生态研究所，论文数量居前的是中央民族大学8篇，广西医科大学7篇，广西大学、广西师范大学各5篇。校址在广西的高校有7所，占34家单位的20.59%。这7所高校及论文数量情况是：广西医科大学（7篇）、广西大学（5篇）、广西师范大学（5篇）、广西师范学院（今南宁师范大学，2篇）、桂林理工大学（2篇）、广西民族学院（今广西民族大学，1篇）、桂林医学院（1篇），论文合计23篇，占学位论文总数的37.10%，反映了广西高校在毛南族相关研究领域的优势。

NSTL的学位论文较CALIS有明显更新，目前已收至2018年（4篇），且在2017年（4篇）、2016年（7篇）、2015年（5篇）均有收录，2013年（7篇）也比CALIS多3篇。NSTL比CALIS增加的3篇2013年的学位论文全是硕士论文，即刘琳的《毛南族民歌考译》、苏永的《基于GIS技术和USLE模型的环江县土壤侵蚀研究》、刘洋的《发酵酸肉中降胆固醇乳酸菌的筛选、鉴定及其降胆固醇机制的初步研究》。NSTL中的4篇2018年度学位论文是：《贫困地区农村妇女创业政策供给研究——以广西环江县为例》《广西毛南族、瑶族和苗族成年人骨密度现状及骨质疏松症危险因素的分析》《我国毛南族和汉族人群高血压患病率及其危险因素调查》等3篇硕士论文，以及博士论文《CMIP和HPR基因多态性与广西毛南族和汉族人群血脂水平及IgA肾病的相关研究》。

**4.3 参考咨询联盟**

以"毛南"为检索词、"全部字段"为检索入口，检索"参考咨询联盟"的学位论文，截至2020年6月18日，共检出37篇，其中硕士论文31篇、博士论文6篇。论文数量居前3位的学位授予单位是广西师范大学（10篇）、广西民族大学（5篇）、中央民族大学（3篇）。论文数量居前的年度是2016年（5篇），2003年、2019年（各4篇）。最早的一篇是1994年广西师范大学覃伟合的硕士论文《汉壮仫佬毛南族儿童道德判断发展水平的比较研究》。2019年的4篇学位论文均是硕士论文，即贵州医科大学张秀秀的《贵州17个世居少数民族及汉族21个Y-SNP遗传多态性研究》、南宁师范大学杨润春的《全域旅游视阈下广西民族节庆旅游发展研究》、广西民族大学汪美林的《语文核心素养下少数民族高中生作文教学研究——以广西M民族中学为例》和南宁师范大学韦文焕的《广西环江县毛南族分龙节研究》。

### 4.4 国家图书馆

以"毛南"为检索词、"标题"为检索入口，按"精确"方式检索"国图博士论文库"，截至2020年6月18日，检出毛南族相关博士论文1篇，即2006年中央民族大学张景霓的《毛南语动词研究》。

### 4.5 中国知网

以"毛南"为检索词、"主题"为检索入口，检索"知网学位论文库"，截至2020年6月18日，共检出学位论文96篇，包括硕士论文81篇、博士论文15篇，其中2019年度有硕士论文9篇、博士论文2篇。经复核，去除与毛南族不相关的《水语鼻音声母研究》1篇，以及在"参考咨询联盟"中已检出的3篇（《语文核心素养下少数民族高中生作文教学研究——以广西M民族中学为例》在知网中未收录）后，新检出2019年的学位论文7篇。其中，硕士论文5篇：广西师范大学李虹的《"乡村振兴战略"背景下乡村学校教育促进乡村文化发展研究》，湖南师范大学陈毅的《环江毛南族自治县农村居民点用地适宜性评价研究》，广西医科大学邱凌的《毛南族和汉族人群APOA1和CYP26A1单核苷酸多态性与血脂水平的关系》、沙瓦的《毛南族和汉族人群LIPC rs1532085 SNP与血脂水平的关系》和陈兴才的《广西少数民族中老年人骨质疏松性少肌性肥胖与高血压的关联性研究》。新检出2019年的博士论文2篇：广西医科大学杨朔的《几种基因多态性与血脂异常和缺血性心脑血管病的关联研究》、苗柳的《基因-环境交互及表观遗传作用对血脂异常及冠心病影响的相关研究》。新检出的7篇2019年度学位论文中，有5篇的学位授予单位是广西医科大学。

## 5. 会议论文

### 5.1 NSTL

以"毛南"为检索词检索"NSTL会议论文数据库"时，查准率极低，又分别以"毛南族""毛南语"为检索词进行检索。截至2020年6月19日，共检出会议论文17篇，收录于17种会议录中，全部为汉文印本资源，均收藏在中国科学技术信息研究所。在以"毛南族"为检索词时检出会议论文15篇，其中题名含"毛南"的论文有10篇：唐峥华等的《毛南族村民的心理特点》，杨娟的《毛南族干阑民居生态特点探究》，赵学森等的《我国毛南族传统体育人群生命质量的实证分析》，杨秀昭的《毛南族丧葬祭仪及其音乐探析》，甘品元的《婚姻行为：一个毛南族村寨的变化描述》，孟凡云的《谭三孝由汉族人士转变为毛南族始祖》，覃主元等的《毛南族花竹帽传统手工艺的保护与传承》，常译允的《常译允：广西毛南族肥套仪式的田野呈现与文化解读》，杨源的《同源异流 —— 文化交融中的毛南族织锦》，韦振甲的《环江毛南族自治县文物管理所民族文物界定、分类、定级现状调研报告》。以"毛南语"为检索词时检出会议论文2篇：一篇是张景霓的《毛南语动词的类型学分析 —— 兼与汉语比较》，另一篇是杨若晓等的《毛南语声调的实验研究》。

### 5.2 参考咨询联盟

以"毛南族"为检索词、"标题"为检索入口，检索"参考咨询联盟"中的会议论文，截至2020年6月19日，核减2013年的5条重复记录后，实际检出会议论文40篇。其中最早的是谭爱革2001年在《东亚民族造型文化：中韩民族造型文化国际学术研讨会论文集》发表的《毛南族服装服饰探析》。最新的是罗笑薇等9人2019年在《中国解剖学会2019年年会论文文摘汇编》发表的《广西苗族、毛南族成年女性体成分民族差异的探析》和《广西毛南族成人体成分与血清中尿素、尿酸和肌酐的关系》等2篇文章。

检出2013年的论文12篇，数量最多，虽有5条重复记录，但核减后仍然最多。2013年实有的7篇论文如下：《世界中医药学会联合会中医药传统知识保护研究专业委员会第一届学术年会暨中国中医科学院第二届中医药文化论坛论文集》收1篇，即洪利亚等8人的《广西毛南族药用植物传统知识调查》；《中国解剖学会2013年年会论文文摘汇编》收5篇，即邓琼英等7人的《仫佬族和毛南族成年女性的体成分、血脂和骨密度的差异》、蒋现永等6人的《广西毛南族绝经前和绝经后女性的体成分与骨密度的相关性研究》、伦军等8人的《广西毛南族3个X-STR基因座的遗传多态性及法医学应用研究》、邓琼英等6人的《毛南族绝经与未绝经女性的脂肪含量和血脂的差异及相关性研究》、黄昌盛等5人的《广西河池地区毛南族7—15岁正常儿童青少年跟骨超声骨密度及其影响因素》；《第三届中国技术史论坛论文集》收1篇，即覃主元、谭翠朴的《毛南族花竹帽传统手工艺的保护与传承》。

**5.3 中国知网**

以"毛南"为检索词、"主题"为检索入口，检索"知网会议论文库"，截至2020年6月19日，共检出会议论文32篇，其中国际会议11篇、中国国内会议21篇。这32篇论文的总参考数是68、总被引数是4、总下载数是2026，篇均参考数是2.12、篇均被引数是0.12、篇均下载数是63.31、下载被引比为506.5。[①] 其中，被下载次数最多的是卢万举等在《中国海洋学会2007年学术年会论文集》的《论环江毛南族傩文化及其传承与保护》，目前已被下载239次。同时，该文虽仅被引1次，但也是被引次数居首的一篇。被引1次的还有杨若晓等在《第九届全国人机语音通讯学术会议论文集》的《毛南语声调的实验研究》，洪利亚等8人在《世界中医药学会联合会中医药传统知识保护研究专业委员会第一届学术年会暨中国中医科学院第二届中医药文化论坛论文集》的《广西毛南族药用植物传统知识调查》，寸熙等3人在《第七届中国语音学学术会议暨语音学前沿问题国际论坛论文集》的《毛南语中的鼻音对立》。

---

① 计量可视化分析—已选文献—中国知网[EB/OL].[2020-06-19].https://kns.cnki.net/KVisual/ArticleAnalysis/index?t=1592556256626。

### 6.报纸文献

以"毛南"为检索词,通过登录国家图书馆读者门户检索"阿帕比报纸资源库",截至最后更新日期,共检出新闻4913条,检出标题含"毛南"的新闻114条,内容含"毛南"的新闻4900条。标题含"毛南"的新闻中,《河池日报》81条、《广西日报》20条,其余13条出自12种报纸。根据检索结果,整理出3条信息:(1)2013年9月26日,广西壮族自治区十二届人大常委会第六次会议决定:批准环江毛南族自治县七届人大三次会议修订的《环江毛南族自治县自治条例》,由环江毛南族自治县人大常委会公布施行。①(2)2011年8月11日,广西壮族自治区河池市召开《仫佬族百年实录》和《毛南族百年实录》编纂工作启动会议。②(3)2012年6月30日,环江毛南族自治县毛南族博物馆开馆。该馆总投资600多万元,占地800多平方米,建筑面积2000平方米,馆藏文物400余件,实物中以生产生活用具居多,傩戏、纺织染、铜鼓次之。③

以"毛南"为检索词、"主题"为检索入口,检索"知网报纸全文数据库",截至2020年6月15日,共检出24种报纸刊发的毛南族相关文献295篇。其中,刊发文献数量居前3位的是:《贵州民族报》51篇,占17.29%;《广西日报》30篇,占10.17%;《中国民族报》《法治快报》各29篇,各占9.83%。刊发文献数量居前3位的年度是:2020年84篇、2007年25篇、2017年21篇。2009年8月刘伟在《西部时报》发表的《广西毛南族两大"族宝"濒临失传》被下载的次数最多,达124次。2012年2月施晓亮等在《中国民族报》发表的《毛南族传统文化面临传承难题》被引次数最多,被引2次。

---

① 广西壮族自治区人民代表大会常务委员会关于批准《环江毛南族自治县自治条例》的决定[N].广西日报,2013-09-27(2).
② 仫佬族毛南族《百年实录》编纂工作启动[N].河池日报,2011-08-13(1).
③ 环江毛南族博物馆开馆[N].河池日报,2012-07-01(1).

## 第四节　仫佬族文献信息资源建设

仫佬之名，元代史籍已明确记载，称"穆佬""木娄苗""木娄"等。明、清以后，相继以"木老""木佬""姆佬"等名称见于史册。1956年，经民族识别，国务院正式确认为仫佬族。[①] 广西壮族自治区河池市罗城仫佬族自治县是中国唯一的仫佬族自治县，也是仫佬族的主要聚居地。聚居在罗城的仫佬人又多集中在东门、四把、桥头三镇，其次是黄金、小长安、天河、龙岸四镇。[②] 仫佬族有本民族的语言，但无文字，仫佬语属汉藏语系壮侗语族侗水语支。

### 1. 古籍

仫佬族历史悠久，民族文化资源丰富，凡是1949年以前用汉字及少量仫佬族土俗字抄写（刻）的民间宗教经书、民歌手抄本、谱牒、碑刻、文书，以及仫佬族民间口头传承的神话、传说、故事、歌谣等，均属仫佬族古籍的范畴。[③]

《中国少数民族古籍总目提要·仫佬族卷》收录仫佬族古籍条目829条，其中书籍类122条、铭刻类58条、文书类258条、讲唱类391条。书籍类收仫佬聚居地方志3种、族谱2册、民间歌书3册、契约书1册、礼簿2册、依饭祭祀记事本3册、依饭经书17册、民间算命用书1册、民间宗教经书87册、民间通书3册。所收仫佬族聚居地方志具体如下：（1）《天河县[④]志》，2卷，清道光六年（1826年）知县林光棣纂，记事始

---

[①] 《中国少数民族》修订编辑委员会.中国少数民族[M].北京：民族出版社，2009：781.
[②] 龙殿宝，黄桂秋，吴代群.仫佬族古歌[M].南宁：广西民族出版社，2007.
[③] 国家民族事务委员会全国少数民族古籍整理研究室.中国少数民族古籍总目提要·仫佬族卷[M].北京：中国大百科全书出版社，2009.
[④] 天河县于唐代设置，今为罗城仫佬族自治县地。

于唐代，止于清道光五年（1825年）；记载仫佬族地区沿革、民族、文化、人物、古迹等方面的资料，特别是在仫佬族社会经济、习俗等方面记载较详细。（2）《罗城县志》，4卷，清道光二十四年（1844年）李承恩、万文芳撰，记事始于秦汉，止于道光二十四年（1844年）；记载罗城县地方沿革、疆域、气候、民族、文化、人物、古迹等方面的资料，特别是仫佬族民情习俗、历史文化、社会经济等方面资料记载较详；现存清道光二十四年李承恩、万文芳写本，道林纸，线装，楷体，墨书，页面24cm×14cm，四周双栏，12行，每行24字，白口，有页码。（3）《天河县乡土志》，不分卷，1册，47页，清光绪三十二年（1906年）杨家珍纂；记载天河县政治、经济、文化、人物、风土人情等方面的资料。现存清光绪三十二年杨珍写本，白纸，线装，楷体，墨书，页面26cm×17cm，10行，每行22字，黑口，保存基本完好，现藏广西壮族自治区罗城仫佬族自治县档案馆。①

铭刻类收仫佬族族源碑2通、民事判决碑2通、契约碑2通、功德碑1通、乡规民约碑10通、摩崖石刻1处、告示碑1通、墓碑37通、牌匾2件。文书类收契税凭证28纸、纳地丁银执照92纸、纳兵粮执照102纸、卖地宅契约24纸、民国凭证12纸。所收文书大部分为清代文书，记录了清代仫佬族地区社会经济状况，对研究历史上仫佬地区社会、经济有参考价值。

仫佬族古籍整理研究方面的成果还有《仫佬族地区文书古籍影印校注》，收清代至民国时期广西罗城仫佬族自治县东门镇、龙岸镇、黄金镇等仫佬族地区的文书733件，均为汉文抄写或刻印，全面反映了清代以来广西仫佬族地区国家经济制度和社会变迁情况。②所收文书分为6大类：第一类收买卖契约98件，另有契尾和税契过户凭证25件；第二类收典当借贷契约17件，另有2件收赎的凭据；第三类收分关书11件；第四类收赋税文书467件；第五类收拨粮、领粮凭证102件；第六类收政府其他管

---

① 国家民族事务委员会全国少数民族古籍整理研究室.中国少数民族古籍总目提要·仫佬族卷[M].北京：中国大百科全书出版社，2009：1.
② 广西壮族自治区少数民族古籍工作办公室，广西少数民族古籍保护研究中心.仫佬族地区文书古籍影印校注[M].南宁：广西教育出版社，2016.

理凭证11件。《仫佬族古歌》共分八辑，整理收录仫佬族古歌268首，所收古歌一是来自仫佬族民间歌师世代传抄的歌书手抄本，二是来自仫佬族民间歌师歌手通过口碑世代传唱的传统古歌。①《罗城仫佬族自治县碑刻族谱辑录》主要收录了散落在罗城民间的碑刻和族谱，其中碑刻部分着重收录了具有重大历史意义的石刻、纪念碑和墓碑，族谱部分着重收录了银氏、潘氏、吴氏、谢氏等几大仫佬族姓氏的族谱。②

### 2.图书

仫佬族图书调查以检索国家图书馆、民族图书馆、社科院图书馆、CALIS、广西壮族自治区图书馆、贵州省图书馆等6家单位藏书目录的方式进行。检索以"仫佬"为检索词，分别按题名、主题两种方式检索，核减各单位藏书目录中的少量重复记录后，截至2020年6月20日，各单位收藏仫佬族相关图书情况如下：按题名检索，国家图书馆96种、民族图书馆44种、社科院图书馆47种、CALIS 89种、广西壮族自治区图书馆107种、贵州省图书馆33种；按主题检索，国家图书馆92种、民族图书馆34种、社科院图书馆47种、CALIS 52种、广西壮族自治区图书馆92种、贵州省图书馆22种。上述单位共藏题名含"仫佬"的仫佬族相关图书164种，广西壮族自治区图书馆藏量居首。

题名含"仫佬"的仫佬族相关图书中，上述单位同时收藏的有7种：《汉族题材少数民族叙事诗译注·壮族、仫佬族、毛南族卷》收录汉族题材仫佬族民间说唱系列长诗《朱买臣》一首。该诗主要在红水河流域的天峨、东兰、巴马、南丹、河池、宜州、环江等地流传。全诗33章，每章4句，共132行，分男女轮唱，大体分为"开台序歌""违命娶妻""嫌贫离弃""攻读获官""覆水难收"等五个部分。③《贵州仫佬族》共分仫

---

① 龙殿宝,黄桂秋,吴代群.仫佬族古歌[M].南宁：广西民族出版社,2007.
② 罗之勇,梅祖恺,银书豪.罗城仫佬族自治县碑刻族谱辑录[M].南宁：广西人民出版社,2016.
③ 蓝柯.汉族题材少数民族叙事诗译注·壮族、仫佬族、毛南族卷[M].北京：民族出版社,2011：440-441.

佬族史料、仫佬族文化、仫佬族语言、仫佬族人物、仫佬族民歌、文件和讲话、宣传报道等七章，其中文件和讲话部分详细收录了贵州省仫佬族人口识别、认定相关的文件等资料。① 其他还有广西民族出版社1983出版的《仫佬族简史》、民族出版社2008年出版的《仫佬族简史》（修订本），民族出版社2009年出版的《广西仫佬族社会历史调查》（修订本）、《广西仫佬族毛南族社会历史调查》（修订本）、《罗城仫佬族自治县概况》（修订本）。

### 3.期刊论文

#### 3.1 NSSD

以"仫佬"为检索关键字，检索NSSD 1920—2020年的论文，截至2020年6月21日，共检出论文345篇。论文数量居前3位的研究领域是文化科学99篇、经济管理68篇、艺术61篇。从作者的工作单位上看，发文数量居前3位的是河池学院43篇，广西师范大学、广西民族大学（含广西民族学院7篇）各13篇；这些高校的校址均在广西壮族自治区，与仫佬族的人口分布明显正相关。发表仫佬族相关论文数量居前3位的学者是罗之勇7篇，银云忠、刘雪珍各6篇。刊发仫佬族相关论文数量居前3位的期刊是《河池学院学报》44篇、《歌海》22篇、《广西民族研究》17篇。

又以"文献"为检索词、"题名"为检索入口，在上述检索结果中二次检索，共检出论文3篇：《古代文献中几个词的来源》指出，汉文记载的古籍文献中有许多非汉语词汇，并举例宋范成大《桂海虞衡志·志蛮》记载的广西邕州少数民族："酋豪或娶数妻，皆曰媚娘"，其中"媚娘"一词源于仫佬语。② 另外2篇分别是萧洪恩等的《探论仫佬族哲学思想的相关研究：基于中国知网主题文献的检讨》、林燕的《仫佬族研究（1980—2009）文献计量分析》。

---

① 罗世庆.贵州仫佬族[M].贵阳：贵州民族出版社，1997.
② 黄树先.古代文献中几个词的来源[J].古汉语研究，1995，（04）.

### 3.2 中国知网

以"仫佬"为检索词、"主题"为检索入口，按"精确"方式检索知网学术期刊库，截至2020年6月21日，共检出论文735篇。检出论文中，发表时间最早的是1980年的6篇论文：潘琦的《仫佬山歌》、郑国乔的《试论汉语对仫佬语的影响》、刃同的《喜看仫佬绘新图》、南风的《诗的画卷——介绍仫佬族诗人包玉堂》、王定辉的《广西罗城努力发展仫佬族地区经济建设》、河池地区第一人民医院的《仫佬族人血红蛋白病调查报告》。2013年、2014年发表的仫佬族相关论文数量最多，均有62篇，其后略有回落，从2015—2019年，每年有仫佬族相关论文约40篇发表。

又以"文献"为检索词、"篇名"为检索入口，在上述检索结果中二次检索，检出论文9篇，其中新检出的有6篇：《经济文书所见国家制度在边疆地区的推行——以罗城仫佬族地区文书为中心》，以广西罗城仫佬族自治县所发现的清代、民国时期经济文书尤其是赋税征收文书和契约为例，分析了其中反映的国家制度在地方推行的若干细节、影响和时代变化。[1]《仫佬族的歌体变革与文学自觉》，论证了仫佬族字句歌与宋词元曲的相似之处。[2]《仫佬族文献资源收集工作思考》，在调查河池市仫佬族文献资源收集情况的基础上，分析了制约仫佬族文献资源收集工作的原因，提出收集的策略和具体方法。[3]《河池少数民族文献信息资源共建共享困境与对策》，通过分析河池少数民族文献信息资源共建共享面临的困境和可行性，提出建立以高校图书馆为主体、地方图书馆参与，协同共建共享的少数民族文献信息资源中心工作模式等对策。[4]《网络环境下河池少数民族文献信息资源共建共享探析》，分析了河池少数民族文献信息资源建设的现状及存在问题，提出相应对策措施，探讨了网络环境下该地区少数

---

[1] 胡小安.经济文书所见国家制度在边疆地区的推行——以罗城仫佬族地区文书为中心[J].文山学院学报，2018，31（01）：29-35.

[2] 谢恩临，吴盛枝.仫佬族的歌体变革与文学自觉[J].广西民族研究，2016（04）：149-153.

[3] 邱翠云.仫佬族文献资源收集工作思考[J].兰台世界，2014（35）：39-40.

[4] 邱翠云.河池少数民族文献信息资源共建共享困境与对策[J].图书馆界，2013（04）：14-17.

民族文献信息资源共建共享的途径与方法。[①]《仫佬族民间文学作品中的仫佬族形象分析》提出仫佬族民间文学作品中的五种仫佬族形象：勇敢追求幸福的仫佬族形象、充满反抗精神的仫佬族形象、聪明机智的仫佬族形象、执着追求真挚爱情的仫佬族形象和注重伦理道德的仫佬族形象。[②]

### 3.3 复印报刊资料

以"仫佬"为检索词、"主题词"为检索入口，检索复印报刊资料全文数据库，截至2020年6月21日，共检出1995—2020年的论文4篇，经复核，去除3篇与仫佬族无关的论文，实际检出1篇：《复印报刊资料：语言文字学》2006年06期岳静的《黄金镇仫佬语中古精章组汉借词的读音》，原文发表在《民族语文》2006年第1期。

## 4.学位论文

### 4.1 CALIS

以"仫佬"为检索词检索CALIS学位论文系统，截至2020年6月22日，共检出学位论文70篇，其中硕士论文59篇、博士论文11篇，全部为汉文文献。博士论文中，以仫佬族为主要研究内容的有：银莎格的《银村仫佬语参考语法》、岳雪莲的《仫佬族流动人口与流出地社会变迁研究》、邓琼英的《广西仫佬族的体质人类学和群体遗传学研究》、岳静的《黄金镇仫佬语里汉语借词研究》；将仫佬族作为研究内容的一部分的有：黄兴球的《壮泰族群分化时间考》、朱国佳的《壮侗语族民族叙事长诗的生命意识及文化价值》、刘超的《15个STR基因座多态性及其在降解检材分型检验中的应用研究》；研究其他民族时与仫佬族进行比较研究的有：高欢的《广西融水诶话研究》、彭谊的《壮族花婆信仰研究》、王晓梅的《广西融水诶话声调形成的优选论分析》；涉及罗城仫佬族自治县的有：陶玉华的《广西罗城不同土地利用方式与林地碳储量的变化研究》。

---

① 黄鸿滨.网络环境下河池少数民族文献信息资源共建共享探析[J].农业网络信息，2014（09）：76-79.

② 阳崇波.仫佬族民间文学作品中的仫佬族形象分析[J].河池学院学报，2007（03）：91-94.

### 4.2 NSTL

以"仫佬"为检索词检索"NSTL学位论文数据库",截至2020年6月22日,共检出学位论文36篇,全部为汉文印本资源,均收藏在中国科学技术信息研究所,其中硕士论文29篇、博士论文7篇。学位授予单位来自16所高校,广西师范大学以8篇居首,中央民族大学以6篇居其次,广西医科大学、广西大学各4篇并列第三,南开大学3篇居第四位,其他11所高校各1篇。最新的一篇学位论文是《罗城土拐话、仫佬语、壮语的平行语法现象》,描写了罗城汉语土拐话、仫佬语、壮语在接触下导致的语法演变,主要挖掘土拐、仫佬、壮语因语言接触而形成共享的平行语法结构,并结合汉语方言、台语支、侗水语支的材料,对这些平行语法结构做了语言接触方面的研究。①

### 4.3 参考咨询联盟

以"仫佬"为检索词、"全部字段"为检索入口,通过"精确"方式检索"参考咨询联盟"的学位论文,截至2020年6月22日,共检出学位论文57篇。论文数量居前3位的学位授予单位是广西师范大学13篇,中央民族大学7篇,广西大学、广西民族大学各6篇。最新的学位论文是2019年的5篇硕士论文:广西大学张凤辉的《仫佬剧研究——重拾与探索》、贵州民族大学韩争艳的《贵州仫佬族传统体育发展研究》、广西民族大学汪美林的《语文核心素养下少数民族高中生作文教学研究——以广西M民族中学为例》、贵州医科大学张秀秀的《贵州17个世居少数民族及汉族21个Y-SNP遗传多态性研究》、南宁师范大学杨润春的《全域旅游视阈下广西民族节庆旅游发展研究》。

### 4.4 国家图书馆

以"仫佬"为检索词、"标题"为检索入口,按"精确"方式检索"国图博士论文库",截至2020年6月22日,检出仫佬族相关博士论文1篇:《黄金镇仫佬语里汉语借词研究》介绍了黄金镇仫佬语和当地汉语方言土拐话音系特点,分析了黄金镇仫佬语里汉语借词历史层次,通过汉语借词的特殊读音考察黄金仫佬语的历史音变,又通过汉借词探求古平话的声韵

---

① 覃兰惠.罗城土拐话、仫佬语、壮语的平行语法现象[D].南宁:广西大学,2018.

面貌，从语言接触角度探讨汉语方言对黄金镇仫佬语的影响。①

### 4.5 中国知网

以"仫佬"为检索词、"主题"为检索入口，按"精确"方式检索"知网学位论文库"，截至2020年6月22日，共检出学位论文98篇，其中硕士论文86篇、博士论文12篇。又以"仫佬"为检索词、"题名"为检索入口，在检索结果中二次检索，检出学位论文58篇，其中硕士论文53篇、博士论文5篇。检出论文中，被引次数居前3位的是郑静的《仫佬族传统手工艺研究》23次、胡仁传的《广西罗城仫佬族自治县药用植物资源调查研究》18次、银莎格的《银村仫佬语参考语法》14次。

## 5.会议论文

### 5.1 NSTL会议论文

以"仫佬"为检索词检索"NSTL会议论文数据库"，截至2020年6月22日，共检出会议论文7篇，收录于7种会议录中，全部为汉文印本资源，均收藏在中国科学技术信息研究所。经复核，以仫佬族为研究对象或与仫佬族研究比较相关的论文仅有2篇，即吴颉的《论仫佬族民歌的保护与传承》、熊伟的《广西传统民居类型及其区划研究》。

### 5.2 参考咨询联盟

以"仫佬族"为检索词、"标题"为检索入口，检索"参考咨询联盟"中的会议论文，截至2020年6月22日，检出仫佬族相关论文29篇，核减重复记录后，实际检出论文26篇。检出论文中，有11篇出自《中国解剖学会年会论文集》，其中2010年3篇，2012年、2013年、2019年各2篇，2011年、2015年各1篇；有3篇出自《全国第六届（2015）侗族医药学术研讨会暨侗族医药理论培训会论文集》；另有《2005全国首届壮医药学术会议暨全国民族医药经验交流会论文汇编》《全国民族医药专科专病学术研讨会论文选编（2001年）》《全国第5届重症监护护理学术交流暨专题讲座会议论文汇编》各收1篇。检出解剖学、医药学领域的会议论文合计

---

① 岳静.黄金镇仫佬语里汉语借词研究[D].天津：南开大学，2005.

17篇，占检出论文总数的65.38%。

### 5.3 中国知网

以"仫佬"为检索词、"主题"为检索入口，检索"知网会议论文库"，截至2020年6月22日，共检出会议论文24篇。检出论文的总参考数是59、总被引数是4、总下载数是1646，篇均参考数是2.46、篇均被引数是0.17、篇均下载数是68.58、下载被引比为411.5。① 被下载次数最多的是陈力丹等的《节日仪式传播：共同信仰的维系与嬗变：以广西罗城仫佬族依饭节的民族志调查为例》，目前已被下载595次，同时也是被引次数最多的一篇，已被引3次。被下载次数居第二位的是银星江的《对仫佬族传统文化保护与传承的几点思考》，目前已被下载115次，已被引1次，被引次数也居第二位。该文介绍了仫佬族传统文化资源及整理和保护情况，分析了仫佬族传统文化保护传承与发展存在的问题并提出解决问题的建议。②

## 6. 报纸文献

以"仫佬"为检索词，通过登录国家图书馆读者门户检索"阿帕比报纸资源库"，截至数据最后更新日期，共检出新闻1223条，检出标题含"仫佬"的新闻160条、内容含"仫佬"的新闻1161条、仫佬族相关图片13幅。标题含"仫佬"的新闻中，《河池日报》132条最多，《广西日报》24条居其次，《黔东南日报》《文山日报》《吴江日报》《梧州日报》各有1条。根据检索结果，整理出4条信息：（1）2013年4月3日，罗城仫佬族自治县仫佬书画院揭牌，是目前河池市唯一的县级书画院。③（2）2013年11月22日，"中国·罗城第二届仫佬族依饭文化节"开节仪式在罗城仫佬

---

① 计量可视化分析 — 已选文献 — 中国知网[EB/OL].[2020-06-22].https：//kns.cnki.net/KVisual/ArticleAnalysis/index?t=1592973014533

② 银星江.对仫佬族传统文化保护与传承的几点思考[C].//广西市场经济研究会.桂西资源开发新思路，2011：422-426.

③ 何求龙，梅祖恺.仫佬书画院成立[N].河池日报，2013-04-8（05）.

族自治县举行。①（3）2013年11月25日，罗城仫佬族自治县编撰的《仫佬医药》出版发行。该书总结和记载了298种病症、3455条验方、常用308种仫佬族药物、26种仫佬医特色诊疗技法。②（4）2013年11月22—23日，2013年全国首届仫佬医药发展论坛在罗城仫佬族自治县举行。③

以"仫佬"为检索词、"主题"为检索入口，检索"知网报纸全文数据库"，截至2020年6月23日，共检出仫佬族相关献205篇，其中学术性文献13篇。这13篇学术性文献分别刊发在8种报纸上，其中《广西日报》4篇，《广西政协报》3篇，《中国新闻出版广电报》《中国经济时报》《中国艺术报》《中国改革报》《科技日报》《贵州民族报》等6种报纸各1篇。13篇文献中有2篇是评介《仫佬族地区文书古籍影印校注》的文章：赵世瑜的《从民族民间文献中获得新知——评〈仫佬族地区文书古籍影印校注〉》和韦胜辉的《如何做好文书古籍整理出版》。

---

① 龙隆，韦如代，吴耀荣.感恩依饭 风情仫佬[N].河池日报，2013-11-23（1）.
② 廖光福.《仫佬医药》出版发行[N].广西日报，2013-11-26（6）.
③ 龙隆，廖光福.全国首届仫佬医药发展论坛在罗城举行[N].河池日报，2013-11-25（5）.

# 后 记

拙作从最初的构想到搜集阅读资料、调研撰写、修订付梓，历时十年有余，现在终于要见书了！其间的艰辛，实不足为外人道。出版之际，不能忘怀的，是十多年来得到的诸多帮助。

全书的构想，源起于2012年开始本人先后参加了国家民委民族问题研究项目《赫哲族文献信息资源保障体系建设调查研究》和《东北人口较少民族文献信息资源保障体系建设调查研究》的科研工作。这期间，先后到内蒙古自治区和黑龙江省调研了赫哲族、鄂伦春族、鄂温克族、达斡尔族、俄罗斯族等人口较少民族的文献信息资源建设情况。在此基础上，民族文化宫图书馆（中国民族图书馆）后又开展了"28个人口较少民族专题文献信息资源数据库"的建设工作，这些都为本书的编撰奠定了基础。在此要感谢老馆长吴贵飙先生对我的关心、厚爱和培养！2018年，在组织的关心和培养下，本人有幸得到了国家民委中青年英才培养计划的支持，使得本书得以顺利完成和问世，对此铭感在心！

囿于才疏学浅，书稿并不尽如人意，敬请各位专家指正！唯望本书的出版能对加强各民族文献信息资源建设提供线索和参考，能对弘扬中华民族优秀传统文化、构筑中华民族共有精神家园起到积极作用。

崔德志
甲辰龙年十月初二 于民族文化宫